中学生数学思维方法丛书

5 逐步逼近

冯跃峰 著

中国科学技术大学出版社

内 容 简 介

本书向读者详细介绍了数学思维方法的一种形式:逐步逼近.其中一些内容都是本书首次提出的.比如,构造"拟对象"、逐步扩充元素、逐步扩充步骤、逐步扩充范围、逐步扩充模式、放缩逼近、合力逼近等,这是本书的特点之一.书中选用了一些数学原创题,这些问题还是第一次公开发表,这是本书的另一特点.此外,书中对每一个问题并不是直接给出解答,而是详细分析如何发现其解法,这是本书的又一特点.

本书适合高等院校数学系师生、中学数学教师、中学生和数学爱好者阅读.

图书在版编目(CIP)数据

逐步逼近/冯跃峰著.—合肥:中国科学技术大学出版社,2015.7 (2024.3重印)

(中学生数学思维方法丛书)

ISBN 978-7-312-03720-7

Ⅰ.逐… Ⅱ.冯… Ⅲ.中学数学课—教学参考资料 Ⅳ.G634.603

中国版本图书馆 CIP 数据核字(2015)第 106653 号

出版	中国科学技术大学出版社
	安徽省合肥市金寨路 96 号,230026
	http://press.ustc.edu.cn
	https://zgkxjsdxcbs.tmall.com
印刷	安徽省瑞隆印务有限公司
发行	中国科学技术大学出版社
开本	880 mm×1230 mm 1/32
印张	8.25
字数	214 千
版次	2015 年 7 月第 1 版
印次	2024 年 3 月第 4 次印刷
定价	28.00 元

序

问题是数学的心脏,学数学离不开解题.我国著名数学家华罗庚教授曾说过:如果你读一本数学书,却不做书中的习题,那就犹如入宝山而空手归.因此,如何解题也就成为了一个千古话题.

国外曾流传着这样一个有趣的故事,说的是当时数学在欧几里得的推动下,逐渐成为人们生活中的一个时髦话题(这与当今社会截然相反),以至于托勒密一世也想赶这一时髦,学点数学.虽然托勒密一世见多识广,但在学数学上却很吃力.一天,他向欧几里得请教数学问题,听了半天,还是云里雾里不知所云,便忍不住向欧几里得要求道:"你能不能把问题讲得简单点呢?"欧几里得笑着回答:"很抱歉,数学无王者之路."欧几里得的意思是说,要想学好数学,就必须扎扎实实打好基础,没有捷径可走.后来人们常用这一故事讥讽那些凡事都想投机取巧之人.但从另一个角度想,托勒密一世的要求也未必过分,难道数学就只能是"神来之笔",不能让其思路来得更自然一些吗?

记得我少年时期上学,每逢学期初发新书的那个时刻是最令我兴奋的,书一到手,总是迫不及待地看看书中有哪些新的内容,一方面是受好奇心的驱使,另一方面也是想测试一下自己,看能不能不用老师教也能读懂书中的内容.但每每都是失望而终:尽管书中介绍的知识都弄明白了,书中的例题也读懂了,但一做书中的习题,却还是

不会. 为此,我曾非常苦恼,却又万思不得其解. 后来上了大学,更是对课堂中老师那些"神来之笔"惊叹不已,严密的逻辑推理常常令我折服. 但我未能理解的是,为什么会想到这么做呢?

20 世纪中叶,美国数学教育家 G. Polya 的数学名著《怎样解题》风靡全球,该书使我受益匪浅. 这并不是说,我从该书中学到了"怎样解题",而是它引发了我对数学思维方法的思考.

实际上,数学解题是一项系统工程,有许许多多的因素影响着它的成败. 本质的因素有知识、方法(指狭义的方法,即解决问题所使用的具体方法)、能力(指基本能力,即计算能力、推理能力、抽象能力、概括能力等)、经验等,由此构成解题的基础;非本质的因素有兴趣、爱好、态度、习惯、情绪、意志、体质等,由此构成解题的主观状态;此外,还受时空、环境、工具的约束,这些构成了解题的客观条件. 但是,具有扎实的解题基础,且有较好的客观条件,主观上也做了相应的努力,解题也不一定能获得成功. 这是因为,数学中真正标准的、可以程序化的问题(像解一元二次方程)是很少的. 解题中,要想把问题中的条件与结论沟通起来,光有雄厚的知识、灵活的方法和成功的解题经验是不够的. 为了判断利用什么知识,选用什么方法,就必须对问题进行解剖、识别,对各种信息进行筛选、加工和组装,以创造利用知识、方法和经验的条件. 这种复杂的、创造性的分析过程就是数学思维过程. 这一过程能否顺利进行,取决于思维方法是否正确. 因此,正确的思维方法亦是影响解题成败的重要因素之一.

经验不止一次地告诉我们:知识不足还可以补充,方法不够也可以积累,但若不善思考,即使再有知识和方法,不懂得如何运用它们解决问题,也是枉然. 与此相反,掌握了正确的思维方法,知识就不再是孤立的,方法也不再是呆板的,它们都建立了有血有肉的联系,组成了生机勃勃的知识方法体系,数学思维活动也就充满了活力,得到了更完美的发挥与体现.

序

G. Polya 曾指出,解题的价值不是答案本身,而在于弄清"是怎样想到这个解法的","是什么促使你这样想、这样做的". 这实际上都属于数学思维方法的范畴. 所谓数学思维方法,就是在基本数学观念系统作用下进行思维活动的心理过程. 简单地说,数学思维方法就是找出已有的数学知识和新遇的数学问题之间联系的一种分析、探索方法. 在一般情况下,问题与知识的联系并非是显然的,即使有时能在问题中看到某些知识的"影子",但毕竟不是知识的原形,或是披上了"外衣",或是减少了条件,或是改变了结构,从而没有现成的知识、方法可用,这就是我在学生时代"为什么知识都明白了,例题也看懂了,还是不会做习题"的原因. 为了利用有关的知识和方法解题,就必须创造一定的"条件",这种创造条件的认识、探索过程,就是数学思维方法作用的过程.

但是,在当前数学解题教学中,由于"高考"指挥棒的影响,教师往往只注重学生对知识方法掌握的熟练程度,不少教师片面地强调基本知识和解决问题的具体方法的重要性,忽视思维方法方面的训练,造成学生解决一般问题的困难. 为了克服这一困难,各种各样的、非本质的、庞杂零乱的具体解题技巧统统被视为规律,成为教师谆谆告诫的教学重点,学生解题也就试图通过记忆、模仿来补偿思维能力的不足,利用胡猜乱碰代替有根据、有目的的探索. 这不仅不能提高学生的解题能力,而且对于系统数学知识的学习,对于数学思维结构的健康发展都是不利的.

数学思维方法通常又表现为一种解题的思维模式. 例如, G. Polya 就在《怎样解题》中列出了一张著名的解题表. 容许我们大胆断言,任何一种解题模式均不可能囊括人们在解题过程中表现出来的各种思维特征,诸如观察、识别、猜想、尝试、回忆、比较、直觉、顿悟、联想、类比、归纳、演绎、想象、反例、一般化、特殊化等. 这些思维特征贯穿于解题过程中的各个环节,要想用一个模式来概括,那就像

用数以千计的思维元件来构造一个复杂而庞大的解题机器.这在理论上也许是可行的,但在实际应用中却很不方便,难以被人们接受.更何况数学问题形形色色,任何一个模式都未必能适用所有的数学问题.因此,究竟如何解题,其核心内容还是学会如何思考.有鉴于此,笔者想到写这样一套关于数学思维方法的丛书.

本丛书也不可能穷尽所有的数学思维方法,只是选用一些典型的思维方法为代表做些介绍.这些方法,或是作者原创发现的,或是由作者从一个全新的角度进行了较为深入的分析与阐述.

囿于水平,书中观点可能片面武断,错误难免,敬请读者不吝指正.

冯跃峰

2015 年 1 月

目 录

序 ……………………………………………………………… (ⅰ)

1 构造"拟对象" …………………………………………… (001)
   1.1 相差 k 个要素的"拟对象" ……………………… (001)
   1.2 相差半个要素的"拟对象" ……………………… (026)
   1.3 各要素都很接近的"拟对象" …………………… (039)
   习题 1 ………………………………………………… (058)
   习题 1 解答 …………………………………………… (060)

2 逐步扩充逼近 …………………………………………… (081)
   2.1 逐步扩充元素 …………………………………… (081)
   2.2 逐步扩充步骤 …………………………………… (092)
   2.3 逐步扩充范围 …………………………………… (106)
   2.4 逐步扩充模式 …………………………………… (116)
   习题 2 ………………………………………………… (128)
   习题 2 解答 …………………………………………… (131)

3 放缩逼近 ………………………………………………… (161)
   3.1 代入放缩 ………………………………………… (161)
   3.2 舍项放缩 ………………………………………… (164)

  3.3 统一放缩 ··· (166)

  习题 3 ··· (176)

  习题 3 解答 ··· (177)

4 合力逼近 ··· (191)

  4.1 逐一试验 ··· (191)

  4.2 寻找多个"拟结论" ······························· (198)

  4.3 发掘引理 ··· (219)

  习题 4 ··· (237)

  习题 4 解答 ··· (239)

1 构造"拟对象"

在有些数学问题中,题目的条件与解题目标相距甚远,难以一下就达到目的,这时便需要采用逼近的策略来实现解题目标:从条件出发,一步一步逼近目标.

如何逼近目标,则有多种逼近方式,本章介绍一种逼近策略:构造"拟对象".

如果我们寻找的对象需要同时满足多个条件,我们可先构造一个满足题中部分条件的数学对象,称为"拟对象",然后对所构造的拟对象进行优化,直至使之满足题目要求的全部条件.

1.1 相差 k 个要素的"拟对象"

假定我们寻找的对象需要同时满足 $n+k$ 个条件,我们可从中适当选定 k 个条件,并称这 k 个条件是要构造的"拟对象"的 k 个拟条件,而所构造的"拟对象",则满足这 k 个拟条件外的其余全部 n 个条件.我们称这样的"拟对象"为相差 k 个要素的"拟对象".一般地说,为了便于使"拟对象"最终容易优化成合乎条件的对象,在构造相差 k 个要素的"拟对象"时,应使相应的 k 值尽可能小.在大多数情况下,我们优先考虑取 $k=1$.

例 1 将 70 分拆成 11 个不同的正整数的和,有多少种不同

方法?

分析与解 本题实际上是要找到合乎条件的 11 个不同的正整数 $a_1, a_2, \cdots, a_{11}$,使 $a_1 + a_2 + \cdots + a_{11} = 70$.

我们先构造满足其中一个条件的拟对象:$(a_1, a_2, \cdots, a_{11})$,其中 $a_1, a_2, \cdots, a_{11}$ 是 11 个不同的正整数,但其和未必是 70.

最简单的一个拟对象是:$(a_1, a_2, \cdots, a_{11}) = (1, 2, \cdots, 11)$,此时 $a_1 + a_2 + \cdots + a_{11} = 1 + 2 + 3 + \cdots + 9 + 10 + 11 = 66$.

注意到 $70 - 66 = 4$,下面我们调整 $(a_1, a_2, \cdots, a_{11})$ 中若干个数的值,使 $a_1 + a_2 + \cdots + a_{11} = 70$.这相当于把 4 分拆为若干个部分,然后分别添加在不同的数上.显然,4 的分拆有 5 种不同方式:

$$4 = 1 + 3 = 2 + 2 = 1 + 1 + 2 = 1 + 1 + 1 + 1.$$

(1) 将 4 不拆开直接添加在 $(a_1, a_2, \cdots, a_{11})$ 中的某个数上,为了不产生相同的数,4 只能添加在 $(a_1, a_2, \cdots, a_{11})$ 中的后 4 个项上,得到如下 4 种合乎要求的分拆:

$$1 + 2 + 3 + 4 + 5 + 6 + 7 + 12 + 9 + 10 + 11$$
$$= 1 + 2 + 3 + 4 + 5 + 6 + 7 + 9 + 10 + 11 + 12 \quad (A)$$

$$1 + 2 + 3 + 4 + 5 + 6 + 7 + 8 + 13 + 10 + 11$$
$$= 1 + 2 + 3 + 4 + 5 + 6 + 7 + 8 + 10 + 11 + 13 \quad (B)$$

$$1 + 2 + 3 + 4 + 5 + 6 + 7 + 8 + 9 + 14 + 11$$
$$= 1 + 2 + 3 + 4 + 5 + 6 + 7 + 8 + 9 + 11 + 14 \quad (C)$$

$$1 + 2 + 3 + 4 + 5 + 6 + 7 + 8 + 9 + 10 + 15$$
$$= 1 + 2 + 3 + 4 + 5 + 6 + 7 + 8 + 9 + 10 + 15 \quad (D)$$

(2) 将 4 拆成 $1 + 3$,然后将 $1, 3$ 分别添加在 $(a_1, a_2, \cdots, a_{11})$ 中的两个不同的项上.

此时注意:若将 1 添加在非末项的某个项上,则此项增加 1 之后变得与它后面一个项相同,从而 3 必须添加在它的后一个项上,于是,或者 1、3 分别加在两个连续的项上,或者 1 加在末项上.

若 1、3 分别加在两个连续的项上,为了使得一个项加上 3 后不出现重复,则 3 只能加在 9、10、11 项上,得到 3 种合乎条件的分拆:

$$1 + 2 + \cdots + 7 + (8+1) + (9+3) + 10 + 11$$
$$= 1 + 2 + \cdots + 7 + 9 + 10 + 11 + 12 \quad (\text{同 A})$$
$$1 + 2 + \cdots + 7 + 8 + (9+1) + (10+3) + 11$$
$$= 1 + 2 + \cdots + 7 + 8 + 10 + 11 + 13 \quad (\text{同 B})$$
$$1 + 2 + \cdots + 7 + 8 + 9 + (10+1) + (11+3)$$
$$= 1 + 2 + \cdots + 7 + 8 + 9 + 11 + 14 \quad (\text{同 C})$$

但这些分拆都在前面已经出现.

若将 1 加在末尾,则 3 可加在 8 和 10 上,得到两种分拆:

$$1 + 2 + \cdots + 7 + (8+3) + 9 + 10 + (11+1)$$
$$= 1 + 2 + \cdots + 7 + 9 + 10 + 11 + 12 \quad (\text{同 A})$$
$$1 + 2 + \cdots + 7 + 8 + 9 + (10+3) + (11+1)$$
$$= 1 + 2 + \cdots + 7 + 8 + 9 + 12 + 13 \quad (\text{E})$$

其中第一种分拆在前面已经出现.

(3) 将 4 分拆成 $2+2, 1+1+2, 1+1+1+1$,然后将 2、2;1、1、2;1、1、1、1 各自分别添加在 $(a_1, a_2, \cdots, a_{11})$ 中的某些不同的项上. 此时,经过验证可知,再没有其他的不同于前面那些分拆的合乎条件的分拆.

综上所述,共有 A,B,C,D,E 这 5 种不同的合乎条件的分拆.

例 2(2000 年俄罗斯数学奥林匹克试题) 求最小的正奇数 n,使存在 n 边形(不一定是凸的),能分割为有限个平行四边形.

分析与解 首先,凭直观感觉,从一个平行四边形出发,到另一

个平行四边形,再到下一个平行四边形,由此得出 n 边形的每条边都与它的另一条边平行.于是,我们先证明下面的引理.

引理 如果 n 边形(不一定是凸的)能分割为有限个平行四边形,则 n 边形的每条边都与它的另一条边平行.

引理的证明 设 n 边形 $A_1A_2\cdots A_{2k+1}$ 被分割为有限个平行四边形,考察边 A_1A_2,则必定有一个平行四边形 $□1$ 的边在边 A_1A_2 上(因为有限个平行四边形的顶点不能覆盖完 A_1A_2),考察 $□1$ 的另一条边 l_1,设 l_1 与 A_1A_2 的距离为 d_1.

类似地,必定有一个平行四边形 $□2$ 的边在边 l_1 上,考察 $□2$ 的另一条边 l_2,设 l_2 与 A_1A_2 的距离为 d_2,其中 $d_1<d_2$.

如此下去,得到严格递增序列:$d_1<d_2<d_3<\cdots$.

由于只有有限个平行四边形,此序列是有限的,设共有 k 项,则平行四边形 $□k$ 的一条边在原 n 边形的边上,该边与 A_1A_2 平行.证毕.

解答原题 当 $n=3$ 时,三角形没有边与另一条边平行,从而不能按要求分割,所以 $n\neq 3$.

当 $n=5$ 时,设五边形为 $ABCDE$,考察边 AB,由引理,AB 与另一条边平行,由对称性,不妨设 $AB/\!/CD$.

再考察边 BC,由引理,BC 与另一条边平行,由对称性,不妨设 $BC/\!/DE$.

最后考察边 EA,它不能与上面两个方向的边平行,因为这两个方向都有一条边与 EA 有公共点,从而 EA 不能与另一条边平行,即五边形不能按要求分割,所以 $n\neq 5$.

由上可知,$n\geq 7$.

下面证明 $n=7$ 合乎条件,即存在七边形能分割为有限个平行四边形.

显然,合乎要求的多边形必须满足以下两个条件:

(1) 有 7 条边；

(2) 能分割为有限个平行四边形.

其中条件(2)不易满足，我们以满足条件(2)的对象来构造拟对象：构造一个 k 边形（$k \neq 7$），使其能分割为有限个平行四边形. 这样的拟对象是不难找到的，为了容易"优化"到七边形，我们取 k 与 7 很接近，最靠近 7 的 k 是 $k = 6$.

所以，我们期望找到一个能分割为有限个平行四边形的六边形，这是很容易的，取正六边形即可.

设正六边形的中心为 O，则它可分割为 3 个平行四边形 $ABCO$、$OCDE$、$OEFA$（图 1.1）.

现在只需在上述图形中增加一条边，容易发现，在 AB 边上补一个平行四边形即可，因为 AB 边被另外两条边取代，第 3 条边则与 BC 共线合成一条边，六边形变成了七边形.

于是，设点 O 关于 A 的对称点为 P，点 C 关于 B 的对称点为 Q，则七边形 $APQCDEF$ 可被分割为 4 个平行四边形 $ABCO$、$OCDE$、$OEFA$、$APQB$（图 1.2）.

综上所述，n 的最小值为 7.

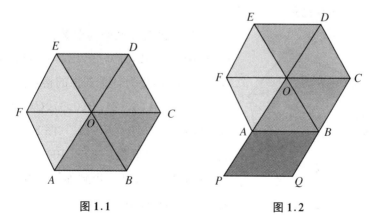

图 1.1　　　　　　图 1.2

例 3（原创题）　设 $A_1 A_2 \cdots A_n$ 是格点凸 n 边形，对任何两个顶

点 A_i、A_j,如果 A_i、A_j 的距离是整数,则将它们用一条红色边连接,否则用一条蓝色边连接,得到一个 2-色的 n 阶完全图 G.如果对 G 中任意一条边 A_iA_j,都存在 G 中的顶点 A_k,使 A_kA_i、A_kA_j 的颜色都与 A_iA_j 不同,则称图 G 是和谐的.

试问:对 $n=6$ 和 7,是否存在格点凸 n 边形,使其对应一个和谐的 n 阶完全图? 如果存在,请画出图形;如果不存在,请说明理由.

分析与解 我们构造的凸 n 边形要同时满足两个要求:一是顶点为格点,二是对应一个和谐的 n 阶完全图.其中前一个条件比较容易满足,所以我们先构造这样的拟对象:略去格点的要求,构造一个 2-色 K_n,使每一条边都对一个与其异色的同色角.

当 $n=6$ 时,由熟知的结论,2-色 K_6 中有同色三角形,设为红色 $\triangle ABC$.考察红边 AB,必有点 E,使 EA、EB 为蓝色.同样考察红边 BC,不妨设仍是点 E,使 EB、EC 为蓝色.

接着考察蓝边 EA、EC,它们都要对红色角,于是,不妨设 CD、DE;EF、FA 都为红色(图 1.3).

最后考察蓝色边 EB,它要对红色角,不妨设 BF 为红色,得到合乎条件的 2-色 K_6.

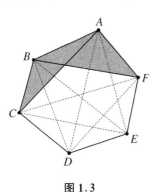

图 1.3

现在,利用常见的勾股数:$(3,4,5)$,$(6,8,10)$,$(5,12,13)$,$(9,12,15)$,可将上述 2-色 K_6 转化为合乎条件的格点图,其顶点分别为 $A(0,12)$,$B(0,0)$,$C(5,0)$,$D(13,6)$,$E(13,9)$,$F(9,12)$(图 1.4).若利用常见的勾股数:$(6,8,10)$,$(5,12,13)$,$(9,12,15)$,又可得到如图 1.5 所示的合乎条件的格点图,其顶点分别为 $A(0,12)$,$B(0,0)$,$C(5,0)$,$D(17,5)$,

$E(17,6), F(9,12)$.

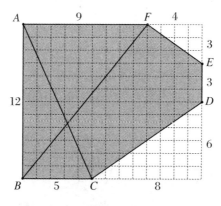

图 1.4

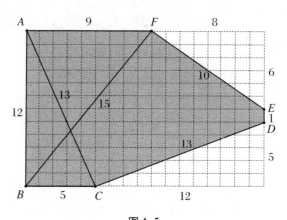

图 1.5

按图中所示方式将边染色,其中已连线的边为红色,未连线的边都是蓝色.对某条边 A_iA_j ($1 \leqslant i < j \leqslant n$),如果存在顶点 A_k,使 A_iA_k、A_jA_k 都与 A_iA_j 异色,则称有序组 (A_i, A_j, A_k) 为一个好组.容易知道,上述图中相应的 $C_7^2 = 21$ 个好组如下:

$(A_1, A_2, A_4), (A_1, A_3, A_2), (A_1, A_4, A_5), (A_1, A_5, A_3),$
$(A_1, A_6, A_3), (A_1, A_7, A_4), (A_2, A_3, A_5), (A_2, A_4, A_3), (A_2,$

$A_5,A_1),(A_2,A_6,A_1),(A_2,A_7,A_1),(A_3,A_4,A_1),(A_3,A_5,A_4),(A_3,A_6,A_4),(A_3,A_7,A_1),(A_4,A_5,A_2),(A_4,A_6,A_2),(A_4,A_7,A_3),(A_5,A_6,A_2),(A_5,A_7,A_6),(A_6,A_7,A_2)$.

从而相应的六边形合乎条件.

当 $n=7$ 时,类似得到如下构造,其顶点分别为 $A(0,192)$, $B(0,0)$, $C(272,0)$, $D(284,5)$, $E(384,80)$, $F(384,112)$, $G(192,192)$(图 1.6).

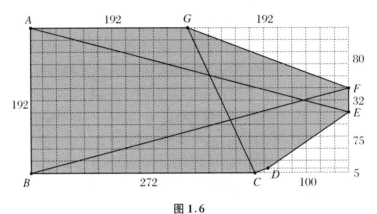

图 1.6

所以,$n=6,7$ 时,都存在合乎条件的格点凸 n 边形.

例4(2012年中国数学奥林匹克试题) 证明:对于任意实数 $M>2$,总存在满足下列条件的严格递增的正整数数列 $a_1,a_2,\cdots$:

(1) 对每个正整数 i,有 $a_i>M^i$;

(2) 当且仅当整数 $n\neq 0$ 时,存在正整数 m 以及 $b_1,b_2,\cdots,b_m \in\{-1,1\}$,使得 $n=b_1a_1+b_2a_2+\cdots+b_ma_m$.

分析与证明 如果存在正整数 m 以及 $b_1,b_2,\cdots,b_m\in\{-1,1\}$,使得 $n=b_1a_1+b_2a_2+\cdots+b_ma_m$,则称 n "可表". 我们先构造一个拟数列,它满足条件(2):每一个项是正整数,严格递增,且每一个非零整数都可表,而 0 不可表.

1 构造"拟对象"

采用逐增构造:首先考虑 1 可表,不妨取 $1 = a_2 - a_1$.

再考虑 2 可表,为了使 a_3 尽可能大,使数列接近条件(1),不妨取 $2 = a_3 - (a_1 + a_2)$.

一般地,考虑 n 可表,为了使 a_n 尽可能大,使数列接近条件(1),不妨取 $n = a_{n+1} - (a_1 + a_2 + \cdots + a_n)$.

不难证明,这样构造的数列是满足上述要求的拟数列.

首先,因为 $a_{n+1} - n + (a_1 + a_2 + \cdots + a_n) > a_n$,所以,只要 a_1 为正整数,则 $\{a_n\}$ 是严格递增的正整数数列.

其次,由 $n = a_{n+1} - (a_1 + a_2 + \cdots + a_n)$, $-n = -a_{n+1} + (a_1 + a_2 + \cdots + a_n)$ 可知,每一个非零整数都可表.

此外,假设 0 可表,则
$$0 = |b_1 a_1 + b_2 a_2 + \cdots + b_m a_m|$$
$$\geqslant |b_m a_m| - |b_1 a_1 + b_2 a_2 + \cdots + b_m a_m|$$
$$\geqslant |b_m| a_m - (|b_1 a_1| + |b_2 a_2| + \cdots + |b_m a_m|)$$
$$= a_m - (a_{m-1} + a_{m-2} + \cdots + a_1) = m - 1 > 0$$

矛盾.

下面,对 $\{a_n\}$ 进行优化,使上述性质保持不变,且对每个正整数 i,有 $a_i > M^i$.

先考虑 $a_1 > M^1 = M$,不妨取 $a_1 = M^2$.

一般地说,观察递归关系:$a_{n+1} = n + (a_1 + a_2 + \cdots + a_n)$,为了使 $a_{n+1} > M^{n+1}$,可想到将递归关系修改为
$$a_{n+1} = n + M^{n+1} + (a_1 + a_2 + \cdots + a_n)$$

但此时
$$n = a_{n+1} - M^{n+1} - (a_1 + a_2 + \cdots + a_n)$$

这破坏了 n 的可表性(含有"杂质":M^{n+1}).

为了将杂质过滤掉,想到将递归关系 $a_{n+1} = nM^{n+1} + (a_1 + a_2 + \cdots + a_n)$ 分拆为两部分:

对其中一部分 n（n 为奇数），令 $a_{n+1} = M^{n+1} + (a_1 + a_2 + \cdots + a_n)$（满足条件(1)）；

对另一部分 n（n 为偶数），令 $a_{n+1} = n + (a_1 + a_2 + \cdots + a_n)$（满足条件(2)）.

但此时,虽然有 n 可表：$n = a_{n+1} - (a_1 + a_2 + \cdots + a_n)$,却限定了 n 为偶数,即只有偶数才可表.

这一漏洞是不难修补的,将递归关系中的 n 换成 $\dfrac{n}{2}$ 就行了. 此外,为了使由 $a_{n+1} = n + (a_1 + a_2 + \cdots + a_n)$ 构造的 a_{n+1} 也满足 $a_{n+1} > M^{n+1}$,这只需利用 $a_{n+1} > a_n > M^{n+1}$,这就要求：$a_n > M^{n+1}$（n 为偶数）,即 $a_{n+1} > M^{n+2}$（n 为奇数）,于是,将
$$a_{n+1} = M^{n+1} + (a_1 + a_2 + \cdots + a_n)$$
修改为
$$a_{n+1} = M^{n+2} + (a_1 + a_2 + \cdots + a_n) \quad (n \text{ 为奇数})$$
即可. 递推地构造正整数序列 $\{a_n\}$ 如下：取整数 $a_1 = M^2$,以及 $a_2 = a_1 + 1$. 对 $k \geqslant 2$,取整数：
$$a_{2k-1} = M^{2k} + \sum_{i=1}^{2k-2} a_i, \quad a_{2k} = k + \sum_{i=1}^{2k-1} a_i$$

下面证明这一序列满足条件. 首先,有
$$a_{2k-1} = M^{2k} + \sum_{i=1}^{2k-2} a_i > \sum_{i=1}^{2k-2} a_i, \quad a_{2k} = k + \sum_{i=1}^{2k-1} a_i > \sum_{i=1}^{2k-1} a_i$$
于是,对所有正整数 $m > 1$,有 $a_m > a_{m-1} + a_{m-2} + \cdots + a_1$.

所以这一序列是严格递增的正整数序列. 其次,有
$$a_1 = M^2 > M, \quad a_{2k} > a_{2k-1} = M^{2k} + \sum_{i=1}^{2k-2} a_i \geqslant M^{2k} > M^{2k-1}$$
于是,序列满足条件(1). 此外,对任意正整数 n,有
$$n = -\sum_{i=1}^{2n-1} a_i + a_{2n}, \quad -n = \sum_{i=1}^{2n-1} a_i - a_{2n}$$

所以任何非零整数都能表示成 $b_1a_1 + b_2a_2 + \cdots + b_ma_m$ 的形式.

最后证明:0 不能表示成 $b_1a_1 + b_2a_2 + \cdots + b_ma_m$ 的形式,其中 $b_1, b_2, \cdots, b_m \in \{-1, 1\}$.

实际上,我们可证明: $b_1a_1 + b_2a_2 + \cdots + b_ma_m \neq 0$,这等价于 $|b_1a_1 + b_2a_2 + \cdots + b_ma_m| > 0$.

证明如下:当 $m = 1$ 时, $|b_1a_1| > 0$.
当 $m > 1$ 时,有
$$|b_1a_1 + b_2a_2 + \cdots + b_ma_m|$$
$$\geq |b_ma_m| - |b_1a_1 + b_2a_2 + \cdots + b_{m-1}a_{m-1}|$$
$$\geq |b_m||a_m| - (|b_1a_1| + |b_2a_2| + \cdots + |b_{m-1}a_{m-1}|)$$
$$= a_m - (a_{m-1} + a_{m-2} + \cdots + a_1) > 0$$

故所构造的序列满足所有条件.

例 5(第 29 届 IMO 备选题) 设 $X = \{(a_1, a_2, \cdots, a_7) \mid a_i = 0 \text{ 或 } 1, i = 1, 2, \cdots, 7\}$. 对 X 中的任何两个元素 $A = \{a_i\}$, $B = \{b_i\}$, 定义它们的距离为 $|A - B| = \sum_{i=1}^{7} |a_i - b_i|$.

设 T 是 X 的子集, T 中任何两个元素之距大于 2, 求 $|T|$ 的最大值.

分析与解 欲求 $|T|$ 的最大值,需找到常数 k,使 $|T| \leq k$ (k 待定).

从反面考虑,假定 $|T| > k$,我们期望可以找到 2 个数组 $A = (a_1, a_2, \cdots, a_7)$、$B = (b_1, b_2, \cdots, b_7)$,使 $|A - B| \leq 2$,即 A 与 B 至少有 5 个分量完全相同.

称 T 中两个至少有 5 个分量完全相同的向量构成一个"5-好对",我们退一步,先找 T 中的拟对象:两个至少有 4 个分量完全相同的向量构成的"4-好对". 为便于优化,我们需要在 T 中找 r ($r \geq 3$) 个

向量,使其中任何 2 个都构成"4-好对". 这样,在这 $r(r \geq 3)$ 个向量中找到还有新的分量也相同的一个"4-好对",便得到一个"5-好对". 显然,要使某 $r(r \geq 3)$ 个向量中任何 2 个都构成"4-好对",只需这 r 个向量有固定的某 4 个(比如前 4 个)分量都完全相同.

容易发现,取 $r=3$,即只要找到 3 个向量的前 4 个分量都完全相同,则必有其中一个"4-好对"为"5-好对".

实际上,假设 3 个向量 A、B、C 的前 4 个分量都完全相同,不妨设

$$A = (x, y, z, w, a_5, a_6, a_7)$$
$$B = (x, y, z, w, b_5, b_6, b_7)$$
$$C = (x, y, z, w, c_5, c_6, c_7)$$

为了在 A、B、C 中找到 5-好对,只需在 a_5、b_5、c_5 中找到两个相同即可,由抽屉原理,这是显然的. 显然,这里还存在极大的"浪费": a_6、b_6、c_6;a_7、b_7、c_7 中也有两个相同. 由此发现,上述拟对象可由"4-好对"减弱为"3-好对":找两个至少有 3 个分量完全相同的向量.

此时,也只需在 T 中找到 3 个向量,使它们的前 3 个分量都完全相同.

实际上,不妨设这样的 3 个向量为

$$A = (x, y, z, a_4, a_5, a_6, a_7)$$
$$B = (x, y, z, b_4, b_5, b_6, b_7)$$
$$C = (x, y, z, c_4, c_5, c_6, c_7)$$

为了在 A、B、C 中找到"5-好对",我们分别对 $i = 4, 5, 6, 7$,在 a_i、b_i、c_i 中各找到两个相同的分量.

这 4 对相同分量在 A、B、C 中的分布只有 3 种可能(投影法):(A, B)、(A, C)、(B, C),于是由抽屉原理,必有两对分量同属于两个向量,不妨设同属于 A、B,则 A、B 在后 4 个分量中至少有 2 个相同,而它们的前 3 个分量完全相同,于是 $|A - B| \leq 2$,矛盾.

剩下的问题是,当 k 最小为何值时,只要 $|T| \geqslant k+1$,就可以在 T 中找到 3 个向量,使它们前 3 个分量都完全相同. 同样可利用抽屉原理来寻找相应的 k.

因为 T 中向量 $(a_1, a_2, \cdots, a_7)$ 的每个分量只有 2 个取值,从而前 3 个分量最多有 $2^3 = 8$ 种不同情形,我们可选取 $3 \nmid k+1$,则由抽屉原理,至少有 $\left[\dfrac{k+1}{8}\right] + 1$ 个向量的前 3 个分量完全相同,令 $\left[\dfrac{k+1}{8}\right] + 1 \geqslant 3$,得 $k \geqslant 16$,取 $k = 16$,此时确实 $3 \nmid k+1$.

这样,$|T| \geqslant 16 + 1 = 17$,由上所述,导出矛盾,这样便证得 $|T| \leqslant 16$.

其次,取如下 16 个向量:
$(0,0,0,0,0,0,0)$;
$(0,0,0,1,1,1,1)$;
$(0,0,1,0,0,1,1)$;
$(0,0,1,1,1,0,0)$;
$(0,1,0,0,1,0,1)$;
$(0,1,0,1,0,1,0)$;
$(0,1,1,0,1,1,0)$;
$(0,1,1,1,0,0,1)$;
$(1,0,0,0,1,1,0)$;
$(1,0,0,1,0,0,1)$;
$(1,0,1,0,1,0,1)$;
$(1,0,1,1,0,1,0)$;
$(1,1,0,0,0,1,1)$;
$(1,1,0,1,1,0,0)$;
$(1,1,1,0,0,0,0)$;
$(1,1,1,1,1,1,1)$.

由它们构成集合 T,则 T 合乎条件.故 $|T|$ 的最大值为 16.

上面的构造是命题者给出的,如何发现这 16 个向量,则带有很大的试验的成分.若利用对称构造,则我们只需构造前 8 个向量,而后 8 个向量各分量则由前 8 个向量将每个分量都换成它的补数即可,其中我们称 0、1 互为"补数".

我们将前 8 个向量各分量排列成 8 行,每个向量的分量按其顺序排成一行,不妨设第 1 行全为 1,则 2~8 行只能是 3 个 0 或 4 个 0(若行中至多 2 个 0,则换成补数后变为至少 6 个 1,与第 1 行"距离"不大于 2,矛盾).

为构造方便,不妨设 2~8 行都是 3 个 0,整体考察 2~8 行每行的 3 个 0 的位置,由于任意两行"距离"大于 2,等价于这两行不出现 4 个顶点为"0"的矩形,于是,每个行尽可能把 0 排在前面,得到前 8 行的如下构造:

(1,1,1,1,1,1,1);
(0,0,0,1,1,1,1);
(0,1,1,0,0,1,1);
(0,1,1,1,0,0,1);
(0,1,1,1,1,0,0);
(1,0,1,0,1,0,1);
(1,0,1,1,0,1,0);
(1,1,0,0,1,0,1).

将其中每个数都换成它的补数,得到新的 8 行,经整理后得到如下构造:

(0,0,0,0,0,0,0);
(0,0,0,1,1,1,1);
(0,0,1,1,0,1,0);
(0,1,0,0,1,0,1);

(0,1,0,1,0,1,0);
(0,1,1,0,0,1,1);
(0,1,1,1,0,0,1);
(0,1,1,1,1,0,0);
(1,0,0,0,0,1,1);
(1,0,0,0,1,1,0);
(1,0,0,1,1,0,0);
(1,0,1,0,1,0,1);
(1,0,1,1,0,1,0);
(1,1,0,0,1,0,1);
(1,1,1,0,0,0,0);
(1,1,1,1,1,1,1).

另外,我们还可这样构造:利用数字特征 $16 = 2^4$,这恰好表明长为 4 的 0、1 排列恰有 16 个,再将这 16 个长为 4 的 0、1 排列扩充成长为 7 的 0、1 排列,使之合乎要求即可.构造如下:

(0,0,0,0,0,0,0);
(0,0,0,1,1,1,1);
(0,0,1,1,0,0,1);
(0,0,1,0,0,1,0);
(0,1,0,0,1,0,1);
(0,1,0,1,0,1,0);
(0,1,1,0,0,1,1);
(0,1,1,1,1,0,0);
(1,0,0,0,0,1,1);
(1,0,0,1,1,0,0);
(1,0,1,0,1,0,1);
(1,0,1,1,0,1,0);

(1,1,0,0,1,1,0);

(1,1,0,1,0,0,1);

(1,1,1,0,0,0,0);

(1,1,1,1,1,1,1).

例6(原创题) 设 n 是大于1的自然数,将平面上 n 个点染成红色,如果若干条直线同时满足以下条件:

(1) 每一条直线上都没有红点;

(2) 任何2条直线不平行,任何3条直线不共点;

(3) 这些直线将平面划分为若干个区域,其中恰有 k 个区域内含有红点,则称这些直线是 n 个红点的 k-分割.

如果平面上任何 n 个红点都存在 k-分割,求 k 的所有可能取值.

分析与解 我们证明:任何正整数 n、k,其中 $2\leqslant k\leqslant n$,平面上任何 n 个红点都存在 k-分割.

n 个红点每两点连线,这些直线只有有限条,从而可作直线 L 与这些直线都不垂直,再平移 L,使 n 个红点位于 L 的同一侧.

这样,n 个红点在 L 上的射影互不相同,设其射影依次排列为 $A_1,A_2,\cdots,A_n$,又设以 A_i 为射影的红点为 $P_i(i=1,2,\cdots,n)$.

先构造拟 k-分割,使其满足条件(1)和(3):取 A_iA_{i+1} 的中点 B_i $(i=1,2,\cdots,n-1)$,过 $B_i(i=1,2,\cdots,k-1)$ 作 L 的垂线 L_i,则这 $k-1$ 条平行线将平面划分为 k 个区域,前 $k-1$ 个区域内恰有一个红点,第 k 个区域内恰有 $n-k+1$ 个红点.

下面证明:可调整这 $k-1$ 条直线,得到 n 个红点的 k-分割,且前 $k-1$ 个区域内恰有一个红点,第 k 个区域内恰有 $n-k+1$ 个红点.

对 k 归纳,不妨设 n 个红点都在直线 L 的上方.

当 $k=2$ 时,结论显然成立.

当 $k=3$ 时,$n \geqslant k=3$,在线段 P_1P_2 上取一点 C(图 1.7),使 $P_1C < CP_2$,用直线 CB_1 代替 L_1,则得到 n 个红点的 3-分割,且前两个区域内恰有一个红点,第 3 个区域内恰有 $n-2$ 个红点,结论成立.

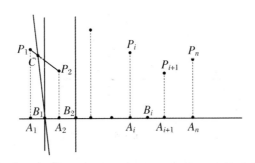

图 1.7

设 $k=r$ 时成立,当 $k=r+1$ 时,$n \geqslant k=r+1$,先调整 $r-1$ 条直线 $L_1,L_2,\cdots,L_{r-1}$,得到 n 个红点的 r-分割,且前 $r-1$ 个区域内恰有一个红点,第 r 个区域内恰有 $n-r+1$ 个红点.作矩形 $A_rA_{r+1}Q_{r+1}Q_r$,使所有红点都在直线 $Q_{r+1}Q_r$ 的下方(图 1.8).过 B_r 作 r-分割中 $r-1$ 条直线的平行线,设这 $r-1$ 条平行线与直线 $Q_{r+1}Q_r$ 的交点的集合为 X.过 B_r 作与 r-分割中 $r-1$ 条直线相交所得交点的连线,设这 C_{r-1}^2 条直线与直线 $Q_{r+1}Q_r$ 的交点的集合为 Y.在线段 $Q_{r+1}Q_r$ 取一点 D,使 D 不属于 $X \cup Y$,作直线 B_rD,则直线 B_rD 与 r-分割中 $r-1$ 条直线一起构成 n 个红点的 $(r+1)$-分割,且前 r 个区域内恰有一个红点,第 $r+1$ 个区域内恰有 $n-r$ 个红点.实际上,因为 D 不属于 $X \cup Y$,所以 B_rD 与 r-分割中 $r-1$ 条直线不平行且不过其中的任何交点.其次,所有红点都介于直线 L 与直线 $Q_{r+1}Q_r$ 之间,而直线 B_rD 位于 L 与直线 $Q_{r+1}Q_r$ 之间的部分在矩形 $A_rA_{r+1}Q_{r+1}Q_r$ 内,所以直线 B_rD 不分割红点 $P_1,P_2,\cdots,P_{r-1}$,而将红点 $P_r,P_{r+1},\cdots,P_n$ 分割为两部分:$\{P_r\},\{P_{r+1},\cdots,P_n\}$,结论

成立.

综上所述,k 的所有可能取值为 $2,3,\cdots,n$.

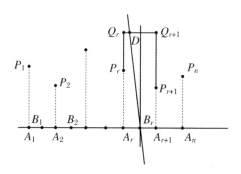

图 1.8

例 7(1985 年美国数学奥林匹克试题) 是否存在正整数 y、z,使方程组 $\begin{cases} x_1^2 + x_2^2 + \cdots + x_{1985}^2 = y^3 \\ x_1^3 + x_2^3 + \cdots + x_{1985}^3 = z^2 \end{cases}$ 有正整数解:$(x_1, x_2, \cdots, x_{1985})$?

分析与解 注意到 1985 很大,我们讨论一般的问题:

是否存在正整数 y、z,使方程组

$$\begin{cases} x_1^2 + x_2^2 + \cdots + x_n^2 = y^3 & (1) \\ x_1^3 + x_2^3 + \cdots + x_n^3 = z^2 & (2) \end{cases}$$

有正整数解:$(x_1, x_2, \cdots, x_n)$?

联想到 $x_1^3 + x_2^3 + \cdots + x_n^3 = \left[\dfrac{n(n+1)}{2}\right]^2$,可构造拟对象:

$$(x_1, x_2, \cdots, x_n) = (1, 2, \cdots, n)$$

它是方程(2)的解,但它不是方程(1)的解.

为了使拟对象优化为方程(1)的解,我们引入修正因子 k,希望

$$(x_1, x_2, \cdots, x_n) = (k, 2k, 3k, \cdots, nk)$$

既是方程(2)的解,又是方程(1)的解.

将其分别代入方程(1),(2),有

$$y^3 = \frac{1}{6}n(n+1)(2n+1)k^2 \qquad (3)$$

$$z^2 = \left[\frac{n(n+1)}{2}\right]^2 k^3 \qquad (4)$$

由(4)可知,z 为整数的一个充分条件是 k 为平方数.

由(3)可知,y 为整数的一个充分条件是 k 为 $f(n)^{3t+1}$(凑完全立方),其中

$$f(n) = \frac{1}{6}n(n+1)(2n+1)$$

所以 k 为 $f(n)$ 的方幂,又 k 应为平方数. 于是,取 $k = f(n)^{2r}$,将之代入(3),有

$$y^3 = f(n)k^2 = f(n) \times f(n)^{4r} = f(n)^{4r+1}$$

为了使 $4r+1$ 是 $3t+1$ 型数,再令 $r = 3s+2$,即取 $k = f(n)^{6s+4}$,则(3)变为

$$y^3 = f(n)k^2 = f(n) \times f(n)^{12s+8} = f(n)^{12s+9}, \quad y = f(n)^{4s+3}$$

将 $k = f(n)^{6s+4}$ 代入(4),有

$$z^2 = \left[\frac{n(n+1)}{2}\right]^2 k^3 = [n(n+1)]^2 f(n)^{18s+12}$$

$$z = n(n+1) \times f(n)^{9s+6}$$

于是,对一切自然数 n,当 $y = f(n)^{4s+3}$,$z = n(n+1) \times f(n)^{9s+6}$($s$ 为任意自然数)时,方程组

$$\begin{cases} x_1^2 + x_2^2 + \cdots + x_n^2 = y^3 \\ x_1^3 + x_2^3 + \cdots + x_n^3 = z^2 \end{cases}$$

有正整数解:

$$(x_1, x_2, \cdots, x_n) = (f(n)^{6s+4}, 2f(n)^{6s+4}, \cdots, nf(n)^{6s+4})$$

其中 $f(n) = \frac{1}{6}n(n+1)(2n+1)$.

例8(原创题) 若一个三角形的边长与面积都是整数,则称之为海伦三角形. 三边长互素的海伦三角形称为本原海伦三角形. 边长都

不是 3 的倍数的本原海伦三角形称为奇异三角形.

(1) 求证:等腰的奇异三角形有无数个.

(2) 试问:非等腰的奇异三角形有多少个?

分析与解 (1) 等腰的奇异三角形需要同时满足如下条件:

(ⅰ) 三边长为整数;(ⅱ) 有两边长相等;(ⅲ) 三边长互素,且都不是 3 的倍数;(ⅳ) 面积为整数.

其中关键的条件是(ⅰ)、(ⅱ)和(ⅳ),所以我们先构造拟对象,让其同时满足(ⅰ)、(ⅱ)和(ⅳ).

找一个充分条件:要使面积为整数,只需等腰三角形的底边及该边上的高为整数.

进而要使三角形三边长都为整数,在上述构造的三角形中只需腰长为整数,从而该三角形可分割为两个全等的勾股三角形.

反之,取两个全等的勾股三角形$(m^2+n^2, m^2-n^2, 2mn)$,其中$m, n \in \mathbf{N}^+, m > n, (m, n) = 1, m、n$ 一奇一偶.将长为 $2mn$ 的边叠合在一起,使之合并成一个等腰三角形$(m^2+n^2, m^2+n^2, 2m^2-2n^2)$(图 1.9),则该三角形满足(ⅰ)、(ⅱ)和(ⅳ).

下面只需适当限定 $m、n$ 的取值,使其满足(ⅲ).

稍作思考即可发现,令 $3 \mid mn$ 即可.

下面证明:若 $m、n \in \mathbf{N}^+, m > n, 3 \mid mn, (m, n) = 1, m、n$ 一奇一偶,则$(m^2+n^2, m^2+n^2, 2m^2-2n^2)$ 是奇异三角形.

首先,$S_\triangle = 2mn(m^2-n^2)$ 为整数.

其次,反设$(m^2+n^2, 2m^2-2n^2) > 1$,则因 $m、n$ 一奇一偶,有 $m^2+n^2、2m^2-2n^2$ 都是奇数.

取 $m^2+n^2、2m^2-2n^2$ 的一个公共质因数 p,则

$$p \mid 2(m^2+n^2) + (2m^2-2n^2) = 4m^2$$

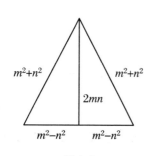

图 1.9

而$(p,4)=1$,所以$p|m^2$,所以$p|m$.进而$p|n$,与$(m,n)=1$矛盾,所以
$$(m^2+n^2, 2m^2-2n^2)=1$$

最后,因为$3|mn$,所以$3|m$或$3|n$.

若$3|m$,则$n\equiv \pm 1(\bmod 3)$,$n^2\equiv 1(\bmod 3)$.此时,有
$$m^2+n^2\equiv 1(\bmod 3), \quad 2m^2-2n^2\equiv -2\equiv 1(\bmod 3)$$

若$3|n$,则$m\equiv \pm 1(\bmod 3)$,$m^2\equiv 1(\bmod 3)$.此时,有
$$m^2+n^2\equiv 1(\bmod 3), \quad 2m^2-2n^2\equiv 2(\bmod 3)$$

所以m^2+n^2、$2m^2-2n^2$都不是3的倍数.

特别地,取$m=6k+1(k\in \mathbf{N})$,$n=6$,则$(36k^2+12k+37, 36k^2+12k+37, 72k^2+24k-70)$都是奇异三角形.

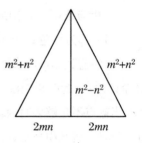

图1.10

若取两个全等的勾股三角形$(m^2+n^2, m^2-n^2, 2mn)$,将长为m^2-n^2的边叠合在一起(图1.10),则类似可知,当m、$n\in \mathbf{N}^+$,$m>n$,$3|m^2-n^2$,$(m,n)=1$,m、n一奇一偶时,$(m^2+n^2, m^2+n^2, 4mn)$是奇异三角形.

特别地,取$m=6k+1(k\in \mathbf{N})$,$n=2$,则$(36k^2+12k+5, 36k^2+12k+5, 48k+8)$都是奇异三角形.

(2)非等腰的奇异三角形有无数个.

实际上,取$t\equiv 5(\bmod 30)$,令
$$a=5t^2, \quad b=\frac{1}{4}(25t^4+6t^2+1), \quad c=\frac{1}{4}(25t^4-6t^2+1)$$

则(a,b,c)是非等腰的奇异三角形.

因为t为奇数,所以a、b、c为整数,且显然有$a<b<c$.

又t不是3的倍数,所以a、b、c都不是3的倍数.

最后,由于$5|t$,于是,b、c都不是5的倍数.

进而由 $(t^2, 25t^4 \pm 6t^2 + 1) = 1$,知 $(a, b, c) = 1$.

经计算可得 $S_\triangle = \frac{1}{2}t^2(25t^4 - 1)$ 为整数,于是 (a, b, c) 是非等腰的奇异三角形.

有时在同一个问题中,我们要在解题过程中先后选择不同的条件为拟条件来构造不同的拟对象求解.

例 9(1992 年圣彼得堡数学奥林匹克试题) 将正二十七边形的每个顶点染红色或蓝色,使任何两个红点之间都至少有多边形的两个顶点.试证:一定可以找到 3 个蓝色的点,它们构成一个正三角形的顶点.

分析与证明 我们的目标是找到合乎如下两个条件的 3 个点:

(1) 都为蓝色;(2) 构成正三角形.

自然想到尽可能多地找"蓝色"点,再从中发现"构成正三角形"的 3 个蓝色点,此时以"正三角形"为拟条件.但由于蓝色点个数并不确定,当蓝点不足够多时,我们可改变策略,先找若干个"无公共顶点"的正三角形,再从中找全为蓝色的三角形,此时以"都为蓝色"为拟条件.

尽管蓝色点个数并不确定,但其个数远多于红色点个数,所以从反面估计红色点个数更方便.

容易发现,红点个数至多为 9.实际上,由条件可知,任意连续 3 个顶点中至多有 1 个红点,否则,其中至少有 2 个红点,这 2 个红点之间至多有 1 个顶点,与题意矛盾.

将 27 个顶点分成 9 组,每组都是 3 个连续的顶点,则每组中至多有 1 个红点,所以红点个数至多为 9.

(1) 如果恰有 9 个红点,则由上面的讨论可知,每连续 3 个顶点中恰有一个红点.此时,红点在圆周上间距均匀地排列.

实际上,不妨设 A_1 为红点,则 A_2、A_3 为蓝点.再考察 A_2、A_3、A_4,可知 A_4 为红点.再考察 A_3、A_4、A_5,可知 A_5 为蓝点.如此下去,可知 A_{3k+1} 为红点,其余点为蓝点.

这样一来,A_2、A_{11}、A_{20} 都为蓝点,所以 $\triangle A_2 A_{11} A_{20}$ 为蓝色正三角形,结论成立.

(2) 如果少于 9 个红点,则考察 9 个没有公共顶点的正三角形: $\triangle A_k A_{k+9} A_{k+18}(k=1,2,\cdots,9)$. 由抽屉原理,其中至少有一个三角形中没有红点,此三角形为蓝色正三角形,结论成立.

综上所述,命题获证.

有些问题,选择不同的拟条件来构造拟对象,可得到问题的不同解法.

例 10(1986 年上海市数学奥林匹克试题) 设 A、B、C、D 是空间给定的不共面的任意四点,它们到平面 α 之距的比为 $1:1:1:2$,问这样的平面 α 有多少个?

分析与解 设 A、B、C、D 到平面 α 的距离分别为 a、b、c、d,则条件可表示为

$$\frac{a}{1} = \frac{b}{1} = \frac{c}{1} = \frac{d}{2} = k$$

若选择 $\frac{d}{2} = k$ 为"拟条件",则可先构造满足 $a = b = c = k$ 的拟对象:作平面 α,使 A、B、C 到平面 α 的距离相等.

再退一步,先考虑与 A、B 距离相等的平面 α,则这样的平面 α 可分为两类:一是平面 α 与直线 AB 平行(图 1.11);二是平面 α 过线段 AB 的中点(图 1.12).

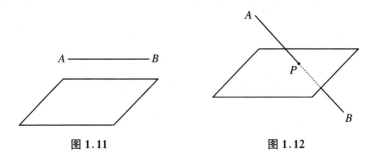

图 1.11　　　　　图 1.12

现在,我们来调整 α 的位置,使 A、B、C 与平面 α 等距.

(1) 当平面 α 与 AB 平行时,α 与 BC、CA 又都有两种位置关系:平面 α 与其平行或过其中点. 由此得到如下几种情况:

(i) 平面 α 与直线 AB、BC、CA 都平行(图 1.13).

(ii) 平面 α 与直线 AB 平行,过线段 AC 的中点 P,此时,平面也只能过线段 BC 的中点 Q(图 1.14).

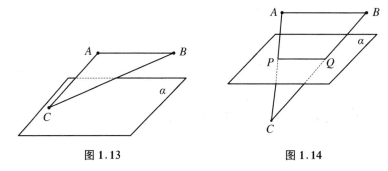

图 1.13   图 1.14

(2) 当平面 α 过直线 AB 的中点时,α 与 BC、CA 又都有两种位置关系,即平面 α 与其平行或过其中点. 由此得到如下几种情况:

(i) 平面 α 过线段 AB 的中点,且过线段 BC 的中点,此时,平面 α 只能与 CA 平行.

(ii) 平面 α 过线段 AB 的中点,且与直线 BC 平行,此时,平面也只能过线段 CA 的中点.

综上可知,平面 α 与 $\triangle ABC$ 的位置关系是:平面 α 与平面 ABC 平行,或过 $\triangle ABC$ 的一条中位线.

最后,调整平面 α 的位置,使其合乎全部题设条件.

(1) 当 $\alpha // \triangle ABC$ 时,点 D 与 ABC 可在 α 同侧,也可分别在 α 两侧,这样的平面 α 有 2 个(图 1.15).

(2) 当 α 过 $\triangle ABC$ 的一条中位线时,不妨设 α 过与 BC 平行的中位线 EF,则 $\alpha // BC$,D 与 BC 可在 α 同侧,也可在 α 异侧,这样的

平面 α 有 2 个(图 1.16).

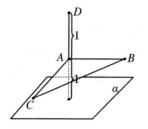
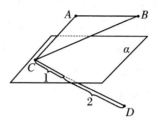

图 1.15

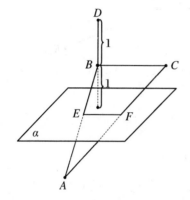
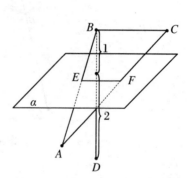

图 1.16

同样,当 α 过 $\triangle ABC$ 的其他中位线时,这样的平面 α 也有 2 个,于是共有 $2 \times 3 = 6$ 个合乎条件的平面.

综上所述,合乎条件的平面共有 $2 + 6 = 8$ 个.

若将条件 $\dfrac{a}{1} = \dfrac{b}{1} = \dfrac{c}{1} = \dfrac{d}{2} = k$ 等价转换为 $\dfrac{d}{a} = \dfrac{d}{b} = \dfrac{d}{c} = 2$,并选择 $\dfrac{d}{b} = \dfrac{d}{c} = 2$ 为"拟条件",则可先构造满足 $\dfrac{d}{a} = 2$ 的拟对象:作平面 α,使 D 到平面 α 的距离是 A 到平面 α 的距离的 2 倍.

因为平面 α 到点 A、D 的距离不相等,所以 α 必与直线 DA 相交,设交点为 P,则由 $\dfrac{d}{a} = 2$ 可知,$\dfrac{PA}{PD} = \dfrac{1}{2}$,从而 P 是分线段 AD 的

比为 $1:2$ 的内、外分点. 也就是说, 平面 α 必过分线段 AD 的比为 $1:2$ 的内、外分点之一(图 1.17).

现在, 调整平面 α 的位置, 使其合乎全部题设条件.

同样可知, 平面 α 必与直线 DB、DC 相交, 交点 Q、R 的位置各有两种可能, 又 3 个交点唯一确定一个合乎条件的平面 α, 于是合乎条件的平面共有 $2^3 = 8$ 个.

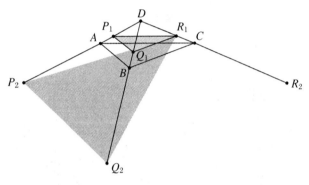

图 1.17

1.2 相差半个要素的"拟对象"

假定我们寻找的对象需要同时满足 $n+1$ 个条件, 我们可从中适当选定一个条件 p (一般是较难满足的一个条件), 然后构造一个"拟对象", 使其满足除选定条件外的其余 n 个条件, 并满足另外一个新的条件 p', 这里的条件 p' 与题中条件 p 非常接近但不相同, 我们可形象地认为条件 p' 是"0.5 个条件 p", 我们称这样的"拟对象"为相差半个要素的"拟对象".

特别地, 如果我们要找的对象需要同时满足 2 个条件, 那么所谓相差半个要素的"拟对象", 就是满足题中"1.5 个条件"的对象.

例 1 求证: 在任何简单闭曲线上, 都存在四个点, 它们是某个菱形的四个顶点.

分析与证明 菱形的特征是两条对角线互相垂直平分,设菱形的两条对角线为 d_1、d_2,则上述特征包括如下两个方面:

(1) $d_1 \perp d_2$;

(2) d_1、d_2 互相平分.

我们先找一个"拟菱形",它满足(1),并满足(2)的一半,即 $d_1 \perp d_2$,且 d_1 平分 d_2.

用两条平行线 l_1、l_2 将闭曲线夹在 l_1、l_2 之间,且 l_1、l_2 与闭曲线都有唯一的公共点,而 l_1、l_2 的外侧没有闭曲线上的点.

设 l_1 与闭曲线的公共点为 P_1,l_2 与闭曲线的公共点为 P_2,在 l_1、l_2 之间任作一直线 $l \parallel l_1$,设 l 与闭曲线的两个公共点为 M_1、M_2,作线段 M_1M_2 的垂直平分线,交 M_1M_2 于 P,交闭曲线于 N_1、N_2,则 $N_1N_2 \perp M_1M_2$,且 N_1N_2 平分 M_1M_2,所以四边形 $M_1N_2M_2N_1$ 是"拟菱形".

对于"拟菱形"$M_1N_2M_2N_1$,对角线的交点为 P,令 $f(P) = PN_1 - PN_2$,想象直线 l 从 l_1 平移到 l_2,则相应的 $f(P)$ 随之发生变化.显然,有

$$f(P_1) = P_1N_1 - P_1N_2 = 0 - P_1N_2 < 0$$
$$f(P_2) = P_2N_1 - P_2N_2 = P_2N_1 - 0 > 0$$

又

$$f(P) = PN_1 - PN_2$$
$$\lim_{P \to P_0} f(P) = \lim_{P \to P_0}(PN_1 - PN_2) = P_0N_1 - P_0N_2 = f(P_0)$$

所以 $f(P)$ 连续.

从而平移过程中,必定有每一个时刻,使 $f(P) = 0$,此时 $PN_1 = PN_2$,从而 N_1N_2、M_1M_2 互相垂直平分,即 $M_1N_2M_2N_1$ 是菱形.

例 2(1987 年全国高中数学联赛试题) 在坐标平面上,纵横坐标都是整数的点称为整点.试证:存在一个同心圆的集合,使得:

(1) 每个整点都在此集合的某一圆周上;

(2) 此集合的每个圆周上,有且只有一个整点.

分析与证明 要构造合乎条件的同心圆,关键是确定圆心.设圆心为 $P(m,n)$,其中 m、n 待定,则以 $P(m,n)$ 为圆心的同心圆的集合 M 要满足两个条件(1)和(2).

我们先让 M 满足"1.5 个条件",其中条件(1)全部满足,而条件(2)只满足"一半".

为了满足条件(1),只需以 $P(m,n)$ 为圆心,过各个整点作圆,所有这样的圆构成一个集合 M.

此时 M 同时满足条件(2)的一半:此集合的每个圆周上,有一个整点.

下面调整 m、n 的值,使 M 的每个圆周上,只有一个整点.

从反面考虑,任取两相异整点 $A(a,b)$、$B(c,d)$,假定点 $P(m,n)$ 到 A、B 的距离相等,则

$$(a-m)^2 + (b-n)^2 = (c-m)^2 + (d-n)^2$$

即

$$a^2 + b^2 - c^2 - d^2 + 2(d-b)n = 2(a-c)m \quad (*)$$

下面只需找一个充分条件(m、n 取某个特定的值),使等式(*)不成立,这只需等式(*)两边的值分别是两种不同性质的数,比如:奇数与偶数,质数与合数,有理数与无理数,代数数与超越数等.

注意到 m、n 可取任意实数,容易想到选取 m、n 的值,使(*)左边为有理数,右边为无理数最方便.

于是,取 n 为有理数,m 为无理数,则当 $a \neq c$ 时,(*)左边为有理数,右边为无理数,矛盾.

所以,必有 $a = c$,则(*)式变成

$$(b-d)(b+d-2n) = 0$$

注意到 $a = c$ 时,必有 $b \neq d$(否则 A、B 重合,矛盾),所以

$$b + d - 2n = 0 \quad (**)$$

再找一个充分条件(n 取某个特定的值),使等式(* *)不成立.

注意到 b、d 为整数,从而 $b+d$ 为整数,于是只需 $2n$ 不是整数即可.

由此可见,取 $m=\sqrt{2}, n=\dfrac{1}{3}$,则集合 M 合乎要求,命题获证.

例 3(第 32 届 IMO 备选题) 给定平面上 n 个点的集合 $S, n \geqslant 3$,若 S 中任何 3 个点不共线,求证:平面上存在一个由 $2n-5$ 个点组成的集合 P,使 S 中任何 3 个点构成的三角形的内部都至少含有 P 中的一个点.

分析与证明 记 $S=\{P_1, P_2, \cdots, P_n\}$,我们要构造的点集 P,必须同时满足以下条件:

(1) 每个 $\triangle P_i P_j P_k (1 \leqslant i<j<k \leqslant n)$ 内都有 P 中一个点;

(2) $|P| \leqslant 2n-5$.

我们先构造一个满足 1.5 个条件的拟对象 P^*:使 P^* 满足(1)且接近(2),这自然想到在每个 $\triangle P_i P_j P_k (1 \leqslant i<j<k \leqslant n)$ 内各取一个点作成一个集合 P^*,且使每个点尽可能多地属于多个三角形.

先考虑如何取一个点 A,方能保证 A 在 $\triangle P_i P_j P_k (1 \leqslant i<j<k \leqslant n)$ 内,为了叙述问题方便,我们把点都放在直角坐标系内讨论.

设 P_i 的坐标为 $(x_i, y_i)(i=1,2,\cdots,n)$,可适当选择坐标系,使 $x_1<x_2<\cdots<x_n$,这是因为两点的连线只有有限条,可选择 x 轴与所有连线不垂直.

对于 $\triangle P_i P_j P_k (1 \leqslant i<j<k \leqslant n)$,过 P_j 作 x 轴的垂线,由于 $i<j<k$,此垂线必与线段 $P_i P_k$ 相交,设交点为 P_j'. 如果在线段 $P_j P_j'$ 上取一个点 Q_j,则点 Q_j 必在 $\triangle P_i P_j P_k$ 内.

现在,我们由点 P_j 的坐标来确定点 Q_j 的坐标. 设 $|P_j P_j'|=2d_j$,则 $Q_j(x_j, y_j+d_j)$、$Q_j'(x_j, y_j-d_j)$ 中必与一个点在 $\triangle P_i P_j P_k$ 内(图 1.18).

为了使所取的点尽可能少,我们固定点 $P_j(j=2,3,\cdots,n-1)$,考察以 P_j 为"中间点"的所有 $\triangle P_iP_jP_k(1\leqslant i<j<k\leqslant n)$,由于 $i=1,2,\cdots,j-1$ 有 $j-1$ 种可能,$k=j+1,j+2,\cdots,n$ 有 $n-j$ 种可能,这样的三角形有 $(j-1)(n-j)$ 个.为了保证所取的点 Q_j 在这些三角形的每一个内,可取点 Q_j 充分靠近点 P_j.于是,令所有点到这些点连成的所有线中的距离最小者为 $2d$,则 $d_j\geqslant d$.

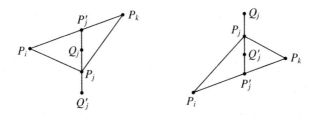

图 1.18

对每一个点 $P_j(j=2,3,\cdots,n-1)$,取定点 $Q_j(x_j,y_j+d)$、$Q_j'(x_j,y_j-d)$,令这 $2n-4$ 个点构成集合 P^*,我们证明:对 S 中的任何 $\triangle P_iP_jP_k(1\leqslant i<j<k\leqslant n)$,都必含有 P^* 中的一个点.

实际上,对于 S 中任何一个 $\triangle P_iP_jP_k$,过 P_j 作 x 轴的垂线,由于 $i<j<k$,此垂线必与 P_iP_k 相交,设交点为 P_j',设 Q_j 在线段 P_jP_j' 上,又 $P_jQ_j=d<2d\leqslant P_j$ 到 P_iP_k 的距离 $\leqslant P_jP_j'$,所以点 Q_j 必在 $\triangle P_iP_jP_k$ 内.

现在设法在 P^* 中去掉一个点,使得到合乎条件的点集 P.

考察 S 的凸包,此凸包上至少含有 S 的 3 个点,于是必存在一个点 $P_r(1<r<n)$ 为凸包的顶点,于是,相应的点 Q_r、Q_r' 中必有一个点不在凸包内,不妨设 Q_r 不在凸包内,则 Q_r 不在任何 $\triangle P_iP_jP_k$ $(1\leqslant i<j<k\leqslant n)$ 内,在 P^* 中去掉此点,得到 $2n-5$ 个点的集合 P,则 P 合乎条件,命题获证.

例 4(原创题) 求满足下列条件的最小正整数 t,当 $n\geqslant t$ 时,对

于任何凸 n 边形 $A_1A_2\cdots A_n$,都存在三点 A_i、A_j、A_k ($1\leqslant i<j<k\leqslant n$),使 $\triangle A_iA_jA_k$ 的面积不大于凸 n 边形 $A_1A_2\cdots A_n$ 面积的 $\dfrac{1}{n}$.

分析与解 为求最小正整数 t,可从小到大试验 t 的一些取值.

如果一个凸 n 边形 $A_1A_2\cdots A_n$,存在三顶点 A_i、A_j、A_k ($1\leqslant i<j<k\leqslant n$),使 $\triangle A_iA_jA_k$ 的面积不大于凸 n 边形 $A_1A_2\cdots A_n$ 面积的 $\dfrac{1}{n}$,则称该凸 n 边形为奇异凸 n 边形.

当 $t=3$、4 时,正三角形、正方形分别不是奇异凸 n 边形,所以 $t=3$、4 不合乎条件.

当 $t=5$ 时,可以证明正五边形不是奇异凸五边形,所以 $t=5$ 不合乎条件.

实际上,考察正五边形 $ABCDE$,不妨设 $S_{ABCDE}=1$,因为正五边形 $ABCDE$ 的顶点组成的三角形中只有两种类型的三角形,而 $S_{ABE}<S_{ABD}$,所以 S_{ABE} 是面积最小的(图 1.19).因为

$$\dfrac{S_{ABD}}{S_{ADE}}=\dfrac{h_1}{h_2}=\dfrac{a\sin 72°}{a\sin 36°}=2\cos 36°<2$$

所以

$$1=S_{AED}+S_{ABD}+S_{ACD}=2S_{AED}+S_{ABD}<2S_{AED}+2S_{AED}=4S_{AED}$$

得 $S_{AED}>\dfrac{1}{4}>\dfrac{1}{5}$.

由上可知,$t\geqslant 6$.

下面证明 $t=6$ 合乎条件,即如下命题成立:

当 $n\geqslant 6$ 时,任何凸 n 边形都是奇异凸 n 边形.

下面对 n 归纳.当 $n=6$ 时,我们要证明:任何凸六边形都是奇异

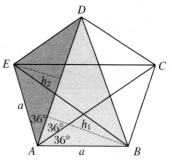

图 1.19

凸六边形.

考察任意一个凸六边形 $A_1A_2\cdots A_6$,设其面积为 S,我们要找到 $\triangle A_iA_jA_k$,使 $S_{\triangle A_iA_jA_k} \leqslant \dfrac{S}{6}$,我们称这样的 $\triangle A_iA_jA_k$ 为"好三角形". 显然"好三角形" $\triangle A_iA_jA_k$ 必须满足如下两个条件:

(1) 位置条件:其 3 顶点都是原凸六边形的顶点;

(2) 数量条件:其面积不大于 $\dfrac{S}{6}$.

找好三角形同时满足两个条件比较困难,可先找满足其中一个条件,且接近另一个条件的"拟好三角形".

注意到第一个条件容易弱化为"半个条件":两个顶点是原顶点,于是可先找面积不大于 $\dfrac{S}{6}$,且两顶点都是原顶点的拟好三角形.

找一个拟好三角形是容易办到的:要使其面积不大于 $\dfrac{S}{6}$,由抽屉原理,可以想到将凸六边形剖分为 6 块,则必有一块的面积合乎要求,于是,可在凸六边形内增加一个新的点 P,连 $PA_i(i=1,2,\cdots,6)$,则必定存在 A_i、A_{i+1},使 $\triangle PA_iA_{i+1}$ 是拟好三角形(图 1.20).

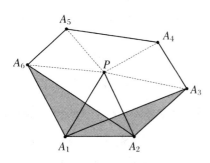

图 1.20

不妨设 $S_{\triangle PA_1A_2} \leqslant \dfrac{S}{6}$,现在的问题是,如何将 P 变成原顶点,而使 $\triangle PA_1A_2$ 的面积不增加. 也就是说,是否存在顶点 $A_i(3 \leqslant i \leqslant 6)$,使 $S_{\triangle A_iA_1A_2} \leqslant S_{\triangle PA_1A_2}$?

如果存在合乎上述条件的点 A_i,则称 $\triangle PA_1A_2$ 是基本拟好三角形,显然,此时 A_i 必可取与边 A_1A_2 距离最近的顶点,所以我们只需考察 A_6 或 A_3 是否合乎要求.

为此,我们要比较 $\triangle A_6A_1A_2$、$\triangle A_3A_1A_2$ 与 $\triangle PA_1A_2$ 的面积

的大小.此时要用到如下一个基本事实:

设 A、B 是直线 l 上两点,P、Q、R 是直线 l 同侧的共线 3 点,若 Q 位于 P、R 之间(图 1.21),则
$$\min\{S_{ABP}, S_{ABR}\} \leqslant S_{ABQ} \leqslant \max\{S_{ABP}, S_{ABR}\}$$
即 S_{ABP}、S_{ABR} 中有一个不大于 S_{ABQ},也有一个不小于 S_{ABQ}.

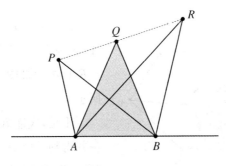

图 1.21

由上述结论可知,当 A_6、P、A_3 共线时,$\triangle PA_1A_2$ 是基本拟好三角形.

由对称性,只有当 $\triangle PA_iA_{i+1}$ 都是基本拟好三角形时(因为 $\triangle PA_1A_2$ 是应用抽屉原理时利用对称性取定的拟好三角形)问题才被解决,这就要求凸六边形满足 A_1、P、A_4 及 A_2、P、A_5 都分别共线,即 3 条对角线 A_1A_3、A_2A_4、A_3A_6 相交于一点 P,此时,由抽屉原理,必存在 $\triangle PA_iA_{i+1}$,使 $S_{PA_iA_{i+1}} \leqslant \dfrac{S}{6}$.

进而,由于 A_{i-1}、P、A_{i+2} 这 3 点共线,且 P 介于 A_{i-1}、A_{i+2} 之间,所以 $S_{A_{i-1}A_iA_{i+1}}$、$S_{A_iA_{i+1}A_{i+2}}$ 中必有一个不大于 $\dfrac{S}{6}$.

对一般情形,3 条对角线不一定交于一点,而可能有 3 个交点 P、Q、R(图 1.22).此时,我们期望也找到 6 个类似的基本拟好三角形.也就是说,凸六边形要分割为类似的 6 块(没有重叠,但允许有间隙,

只要求面积和不大于1),每一块含有凸六边形的两个连续顶点,而第三顶点属于$\{P,Q,R\}$且可以"换"成凸六边形的某个顶点而使其面积不增.

先考虑以 A_1A_2 为顶点的"块",因为第三顶点 $M\in\{P,Q,R\}$,为了使 M 可以"换"成 A_6 或 A_3,应有 M、A_6、A_3 共线,从而可取 $M=Q$ 或 R.

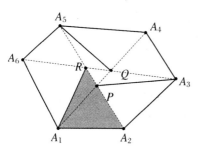

图 1.22

假定取 $M=R$,即以 A_1、A_2 为顶点的"基本拟三角形"为 $\triangle RA_1A_2$,如图 1.22 中阴影所示.

于是,应连 RA_1,此时,我们一并得到了以 A_1、A_6 为顶点的"基本拟三角形"$\triangle RA_1A_6$.

类似地,连 PA_3、QA_5,得到 6 个基本拟三角形:$\triangle RA_1A_2$、$\triangle PA_2A_3$、$\triangle PA_3A_4$、$\triangle QA_4A_5$、$\triangle QA_5A_6$、$\triangle RA_6A_1$,它们的面积之和不大于 S,其中必有一个三角形面积不大于 $\frac{S}{6}$.

类似于上面的证明可知,必定存在一个好三角形,所以当 $n=6$ 时,结论成立.

设 $n=k$ 时结论成立,当 $n=k+1$ 时,连 A_1A_k(图 1.23).

如果 $S_{\triangle A_1A_kA_{k+1}}\leqslant\dfrac{S}{k+1}$,则结论成立;

如果 $S_{\triangle A_1A_kA_{k+1}}>\dfrac{S}{k+1}$,则

$S_{\triangle A_1A_2\cdots A_k}<S-\dfrac{S}{k+1}=\dfrac{kS}{k+1}.$

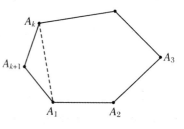

图 1.23

由归纳假设,必有 $1 \leqslant i < j < r \leqslant n$,使 $S_{\triangle A_i A_j A_r} \leqslant \frac{1}{k} \cdot \frac{kS}{k+1} = \frac{S}{k+1}$,结论成立.

综上所述,t 的最小值为 6.

例 5(原创题) 我们称格点单位正方形为"孔",试问:对哪些正整数 n,存在内部无"孔"的格点凸 n 边形?

分析与解 我们所构造的 n 边形要同时满足以下 3 个条件:

(1) 顶点是格点;

(2) 是凸多边形;

(3) 其内部无"孔".

其中条件(3)最难满足,所以我们先构造同时满足条件(1)、(2)的拟对象,且使拟对象尽可能接近条件(3).

找拟对象同时满足条件(1)、(2)很容易,现在要考虑如何使之接近条件(3).凭几何直观,当多边形在某个方向上很"窄",则可能内部无"孔",于是想到这样构造格点凸 n 边形:

首先,为了保障多边形是凸的,可想象多边形相继各边的斜率一个比一个小,一种简单的情形是,取第 j 条边的斜率为 $\frac{1}{j}$,并取第一个顶点 $A_1(1,1)$,则第 j 个顶点为 $A_j(1+2+\cdots+j, j)$($1 \leqslant j \leqslant n$).

但这样构造的 n 边形 $A_1 A_2 \cdots A_n$ 内部有"孔",比如,$(15,4)$,$(16,4)$,$(15,5)$,$(16,5)$ 为顶点的单位正方形就是其内部的"孔"(图 1.24).

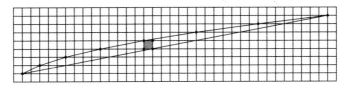

图 1.24

注意到上述格点凸 n 边形的特征:越到右边,n 边形的"宽度"越窄,由此想到将各顶点横坐标对应的"部分和"的每一个项都作一个"平移":让每一个项都增加 a(其中 a 为待定的正整数),这样,第 j 个顶点 $A_j(1+2+\cdots+j,j)$ 变为 $A_j(a+1+a+2+\cdots+a+j,j)$. 记

$$S_j = (a+1)+(a+2)+\cdots+(a+j)$$

则 n 个格点可表示为 $A_j(S_j,j)(1\leqslant j\leqslant n)$.

下面寻找 a,使这样的格点 n 边形合乎条件.

先证明格点 n 边形是凸的.实际上,因为

$$k_{A_jA_{j+1}} = \frac{j+1-j}{S_{j+1}-S_j} = \frac{1}{a+j+1}$$

我们有

$$k_{A_1A_2} > k_{A_2A_3} > \cdots > k_{A_{n-1}A_n} > 0$$

所以 $A_1A_2\cdots A_n$ 是格点凸 n 边形,记为 Ω.

为叙述问题方便,我们称长度为 1 的格点线段为"缝",显然,格点凸 n 边形内部无孔的一个充分条件是内部无横向(或纵向)的"缝".

下面证明,Ω 是内部无纵向"缝"的格点凸 n 边形.

反设 Ω 内有一条纵向"缝"AB(图 1.25),不妨设 $A(p,q+1)$,$B(p,q)$.

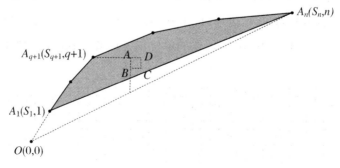

图 1.25

因为 $A_{q+1}A$ 平行于 x 轴,而 A 在 Ω 内,所以 A 在 A_{q+1} 的右侧,即

$$S_{q+1} \leqslant p \quad \text{①}$$

因为 B 在 Ω 内,所以 B 在直线 $A_1 A_n$ 的上方,更在直线 OA_n 的上方,所以 $k_{OB} \geqslant k_{OA_n}$,所以

$$p \leqslant \frac{S_n}{n} q \quad \text{②}$$

由①、②,得

$$S_{q+1} \leqslant p \leqslant \frac{S_n}{n} q$$

$$(q+1)a + \frac{1}{2}(q+1)(q+2) \leqslant \frac{na + \frac{1}{2}n(n+1)}{n} \cdot q$$

化简,得

$$a \leqslant -\frac{1}{2}q^2 + \frac{n-2}{2}q - 1$$

$$= -\frac{1}{2}\left(q - \frac{n-2}{2}\right)^2 + \frac{(n-2)^2}{8} - 1$$

$$\leqslant \frac{(n-2)^2}{8} - 1$$

于是,取 $a > \frac{(n-2)^2}{8} - 1$,比如 $a = n^2$,则产生矛盾.

由此可见,以格点 $A_j(S_j, n^2 + j)(1 \leqslant j \leqslant n)$ 为顶点的凸多边形内部无"孔". 所以,对任何正整数 $n \geqslant 3$,都存在内部无"孔"的格点凸 n 边形.

显然,满足 $a > \frac{(n-2)^2}{8} - 1$ 的 a 有无数个,比如 $a = kn^2$(k 为任何正整数).

由此可见,内部无"孔"的格点凸 n 边形本质上(不能通过平移、对称、旋转、相似变换而得到)有无穷多个.

(注意到 C、D 的纵坐标都为 $q+1$,而 Ω 内只有唯一一个纵坐标为 n 的点 $A_n(S_n, n)$,所以 $0 \leqslant q+1 \leqslant n-1$,即 $0 \leqslant q \leqslant n-2$.)

探索 是否对任何正整数 n,都存在内部无"缝"的格点凸 n 边形?

例6 平面点集 S 由 $2m$ 个红点、$2n$ 个蓝点组成,其中任四个点不共线,求证:存在直线 t,它的每一侧都有 m 个红点、n 个蓝点.

分析与证明 直线的每一侧都有 m 个红点、n 个蓝点,意味着直线每一侧都有 $m+n$ 个点,而且其中有 m 个是红点.

我们先构造一个拟对象:作直线 t,使 t 不与 S 中任何两点的连线平行,适当平移 t,可使 t 一个一个地越过 S 中的点,到一定的时刻,t 两侧各有 $m+n$ 个点.

现在我们来调整直线 t 的位置,使其每一侧都有 m 个红点、n 个蓝点.

记 t 两侧的点的集合分别为 X、Y,将 X 中的点与 Y 中的点连线,共有有限条直线,设其中与 t 夹角最小的一条为 AB,其中 $A \in X$,$B \in Y$,则角形区域 Ⅰ 和 Ⅱ 中都无 S 中的点.

(1) 线段 AB 的内点都不是 S 中的点(图1.26),设 AB 与 t 相交于 P,将 P 与 X 中的点连线,这些线与 PA 夹角最小者为 θ. 将 P 与 Y 中的点连线,这些线与 PB 夹角最小者为 φ.

现在,将直线 AB 绕点 P 按逆时针方向旋转 $\dfrac{1}{2}\min\{\theta, \varphi\}$,得到直线 t',则 t' 与 AB 所夹角区域无 S 中的点,从而 t' 两侧亦各有 $m+n$ 个点,其中 A、B 交换了所在的区域.

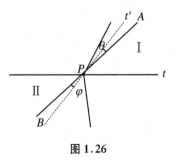

图1.26

(2) 若线段 AB 的内点中至少有一个 S 中的点,因为 S 中无四点共线，所以这样的点只有一个，记为 C（图 1.27）.

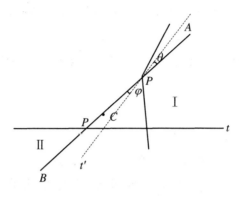

图 1.27

不妨设 $C \in X$，则 C 在线段 PA 上（若 C 在 PA 外，则交换 A、C 的标号）.

在线段 CA 上取一个点 P'，用 P' 代替（1）中的点 P，按（1）中的方法将直线 AB 绕点 P' 按逆时针方向旋转 $\frac{1}{2}\min\{\theta, \varphi\}$，得到直线 t'，可使 t' 与 AB 所夹角区域无 S 中的点，从而 t' 两侧亦各有 $m+n$ 个点，其中 C 仍在 X 中，而 A、B 交换了所在的区域.

综合（1）和（2），可以适当旋转及平移直线 t，使 t 的一侧有一个点变到另一侧，而另一侧亦有一个点变到异侧.

设最开始时，直线 t 有一侧的蓝点数小于 $m+n$，当旋转若干次后，旋转的角度之和为 $180°$ 时，这一侧的蓝点数大于 $m+n$.

由于每次操作使这侧的蓝点数增加 1、0 或 -1，所以必有一个位置，使直线一侧的蓝点数恰为 $m+n$，证毕.

1.3 各要素都很接近的"拟对象"

假定我们寻找的对象需要同时满足 n 个条件 $p_1, p_2, \cdots, p_n$，我们可构造一个"拟对象",使其满足 n 个新条件 $q_1, q_2, \cdots, q_n$,这里的条件 q_i 与题中条件 $p_i (1 \leqslant i \leqslant n)$ 非常接近但不相同,我们称这样的"拟对象"为各要素都很接近的"拟对象".

例 1(第 34 届 IMO 试题) 是否存在函数 $f: \mathbf{N} \to \mathbf{N}$,满足:

(1) $f(f(n)) = f(n) + n$;

(2) $f(1) = 2$;

(3) $f(n+1) > f(n)$.

分析与解 先构造拟对象,取一个函数,使其与题中的条件都很接近,最简单的函数是一次函数,特别地,可取正比例函数:$f(n) = kn$.

由(3)可知,$k > 0$,代入(1),得

$$k^2 n = (k+1)n$$

令 $n = 1$,得 $k^2 = k + 1$,解得 $k = \dfrac{1 + \sqrt{5}}{2}$,所以

$$f(n) = \dfrac{1 + \sqrt{5}}{2} n$$

显然 $f(n) = \dfrac{1 + \sqrt{5}}{2} n$ 满足(1)和(3),但不满足(2),且 $f(n)$ 不是整值函数.

这自然产生这样的想法:若对 $f(n)$ 取整,问题不就解决了吗?于是,考察函数 $f(n) = [kn]$,其中 $k = \dfrac{1 + \sqrt{5}}{2}$,则 $f(n)$ 显然满足(2)和(3).此外,直接验证,有

$$f(f(n)) = f(n) + n + 1$$

这与(1)很接近,仅相差一个常数 1,作一个平移代换就可消除其差异.令

$$f(n) = [kn + b]$$

其中 $k = \dfrac{1+\sqrt{5}}{2}$,$b$ 为待定常数,代入(1)可知,若取 $b = \dfrac{\sqrt{5}-1}{2}$,则 $f(n)$ 合乎所有条件.

故满足题设条件的函数是存在的.

注 满足题设条件的函数并不唯一,比如,令 $f(n) = [pn + p] + n$,$p = \dfrac{-1+\sqrt{5}}{2}$,则 $f(n)$ 合乎条件.

实际上,$f(n)$ 显然严格递增,其次,有
$$f(f(n)) = [p \cdot f(n) + p] + f(n)$$
$$= f(n) + [p[pn + p] + pn + p]$$
$$= f(n) + [p^2(n+1) - p\{pn + p\} + pn + p]$$
$$= f(n) + [n + 1 - p\{pn + p\}] = f(n) + n$$

此外,可以验证,$f(n) = \left[pn + \dfrac{1}{2}\right]$ 也合乎条件.

例 2(1991 年独联体数学奥林匹克试题) 电影院的座位共有 m 排,每排有 n 个座,票房共出售 mn 张电影票.由于疏忽,售出去的票中有一些是重号的,不过,可以让所有观众适当就座,使每位观众都有一个座位,且每位观众所坐位置的排号和座号中至少有一个与他所持的票上对应的号码相同.求证:在上述适当的安排中,存在一种安排方法,使至少一人所坐位置的排号和座号与他所持票上的排号和座号都完全相同.

分析与证明 如果某人 A 所持票的排号为 a(第 a 行),座号为 b(第 b 列),则将其票记为 (a,b),并称第 a 行与第 b 列的所有座位都是 A 的拟座位,而排号为 a 且座号为 b 的座位为 A 的真座位.

由题设条件,可先让 mn 个人都坐在他的一个拟位置上,使每个观众都有一个座位.如果其中有一个人坐在他的真座位上,则结论成立.否则,任意取出一个人(称为第 1 个人),让他坐到他的真座位上去,再让该位置上的人(称为第 2 个人)坐到他真正的位置上去.显

然,第2个人不能与第1个人有相同的真座位,否则,第2个人原来已坐在他的真座位上,矛盾.

如此下去,依次调整,且每个人最多作一次调整,必定到第 k 个人,当他让出先前坐好的拟座位后无法再进行类似的调整,此时有以下两种情况:

(1) 第1人最初坐的拟座位也是第 k 人的拟座位,此时将第 k 人坐到第1人原先坐的拟座位上即可;

(2) 第1人最初坐的拟座位不是第 k 人的拟座位,由于不能进行类似的调整,说明第 k 人的真座位被前面 $k-1$ 个人中的某个人占住了(真座位有重号),设第 i 人($1 \leqslant i \leqslant k-1$)占住了第 k 人的真座位,即第 i 人调整后的位置既是第 i 人的真座位,也是第 k 人的真座位,此时,令第 k 人坐到第 i 人现在坐的位置上,而第1、第2……第 i 人都退回到他原来所坐的拟座位上即可.

例3(第22届全苏数学奥林匹克试题) 在 $n \times n$ 棋盘的每个格中都填一个实数,使每行、每列各数之和都为零,现进行如下操作:任取其中一行,对 $i=1,2,\cdots,n$,将此行的第 i 个数加到某列的第 i 个数上去,且把此行的第 i 个数的相反数加到另一列的第 i 个数上去.试证:可以通过有限次操作,使表中的数全变为零.

分析与证明 题中的操作,可看成是将某一行"转置",然后对应加到某一个列上,并反号后对应加到另一个列上.

用 (i,j,k) 表示将第 i 行"转置",然后对应加到第 j 列上和反号后对应加到第 k 列上.

为使棋盘中的数全变为零,先退一步,先使棋盘的主对角线上的数除右下角的一个数外,其余数都变成0,这只需对棋盘依次进行如下 $n-1$ 个操作即可:

$$(1,n,1),(2,n,2),\cdots,(n-1,n,n-1)$$

这是因为对角线上的数与其相反数相加自然变成0,将得到的数表记

为 A.

现在,对于 $i、j \leqslant n-1, i \neq j$,对 A 依次进行如下 5 个操作:
$$(j,j,i),(i,i,j),(j,i,j),(i,n,i),(i,j,n)$$
则 A 中第 i 行、第 j 列的元素都变为 0.

实际上,考察 $i=1, j=2$,有

$$\begin{pmatrix} a_{11} & a_{12} & \cdots & a_{1n} \\ a_{21} & a_{22} & \cdots & a_{2n} \\ \vdots & \vdots & & \vdots \\ a_{n1} & a_{n2} & \cdots & a_{nn} \end{pmatrix} \xrightarrow{(2,2,1)}$$

$$\begin{pmatrix} a_{11} - a_{21} & a_{12} + a_{21} & \cdots & a_{1n} \\ a_{21} - a_{22} & 2a_{22} & \cdots & a_{2n} \\ \vdots & \vdots & & \vdots \\ a_{n1} - a_{2n} & a_{n2} + a_{2n} & \cdots & a_{nn} \end{pmatrix} \xrightarrow{(1,1,2)}$$

$$\begin{pmatrix} 2a_{11} - 2a_{21} & a_{12} + 2a_{21} - a_{11} & \cdots & a_{1n} \\ 2a_{21} - a_{22} + a_{12} & 2a_{22} - a_{12} - a_{21} & \cdots & a_{2n} \\ \vdots & \vdots & & \vdots \\ a_{n1} - a_{2n} + a_{1n} & a_{n2} + a_{2n} - a_{1n} & \cdots & a_{nn} \end{pmatrix} \xrightarrow{(2,1,2)}$$

$$\begin{pmatrix} 2a_{11} - a_{22} + a_{12} & a_{22} - a_{11} & \cdots & a_{1n} \\ a_{21} + a_{22} & 0 & \cdots & a_{2n} \\ \vdots & \vdots & & \vdots \\ a_{n1} + a_{1n} & a_{n2} - a_{1n} & \cdots & a_{nn} \end{pmatrix} \xrightarrow{(1,n,1)}$$

$$\begin{pmatrix} 0 & a_{22} - a_{11} & \cdots & 2a_{11} - a_{22} + a_{12} + a_{1n} \\ a_{21} + a_{11} & 0 & \cdots & a_{22} - a_{11} + a_{2n} \\ \vdots & \vdots & & \vdots \\ a_{n1} & a_{n2} - a_{1n} & \cdots & a_{1n} + a_{nn} \end{pmatrix} \xrightarrow{(1,2,n)}$$

$$\begin{pmatrix} 0 & a_{22}-a_{11} & \cdots & 2a_{11}-a_{22}+a_{12}+a_{1n} \\ a_{21}+a_{11} & a_{22}-a_{11} & \cdots & a_{2n} \\ \vdots & \vdots & & \vdots \\ a_{n1} & 2a_{11}-a_{22}+a_{12}+a_{n2} & \cdots & a_{nn}-2a_{11}+a_{22}-a_{12} \end{pmatrix}$$

$$= \begin{pmatrix} 0 & 0 & \cdots & a_{12}+a_{1n} \\ a_{21} & 0 & \cdots & a_{2n} \\ \vdots & \vdots & & \vdots \\ a_{n1} & a_{12}+a_{n2} & \cdots & a_{nn}-a_{12} \end{pmatrix}$$

把这 5 个操作看作一个大操作,记为

$$(i,j) = \{(j,j,i),(i,i,j),(j,i,j),(i,n,i),(i,j,n)\}$$

再对 A 依次进行如下 $n-1$ 个大操作:

$$(1,2),(2,3),\cdots,(n-2,n-1),(n-1,1)$$

则 A 中除第 n 行和第 n 列外,其他元素都是 0.

因为最初棋盘的每行、每列各数之和都为零,经过一次操作后,被操作的列的和增加或减少了一个行和 0,从而列和不变,仍为 0. 而每一个行都增加了一对相反数,其行和不变,仍为 0. 于是,操作的任何状态下,棋盘各行元素之和为 0,各列元素之和为 0.

由于第 $i(1 \leqslant i \leqslant n-1)$ 行已有 $n-1$ 个 0,从而第 n 个数也为 0,于是,棋盘的前 $n-1$ 行都为 0. 同样,棋盘的前 $n-1$ 列都为 0,所以除右下角的一个数外,其他元素都是 0.

又 A 中所有数的和为 0,从而所有数都是 0.

例 4(原创题) 若干飞机进行一次空中特技飞行表演,它们排列的队形始终满足以下条件:任何 5 架飞机中都有 3 架排成一直线. 为了保证表演过程中的任何时候都至少有 4 架飞机排成一直线,问至少要多少架飞机参与此次表演?

分析与解 用空间的点表示飞机,则问题变为:已知空间 n 个点,其中任何 5 点中都有 3 点共线,如果任何这样的 n 个点中都一定有 4 个点共线,求 n 的最小值.

当 $n \leqslant 7$ 时,如图 1.28,取 A、B、C、D、E、F、G 中的 n 个点,它们满足任何 5 点中都有 3 点共线,但其中没有 4 点共线,所以 $n \geqslant 8$.

下面证明:满足条件的 8 个点中一定有 4 点共线.

先退一步,找 3 点共线(拟对象).

由条件,任何 5 个点中都有 3 点共线,于是 8 个点中必定有 3 点共线,不妨设点 A_1、A_2、A_3 在直线 l_1 上.

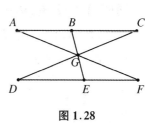

图 1.28

再考察点 A_1、A_2、A_3 外的 5 个点,依条件,又有 3 点共线,不妨设点 B_1、B_2、B_3 在直线 l_2 上,显然,A_1、A_2、A_3、B_1、B_2、B_3 互异(图 1.29).

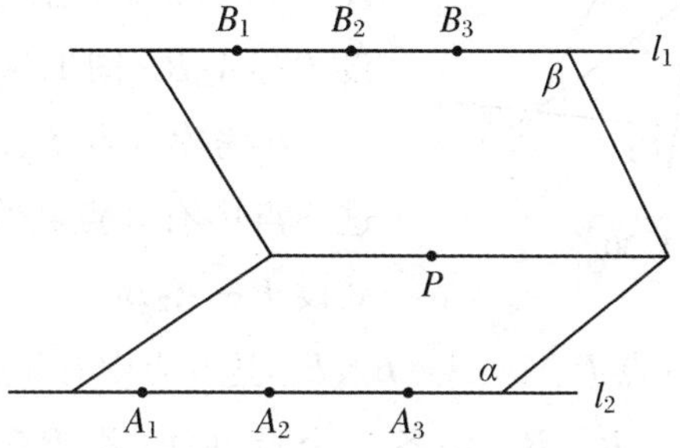

图 1.29

记 $A = \{A_1, A_2, A_3\}$,$B = \{B_1, B_2, B_3\}$,则 $A \cap B = \varnothing$.

如果直线 l_1 上含有除 A_1、A_2、A_3 外的已知点,则结论成立. 为了讨论的方便,我们采用反证法描述.

假定没有 4 点共线,则直线 l_1 上不含 A_1、A_2、A_3 外的其他已知点,所以 $A_i \notin l_2$.

同理,$B_i \notin l_1 (i = 1, 2, 3)$.

(1) 若 l_1、l_2 不共面,取 A_i、$B_i (i = 1, 2, 3)$ 外的一个已知点 P,

则同上理由,$P \notin l_1, P \notin l_2$.

设点 P 与直线 l_1 确定平面 α、点 P 与直线 l_2 确定平面 β(图 1.29).

因为 $l_1 \not\subset \beta$,所以 A_1、A_2、A_3 中至少有 2 个点在 β 外,不妨设 A_1、$A_2 \notin \beta$.

同理,不妨设 B_1、$B_2 \notin \alpha$.

这样,P、A_1、A_2、B_1、B_2 这 5 点中无 3 点共线,矛盾.

(2) 若 l_1, l_2 共面,设 P 是 $A_i, B_i (i = 1, 2, 3)$ 外的任意一个已知点,考察 5 点 P、A_1、A_2、B_1、B_2,这 5 点中有 3 点共线,由于 A_1、A_2、B_1、B_2 中无 3 点共线,且 $P \notin A_1A_2$,$P \notin B_1B_2$,所以只能是 P 与 $\{A_1, A_2\}$、$\{B_1, B_2\}$ 中各一个点共线,不妨设 $P \in A_1B_1$(图 1.30)

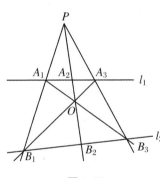

图 1.30

再考察 5 点 P、A_2、A_3、B_2、B_3,这 5 点中有 3 点共线,同上理由,不妨设 $P \in A_2B_2$.

最后考察 5 点 P、A_1、A_3、B_1、B_3,这 5 点中有 3 点共线,同样有,P 与 $\{A_1, A_3\}$、$\{B_1, B_3\}$ 中各一个点共线. 若 $P \in A_1B_3$,又 $P \in A_1B_1$,则 P、A_1、B_1、B_3 共线,所以 $A_1 \in B_1B_3$,矛盾. 所以 $P \notin A_1B_3$,同理 $P \notin A_3B_1$,所以 $P \in A_3B_3$.

由此可见,$A = \{A_1, A_2, A_3\}$,$B = \{B_1, B_2, B_3\}$ 具有如下性质:

存在这样 3 条直线 a_1、a_2、a_3,每条直线 a_i 都经过 A、B 中各一个点,且 3 条直线 a_1、a_2、a_3 交于一点.

我们称上述交点为两个三点组 $A = \{A_1, A_2, A_3\}$、$B = \{B_1, B_2, B_3\}$ 的中心.

由于 A、B 中的点分别在直线 l_1、l_2 上,而 l_1、l_2 与 A、B 的中心

只有 2 种可能的相对位置(l_1、l_2 在中心的同侧或在中心的异侧),从而 A、B 至多有 2 个中心.

由上面的讨论,A_i、B_i($i=1,2,3$)外的 2 个已知点 P、Q 都是 A、B 的中心(图 1.30),但此时,A_2、B_2、P、Q 这 4 点共线,矛盾.

综上所述,8 个点中一定有 4 点共线,故 n 的最小值为 8,即至少要 8 架飞机参与此次表演.

例 5(2007 年国际数学奥林匹克试题) 在一次数学竞赛活动中,有一些参赛选手是朋友,朋友关系是相互的,如果一群参赛选手中的任何两人都是朋友,我们就称这一群选手为一个"团"(特别地,人数少于 2 的一个群也是一个团).已知在这次竞赛中,最大的团(人数最多的团)的人数是一个偶数.求证:我们总能把参赛选手分配到两个教室,使得一个教室中的最大团人数等于另一个教室中最大团的人数.

分析与证明 我们给出分配选手的一种算法:记这两间教室分别为 A、B,我们从某一个初始排列开始,通过每次调整一个人从一个教室到另一个教室的操作来达到目标.

在上述算法的任何一步,A 和 B 又分别表示教室 A 和教室 B 的选手的集合,并用 $T(A)$、$T(B)$ 分别表示教室 A 和教室 B 的最大团的人数.

首先,设 M 是所有参赛选手中的最大团,记 $|M|=2m$,将 M 中的所有成员分配到教室 A 中,然后把另外的所有成员分配到教室 B 中.由 M 的最大性,有

$$T(A)=|M|\geqslant T(B).$$

如果 $T(A)>T(B)$,则 A 一定非空,我们从教室 A 中派一人到教室 B 去,每次操作使 $T(A)$ 减少 1,而 $T(B)$ 至多增加 1(因为派去 B 的一个人未必是 B 中最大团的成员).

如此反复操作,直至不能操作时为止,此时,有

$$T(A) \leqslant T(B) \leqslant T(A) + 1 \qquad (*)$$

此外,一定有 $T(A) = |A| \geqslant m$,否则,$T(A) \leqslant m - 1$,于是 M 中至少有 $2m - (m-1) = m + 1$ 人在教室 B 中,而 M 中任何若干个人都构成一个团,所以 $T(B) \geqslant |B \cap M| \geqslant m + 1$,且 $T(A) \leqslant m - 1$,所以

$$T(B) - T(A) \geqslant (m+1) - (m-1) = 2$$

与(*)矛盾.

设操作结束时,$T(A) = k$,如果同时有 $T(B) = k$,则结论成立.

下设 $T(B) = k + 1$. 从上面的讨论可知:

$$k = |A| = |A \cap M| \geqslant m, \quad |B \cap M| \leqslant m$$

如果存在一个人 $x \in B \cap M$ 和一个团 $N \subset B$,使得 $|N| = k + 1$,但 $x \notin N$,则移动 x 到教室 A,易知此时结论成立.

实际上,移动 x 到教室 A 后,教室 A 中有 M 中的 $k + 1$ 人,此时 $T(A) = k + 1$. 但 $x \notin N$,移动 x 到教室 A 后,$T(B) = |N|$ 不减少,仍有 $T(B) = k + 1$,所以 $T(A) = T(B)$.

如果不存在满足上述条件的选手 x,则教室 B 中的每一个 $k + 1$ 元团都包含 $B \cap M$ 的全部元素.

下面反复进行这样的操作:选择 B 中的一个 $k + 1$ 元团 N,因为 $|N| = k + 1 > m \geqslant |B \cap M|$,所以 $N \setminus M$ 非空,移动 $N \setminus M$ 中的一个人到教室 A,由于每次操作使 $T(B)$ 至多减少 1,所以当操作不能进行时,有 $T(B) = k$.

考察操作结束的那一时刻,由于 A 中包含有 M 中的 k 个人,从而 $T(A) \geqslant k$.

下面证明:对 A 中任何团 Q,有 $|Q| \leqslant k$.

实际上,考虑 Q 中的所有成员,可以分为如下两部分:

一部分是原来 A 中属于 M 中的人,因为 M 是一个团,这些成员与 $B \cap M$ 中的人都是朋友.

另一部分是从教室 B 移动到教室 A 中的人,教室 B 中的每一个 $k+1$ 元团都包含 $B\cap M$ 的全部元素,这些人都与 $B\cap M$ 中的人为朋友.

由此可见,Q 中的所有成员都与 $B\cap M$ 中的人为朋友,于是 $Q\cup(B\cap M)$ 也是一个团,所以,有

$$|M|\geqslant|Q\cup(B\cap M)|=|Q|+|B\cap M|$$
$$=|Q|+|M|-|A\cap M|=|Q|+|M|-k$$

所以 $|Q|\leqslant k$.

又 $T(A)\geqslant k$,于是 $T(A)=k$,故 $T(A)=T(B)$,结论成立.

另证 假设结论不成立.那么当我们把这些人任意分成两组后,两组各自最大团数都不相同.

如果我们考虑先将所有人放入同一组,然后一个一个地移动到另一组,那么在移动的途中,必然存在某个时刻,两边的最大团大小差 1,然后下个时刻,两边的最大团的大小颠倒.

令 A 为全体学生的集合,A 的一个划分 $A=P\cup Q$(其中 P、Q 不交)称为次优的,如果说 P 和 Q 中最大团的成员数相差 1.

下面我们要先证明,存在一个正整数 k,使得 A 的任意"次优"的划分,其两个部分中的最大团的成员数都是 k 和 $k+1$.

反设一个次优划分 $P\cup Q$ 的最大团成员数分别是 k 和 $k+1$,而另一个次优划分 $R\cup S$ 的最大团成员数分别是 t 和 $t+1(t>k)$,我们令 P 的最大团成员数是 $k+1$,给 P 中所有人发一顶红帽子,给 Q 中所有人发一顶黄帽子.

现在我们按照 R 和 S 来划分,假设 R 的最大团成员数是 $t+1$,我们将致力于把 R 集合变成 P 集合,把 S 集合变成 Q 集合.

现在如果 R 集合有戴黄帽子的,则移动一个至 S 集合,这时新的 R 和 S 的最大团成员数依然只能是 t 和 $t+1$(不能确定哪个是 t 哪个是 $t+1$).总之,每次如果 R 的最大团成员数是 $t+1$,则移动 R

中一个黄帽子;如果 S 的最大团成员数是 $t+1$,则移动 S 中一个红帽子. 如果如此移动下去可以将 R 和 S 变成 P 和 Q,则有 $k=t$. 若不然,则一定是有一个集合中已经全是同一色的帽子,而且轮到该集合移动成员,无法移动. 但是这样就出现了矛盾,因为同一色帽子中最大团成员数最多是 $k+1$,而需要移动成员的集合需要 $t+1$ 个两两认识的人.

综上所述,存在一个正整数 k,使得 A 的任意"次优"的划分的两个部分中最大团成员数都是 k 和 $k+1$.

下面我们要证明,对于 A 的任意划分 $M \cup N$,M、N 中都有一个,其最大团成员数不小于 $k+1$,另一个最大团成员数不多于 k.

如若不然,假设 M 的最大团成员数比 N 的多,则从 M 中一个一个移动成员至 N,直到两集合最大团成员数相差 1 为止. 如果之前不是一个不小于 $k+1$,一个不大于 k,那么最后变成的"次优"划分的最大团成员数将不是 k 和 $k+1$. 所以,在 A 中任意选出 $k+1$ 个两两认识的人后,剩余的人中最大团成员数将恰为 k. 而如果将这 $k+1$ 个人中任意一个移到另一群去,则另一群出现 $k+1$ 人两两认识.

由此可见,将这些人任意分成两组,总有一组中存在 $k+1$ 人两两认识,而另一组不存在 $k+1$ 人两两认识,而 k 是一个已定的正整数.

接下来我们考虑任何 k 个互相认识的人. 如果至少存在一个人,与这 k 个人都认识,设这 k 个人为 $A_1, A_2, \cdots, A_k$,如果把这 k 个人放在同一间屋子,其他所有人放入另一间屋子,易见另一间屋子至少存在一个"$k+1$ 团". 我们设另一间屋子里所有"$k+1$ 团"的公共元素(人)是 $B_1, B_2, \cdots, B_r$,我们知道另一间屋子里,有且仅有 $B_1, B_2, \cdots, B_r$ 与 $A_1, A_2, \cdots, A_k$ 都认识.

事实上,如果某个 B_i 不认识 $A_1, A_2, \cdots, A_k$ 的所有人,那么把 B_i 移动到第一间屋子,两间屋子都不存在"$k+1$ 团"了;而如果另外

一个 C 认识 $A_1,A_2,\cdots,A_k$ 所有人,而 C 并不是第二间屋子中所有"$k+1$ 团"的公共元素,那么将 C 移动到第一间屋子,第一间屋子有了"$k+1$ 团",而第二间屋子至少还有一个"$k+1$ 团"没有被破坏,矛盾.

下面,我们假设人数最多的团有 $k+m$ 个人($1\leqslant m\leqslant k+1$),并设其中一个"$k+m$ 团"的所有成员是 $A_1,A_2,\cdots,A_{k+m}$,我们将证明,所有的"$k+1$ 团"都包含在这个"$k+m$ 团"之中.

如若不然,则至少存在一个"$k+1$ 团"不包含在这个"$k+m$ 团"之中,但是显而易见的是,所有的"$k+1$ 团"都要与这个"$k+m$ 团"有公共的部分,否则,将这两个无公共部分的团放入两个房间将导致矛盾. 我们设不包含于此"$k+m$ 团",但是与此"$k+m$ 团"拥有最多公共成员的"$k+1$ 团"之一是 $A_1,A_2,\cdots,A_x,C_1,C_2,\cdots,C_{k+1-x}$,它与上面的"$k+m$ 团"拥有 x 个公共成员.

如果 $x=k$,那么将 $A_1,A_2,\cdots,A_k$ 置于第一个房间,由刚才的结论,$A_{k+1},A_{k+2},\cdots,A_{k+m}$ 与 C_1 都是另一个房间所有"$k+1$ 团"的公共元素,故他们两两认识. 因此 C 与所有的 A 都认识,这与人数最多的团有 $k+m$ 人矛盾!

如果 $x<k$,由于 C 中每个人最多认识 A 中的 $k-1$ 个人,故存在 C_i 和 A_j($1\leqslant i\leqslant k+1-x;x+1\leqslant j\leqslant k+1$)是不认识的,我们先把 $A_1,A_2,\cdots,A_{k+1},C_1,\cdots,C_{k+1-x}$ 这些人放入同一房间,再将 C_i 和 A_j 移出此房间,我们期望此房间中没有"$k+1$ 团".

如果此房间中有"$k+1$ 团",那么这个"$k+1$ 团"将不包含在 A 中,但是它与 A 至少有 $(k+1)-(k-x)=x+1$ 个公共成员,这与假设矛盾!

于是,此房间中无"$k+1$ 团",那么另一个房间里必然有"$k+1$ 团",且 C_i 与 A_j 都是另一个房间所有"$k+1$ 团"的公共成员,所以 C_i 与 A_j 认识,矛盾!

因此，我们证明了成员数最多的团，包含所有的"$k+1$ 团". 因此，这个团的成员数必然是 $2k+1$（如果至少是 $2k+2$，则可以对半分出两个"$k+1$ 团"来，如果至多是 $2k$，则对半后将出现没有任意一边有"$k+1$ 团"），但这与题设矛盾！

因此，我们最初的假设不成立，命题得证.

例 6（第一期数学新星问题征解） 试证：对给定的正整数 $n \geq 8$，都存在自然数的集合 A，使得 $|A|=n$，且 $|A-A|<|A+A|$. 其中，$A-A=\{a-b \mid a \in A, b \in A\}$，$A+A=\{a+b \mid a \in A, b \in A\}$.

分析与证明 我们先考虑 $n=8$ 的情形. 尝试最简单的集合 $A=\{0,1,2,\cdots,7\}$，此时有 $|A-A|=|A+A|$. 进一步发现，对于 $A=\{a_1,a_2,\cdots,a_8\}$，当 $a_1,a_2,\cdots,a_8$ 成等差数列时，都有 $|A-A|=|A+A|$.

这样一来，我们自然想到这样逼近的策略，先构造与题目要求相接近的拟对象：

$$A^* = \{a_1, a_2, \cdots, a_7\}$$

使 $|A^*-A^*|=|A^*+A^*|$.

然后在 A^* 中添加元素 a_8，得到 $A=A^* \cup \{a_8\}$，我们只需 a_8 具有这样的性质：使 $A+A$ 产生新元素，而 $A-A$ 不产生新元素.

现在我们考虑，怎样的集合 $A^*=\{a_1,a_2,\cdots,a_7\}$，能使 $|A^*-A^*|=|A^*+A^*|$.

最容易想到的是 $a_1,a_2,\cdots,a_7$ 成等差数列，但此时无法找到合乎上述性质的 a_8. 因此，我们要发掘除等差数列外，还有哪些集合 $A^*=\{a_1,a_2,\cdots,a_7\}$，能使 $|A^*-A^*|=|A^*+A^*|$.

注意到等差数列 $a_1,a_2,\cdots,a_7$ 的一个特征是：$a_1+a_7=a_2+a_6=\cdots=a_7+a_1$. 如果令 $a_1+a_7=a_2+a_6=\cdots=a_7+a_1=a$，则 $A^*=\{a_1,a_2,\cdots,a_7\}$ 满足的条件是 $A^*=\{a-a_1,a-a_2,\cdots,a-a_7\}$，我们称此时的 A^* 关于 a 对称.

1 构造"拟对象"

一般地,对任何数集 A,如果数 a 满足:$A = a - A$,则称 A 关于 a 对称.

现在,我们来构造一个关于 a 对称的集合 $A^* = \{a_1, a_2, \cdots, a_7\}$. 为方便,取 $a_7 = a, a_1 = 0$,此时 $A^* = \{0, a_2, a_3, \cdots, a_6, a\}$,一种简单情形是,$a_2, a_3, \cdots, a_6$ 成等差数列,但此时同样无法找到合乎上述性质的 a_8.

我们将上述特征修改为 a_3, a_4, a_5 成等差数列,留下自由量 a_2、a_6 进行调整.

由对称性,有 $a_3 + a_5 = 2a_4 = a$,从而 a 为偶数.为书写方便,将上面的 a 都换成 $2a$,则

$$A^* = \{0, a_2, a_3, a_4, a_5, a_6, 2a\}$$

且 $a_3 + a_5 = 2a_4 = 2a$,于是 $a_4 = a$,于是可令 $a_3 = a - d, a_4 = a + d$,这样,有

$$A^* = \{0, a_2, a-d, a, a+d, a_6, 2a\}$$

为了使 A^* 中添加元素 a_8,得到 $A = A^* \cup \{a_8\}$,有 $A - A = A^* - A^*$(添加 a_8 不产生新元素),可尝试取 $a_8 = d$.

现在来探索 d 的取值.

显然 $d \neq 1$,这是因为若 $d = 1$,则 $1 - 2a \in A - A$,但 $1 - 2a \notin A^* - A^*$($A^* - A^*$ 中的元素除 $-2a$ 外都比 $1 - 2a$ 大),矛盾.

下证 $d \neq 2$,实际上,若 $d = 2$,则 $2 - 2a \in A - A = A^* - A^*$,只能是 $1 - (2a - 1) = 2 - 2a$,所以 $a_2 = 1, a_6 = 2a - 1$,此时

$$A^* = \{0, 1, a-2, a, a+2, 2a-1, 2a\}$$

因而 $2 - (2a - 1) = 3 - 2a \in A - A = A^* - A^*$,又 $2 \notin A^*$,只能是 $3 = a - 2$、$a + 2$,所以 $a = 5, 3, 1$,其中 $a = 3, 1$ 时显然矛盾,所以 $a = 5$,此时

$$A^* = \{0, 1, 3, 5, 7, 9, 10\}$$

但此时在 A^* 中添加元素 2,得到 $A = A^* \cup \{2\}$,但 $A + A = A^*$

$+A^*$,没有产生新元素($1,2,3,\cdots,11$ 都是 A^*+A^* 中的元素),所以 $d=2$ 不合乎要求.

同样分析,$d\neq 3$.下面假定 $d=4$,则
$$A^* = \{0, a_2, a-4, a, a+4, a_6, 2a\} \quad (a>4, a\neq 8)$$
$$A = A^* \cup \{4\}$$

先考虑 $A-A=A^*-A^*$(添加 4 不产生新元素),则 $4-2a\in A-A=A^*-A^*$,因为 $4\notin A^*$,对称地 $2a-4\notin A^*$,只能是 $1-(2a-3)=4-2a$,或 $2-(2a-2)=4-2a$,或 $3-(2a-1)=4-2a$.

如果 $2a-3\in A^*$,由于 $a<2a-3$,因此 $a+4=2a-3$,或 $a_6=2a-3$,前者得到 $a=7$,从而 $A^*=\{0,a_2,3,7,11,a_6,14\}$.进而 $a_2=2,a_6=12$,得 $A^*=\{0,2,3,7,11,12,14\}$ 合乎条件.由后者得 $a_6=2a-3,a_2=3$,从而 $A^*=\{0,3,a-4,a,a+4,2a-3,2a\}$.但此时 $4-3=1\in A-A=A^*-A^*$,只能是 $(a-4)-3=1$,或 $2a-3-(a+4)=1$,都得 $a=8$,矛盾.

如果 $2a-2\in A^*$,由于 $a<2a-2$,从而 $a+4=2a-2$,或 $a_6=2a-2$,前者得到 $a=6$,从而 $A^*=\{0,a_2,2,6,10,a_6,12\}$.进而 $a_2=1,a_6=11$,得 $A^*=\{0,1,2,6,10,11,12\}$,但此时 $4-1\notin A^*-A^*$,不合乎条件.由后者得 $a_6=2a-2,a_2=2$,从而 $A^*=\{0,2,a-4,a,a+4,2a-2,2a\}$.但此时 $4-2=2\in A-A=A^*-A^*$,只能是 $(a-4)-2=2$,或 $2a-2-(a+4)=2$,都得 $a=8$,矛盾.

如果 $2a-1\in A^*$,由于 $a<2a-1$,从而 $a+4=2a-1$,或 $a_6=2a-1$,由前者得到 $a=5$,从而 $A^*=\{0,a_2,1,5,9,a_6,10\}$.进而 $a_2=2,a_6=8$,得 $A^*=\{0,2,1,5,9,8,10\}$,但此时 $A+A=A^*+A^*$,没有产生新元素($1,2,3,\cdots,14$ 都是 A^*+A^* 中的元素),不合乎条件.由后者得 $a_6=2a-1,a_2=1$,从而 $A^*=\{0,1,a-4,a,a+4,2a-1,2a\}$.但此时 $4-1=3\in A-A=A^*-A^*$,只能是 $(a-4)-1=3$,或 $2a-1-(a+4)=3$,都得 $a=8$,矛盾.

所以,$d=4$ 时,只有唯一的合乎条件的集合:
$$A^* = \{0,2,3,7,11,12,14\}$$
此时,$A = A^* \cup \{4\} = \{0,2,3,7,11,12,14\} \cup \{4\}$.

一般地,根据上面的讨论,可设
$$A^* = \{0,2\} \cup \{a, a+4, \cdots, a+4(k-1)\} \cup \{b,c\}$$
其中 $k \geqslant 3$,以保证 $|A^*| \geqslant 7$. 为使 A^* 关于数 c 对称,则 $0+c=2+b=a+[a+4(k-1)]$,所以 $b=2a+4k-6, c=2a+4k-4$,即
$$A^* = \{0,2\} \cup \{a, a+4, \cdots, a+4(k-1)\}$$
$$\cup \{2a+4k-6, 2a+4k-4\}$$

进一步,取 $a=3$,得
$$A^* = \{0,2\} \cup \{3,7,\cdots,4k-1\} \cup \{4k, 4k+2\}, \quad A = A^* \cup \{4\}$$
令 $A = A^* \cup \{4\}$,则 A 合乎条件.

因为 A^* 关于 $4k+2$ 对称,从而
$$|A^* + A^*| = |A^* - A^*| \qquad ①$$

我们只需证明:加入 4 之后,$A+A$ 产生新元素,而 $A-A$ 不产生新元素.

实际上,$8 \in A+A$,而 $8 \notin A^* + A^*$,从而 8 是产生的新元素,从而
$$|A+A| > |A^* + A^*| \qquad ②$$

此外,$4-0 = 7-3 \in A^* - A^*$,$4-2 = 2-0 \in A^* - A^*$,$4-3 = 3-2 \in A^* - A^*$,$4-7 = 0-3 \in A^* - A^*$,$4-11 = 0-7 \in A^* - A^*$,$\cdots$,$4-(4k-1) = 0-(4k-5) \in A^* - A^*$,$4-4k = 3-(4k-1) \in A^* - A^*$,$4-(4k+2) = 2-4k \in A^* - A^*$,所以
$$|A-A| = |A^* - A^*| \qquad ③$$

综合①②③,有
$$|A+A| > |A^* + A^*| \; (②) = |A^* - A^*| \; (①)$$
$$= |A^* - A^*| \; (③)$$

故 A 合乎条件.

综上所述,命题获证.

例7(第36届 IMO 备选题) 设凸五边形 $ABCDE$ 的面积为 1,F 是 $ABCDE$ 内一点,且 F 不在凸五边形的任何一条对角线上. 记 $M = \{A,B,C,D,E,F\}$,若三角形 β 的三个顶点都在 M 内,则称 β 是 M 中的三角形. 用 S_β 表示 β 的面积. 对 M 中的任何两个没有公共顶点的三角形 β,β',用 $a(M)$ 表示 $S_\beta + S_{\beta'}$ 的最小值. 求证:$a(M) \leqslant \dfrac{1}{2}$.

分析与证明 基本思想是,先找拟对象:两组三角形对,其中尽可能没有公共点,然后调整为两组无重叠的三角形对,使其面积和不大于 1.

连五边形的所有对角线,则点 F 的位置有三种情况:在中心、尖部、边部.

(1) 当 F 在尖部时,设 F 在 AC、AD、BE 交成的三角形内,连 FA、FC. 此时,三角形对 $\triangle AEF$、$\triangle BCD$ 无重叠,三角形对 $\triangle DEF$、$\triangle ABC$ 无重叠,但三角形对 $\triangle ABC$ 与 $\triangle BCD$ 有重叠,不易估计面积和,这只要将其中的 $\triangle BCD$ 换成 $\triangle FCD$ 即可.

设 FC 交 BE 于 F'(图 1.31),则

$$S_{FCD} > S_{F'CD} \geqslant \min\{S_{BCD}, S_{ECD}\}$$

不妨设 $\min\{S_{BCD}, S_{ECD}\} = S_{BCD}$,则 $S_{FCD} > S_{BCD}$,所以

$$2a(M) \leqslant (S_{AFE} + S_{BCD}) + (S_{FED} + S_{ABC})$$
$$\leqslant (S_{AEF} + S_{FCD}) + (S_{FED} + S_{ABC}) < S_{ABCDE} = 1$$

结论成立.

(2) 当 F 在中心时,三角形对 $\triangle DEF$、$\triangle ABC$ 无重叠,三角形对 $\triangle ABE$、$\triangle CDF$ 无重叠,但三角形对 $\triangle ABC$ 与 $\triangle ABE$ 有重叠,不易估计面积和,只要将其中的 ABC 换成 KBC 即可,但此时面积未必减小,需要优化假设!

不妨设 S_{ABC}、S_{BCD}、S_{CDE}、S_{DEA}、S_{EAB} 中的最大者为 S_{BCD}，又设 AD、BE 相交于 K，连 CK（图 1.32）.

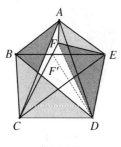

图 1.31

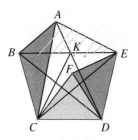

图 1.32

由对称性，不妨设 F 在 CK 上或 CK 的含点 E 的一侧，此时，由 $S_{ABC} \leqslant S_{DBC}$ 知，$S_{ABC} \leqslant S_{KBC}$，所以

$$2a(M) \leqslant (S_{ABC} + S_{EDF}) + (S_{ABE} + S_{FCD})$$
$$\leqslant (S_{KBC} + S_{EDF}) + (S_{ABE} + S_{FCD}) \leqslant S_{ABCDE} = 1$$

结论成立.

（3）若 F 在边部，不妨设 F 在 AE 边附近，则有如下两种情况：

（ⅰ）若 $S_{BCD} \leqslant S_{ECD}$ 或 $S_{BCD} \leqslant S_{ABC}$，不妨设 $S_{BCD} \leqslant S_{ECD}$，又设 FC 交 BE 于 G（图 1.33）.

此时，由 $S_{BCD} \leqslant S_{ECD}$，有 $S_{BCD} \leqslant S_{GCD}$. 于是，

$$2a(M) \leqslant (S_{BCD} + S_{AEF}) + (S_{ABC} + S_{EFD})$$
$$\leqslant (S_{GCD} + S_{AEF}) + (S_{ABC} + S_{EFD}) \leqslant S_{ABCDE} = 1$$

结论成立.

（ⅱ）若 $S_{BCD} > S_{ECD}$ 且 $S_{BCD} > S_{ABC}$，则设 FC 交 BE 于 H，交 AD 于 G（图 1.34）.

此时，由 $S_{BCD} > S_{BCA}$，得 $S_{BCA} \leqslant S_{BCG}$. 由 $S_{BCD} > S_{ECD}$，得 $S_{CDE} < S_{CDH}$. 所以

$$2a(M) \leqslant (S_{ABC} + S_{EDF}) + (S_{ABF} + S_{CDE})$$
$$\leqslant (S_{BCG} + S_{EDF}) + (S_{ABF} + S_{CDH}) \leqslant S_{ABCDE} = 1$$

结论成立.

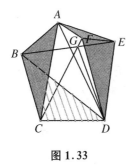

图 1.33　　　　　　　图 1.34

习　题　1

1. 将 24 分拆成 6 个不同的正整数的和,仅顺序不同的分法看作相同的分法,有多少种方法?

2. 将 25 分拆为 6 个互异的正整数的和,仅顺序不同的分法看作相同的分法,求不同的分法种数.

3. 有若干个球,每个球都被染上红、蓝二色之一,且每种颜色的球都有,质量分别为 1 磅或 2 磅. 证明:可以找到 2 个球,它们既不同色,也不同质量.

4. 设 X 是 n 元集,S 是 X 的一些三元子集构成的集合,且 S 中的每两个集合至多有一个公共元,试证:存在 A 为 X 的子集,使 A 的所有子集都不在 S 中,且 $|A| \geqslant [\sqrt{2n}]$.

5. 求证:一个锐角三角形可以用 7 条线段分割为 7 个锐角三角形.

6. 给定 100 个实数 $x_i (1 \leqslant i \leqslant 100)$,$\sum_{i=1}^{100} x_i = 1$,且 $|x_i - x_{i+1}| < \frac{1}{50} (1 \leqslant i \leqslant 99)$,证明:可以从中选出 50 个数,使它们的和与 $\frac{1}{2}$ 的差不超过 $\frac{1}{100}$.

7. (2006年全国高中数学联赛山西预赛试题) 有5对孪生兄妹参加 k 个组的活动,若规定:(1)孪生兄妹不在同一组;(2)非孪生关系的任意两人都恰好共同参加过一个组的活动;(3)有一个人只参加两个组的活动. 求 k 的最小值.

8. (1997年全国高中数学联赛试题) 设空间3条直线 a、b、c 两两成异面直线,则空间与直线 a、b、c 都相交的直线有多少条?

9. (美国数学月刊1990年6月号问题3391) 设 $f(n)$ 定义在 $\mathbf{Z}$ 上, $f(1)=1$, 且
$$f(n+1) = \begin{cases} f(n)+2 & (f(f(n)-n+1)=n) \\ f(n)+1 & (f(f(n)-n+1) \neq n) \end{cases}$$

(1) 求 $f(n)$;

(2) 证明 $f(f(n)-n+1)=n$ 或 $n+1$.

10. (1995年IMO中国国家集训队选拔考试题) 设 $X = \{(a_1, a_2, \cdots, a_8) \mid a_i = 0$ 或 $1(i=1,2,\cdots,8)\}$, 对 X 中的任何两个元素 $A=(a_1, a_2, \cdots, a_8)$ 和 $B=(b_1, b_2, \cdots, b_8)$, 定义 A、B 的距离为 $|A-B| = \sum_{i=1}^{8} |a_i - b_i|$. 设 T 是 X 的子集, 且 T 中任何两个元素的距离都不小于5, 求 $|T|$ 的最大值.

11. (美国队选拔考试题) 设 A 是 $\mathbf{N}^*$ 的有限子集, 证明:存在一个 $\mathbf{N}^*$ 的有限子集 B, 使 $A \subseteq B$, 且 $\prod_{x \in B} x = \sum_{x \in B} x^2$.

12. (2005年IMO中国国家集训队测试题) 求所有的正整数组 (a, m, n), 满足: $a>1$, $m<n$, 且 a^m-1 的质因子集合与 a^n-1 的质因子集合相同.

13. (2006年IMO中国国家集训队测试题) 设 $a_1, a_2, \cdots, a_n$ 是给定的 n 个实数 $(n \geq 1)$. 求证:存在实数 $b_1, b_2, \cdots, b_n$ 满足下列条件:

(a) 对任何的 $1 \leq i \leq n$, $a_i - b_i$ 是正整数;

(b) $\sum_{1 \leqslant i < j \leqslant n} (b_i - b_j)^2 \leqslant \dfrac{n^2 - 1}{12}$.

14. (2003年IMO中国国家集训队测试题)设 n, m 为正整数,$A = \{1, 2, \cdots, n\}$,$B_n^m = \{(a_1, a_2, \cdots, a_m) \mid a_i \in A, i = 1, 2, \cdots, m\}$,满足:

① $|a_i - a_{i+1}| \neq n-1, i = 1, 2, \cdots, m-1$;

② $a_1, a_2, \cdots, a_m (m \geqslant 3)$ 中至少有三个不同.

求 B_n^m 和 B_6^3 的元素的个数.

15. (2004年IMO中国国家集训队测试题)已知 a 为任给定的大于1的正整数,证明:对任何正整数 n,总存在 n 次整系数多项式 $p(x)$,使得 $p(0), p(1), \cdots, p(n)$ 互不相同且均为形如 $2a^k + 3$ 的正整数,其中 k 为整数.

16. (2003年中国数学奥林匹克协作体训练题)设十进制下的 n 位数 $x = \overline{a_1 a_2 \cdots a_n} (a_1 \neq 0)$,由 x 的各位数码轮流置换得到下面 n 个数:$x_1 = x, x_2 = \overline{a_n a_1 a_2 \cdots a_{n-1}}, x_3 = \overline{a_{n-1} a_n a_1 \cdots a_{n-2}}, \cdots, x_n = \overline{a_2 a_3 \cdots a_n a_1}$(注:$\overline{01} = 1$ 仍认为是两位数).试求最小的数 n,使 x 经置换后所得的 n 个 n 位数都能被1989整除,并求出此时最小的 x.

习题1解答

1. 因为 $1 + 2 + 3 + 4 + 5 + 6 = 21$,而 $24 - 21 = 3$,下面把3分拆为若干个部分,然后分别添加在不同的数上.

(1)将3不拆开直接分配在不同的数上,为了不产生相同的数,3只能分配在后3个项上,得到3种分拆:

$1 + 2 + 3 + (4+3) + 5 + 6 = 1 + 2 + 3 + 5 + 6 + 7$ (A)

$1 + 2 + 3 + 4 + (5+3) + 6 = 1 + 2 + 3 + 4 + 6 + 8$ (B)

$1 + 2 + 3 + 4 + 5 + (6+3) = 1 + 2 + 3 + 4 + 5 + 9$ (C)

(2)将3拆成 $1 + 2$ 分配在不同的数上.此时注意:若将1添加在

非末项的某个项上,则此项增加1之后变得与它后面一个项相同,从而2必添加在它的后一个项上,于是,1、2分别加在两个连续的项上,或者1加在末项上.若1、2分别加在两个连续的项上,为了使得一个项加上2后不出现重复,则2只能加在5、6上,得到2种分拆:

$1+2+3+(4+1)+(5+2)+6 = 1+2+3+5+6+7$

(同A)

$1+2+3+4+(5+1)+(6+2) = 1+2+3+4+6+8$

(同B)

若1加在末尾,则2只能加在4上,得到一种分拆:

$1+2+3+(4+2)+5+(6+1) = 1+2+3+5+6+7$

(同A)

(3) 将3分拆成1+1+1分配到不同的项上,则3个1只能分配在后三个项上,得到一种分拆:

$1+2+3+(4+1)+(5+1)+(6+1) = 1+2+3+5+6+7$

(同A)

综上所述,共有A、B、C这3种不同的分拆.

2. $1+2+3+4+5+6=21$,我们只需将4分拆成若干个数加在其中的某些项上.

(1) $4=4$,则4可分别加在3、4、5、6上,得到$A = (1,2,4,5,6,7)$,$B = (1,2,3,5,6,8)$,$C = (1,2,3,4,6,9)$,$D = (1,2,3,4,5,10)$,共有4种方法.

(2) $4 = 3+1$,由于某个项加上1以后与后面一个数相同,于是要么1加在末尾,要么1加在某项上而3加在它的下一项上.当1加在末尾时,变成$(1,2,3,4,5,7)$,再添加3,则3只能加在3、5上,得到$(1,2,4,5,6,7) = A$,$(1,2,3,4,7,8) = E$.当1、3加在两个连续项上时,先添加3,则3只能加在4、5、6上,变为$(1,2,3,7,5,6)$,$(1,2,3,4,8,6)$,$(1,2,3,4,5,9)$,再添加1,得到$(1,2,4,5,6,7) = A$,$(1,2,3,$

$5,6,8)=B,(1,2,3,4,6,9)=C.$

(3) $4=2+2$,则后面一个 2 只能加在 5、6 上,变为 $(1,2,3,4,7,6),(1,2,3,4,5,8)$.对 $(1,2,3,4,7,6)$ 再添加一个 2,得到 $(1,2,5,4,7,6)=A$,对 $(1,2,3,4,5,8)$ 再添加一个 2,得到 $(1,2,3,6,5,8)=B$, $(1,2,3,4,7,8)=E$.

(4) $4=1+1+1+1$,则 4 个 1 只能加在末 4 位上,得 $(1,2,4,5,6,7)=A$.

综上所述,只有 5 种不同的分拆.

3. 我们要找的 2 个球,要满足两个条件:它们既不同色,也不同质量.于是可先找两个球满足第一个条件.取一个红球 A 和一个蓝球 B.如果 A、B 不同重量,则结论成立.如果 A、B 同重量,设 A、B 都是 1 磅的球,则取一个 2 磅的球 C,若 C 是红色的,则 B、C 合乎条件.若 C 是蓝色的,则 A、C 合乎条件.

4. 我们要找的集合 A 要同时满足两个条件:

(1) A 的所有子集都不在 S 中;

(2) $|A| \geqslant [\sqrt{2n}]$.

若集合 A 满足条件(1),则称集合 A 是好的(好集合 A 实际上是满足部分条件的"拟对象").显然 X 的所有一元子集都是好的(非空),又 X 是有限集,从而其好集的个数是有限的.设元素最多的一个好集为 A,记 $A=\{x_1,x_2,\cdots,x_r\}$,$B=X\setminus A=\{x_{r+1},x_{r+2},\cdots,x_n\}$.由 A 的最大性,$A\cup\{x_k\}(r+1\leqslant k\leqslant n)$ 不是好集,即对 $x_k\in B$,存在 A 中的一对元 $x_i,x_j\in A$,使 $\{x_i,x_j,x_k\}\in S$.

这样,对 B 中任何一个 x_k,都有 A 中 x_i,x_j 与之对应.由于 $|B|=n-r$,从而 A 中至少有 $n-r$ 个二元对,即 $C_r^2\geqslant n-r$,变形得,$r(r+1)\geqslant 2n$,所以 $r\geqslant [\sqrt{2n}]$.

否则,$r\leqslant [\sqrt{2n}]-1$,$r(r+1)\leqslant ([\sqrt{2n}]-1)[\sqrt{2n}]<(\sqrt{2n}$

$\cdot(\sqrt{2n})=2n$,矛盾. 以上推导并不严格,还要说明不同的 x_k 所对应的二元对 x_i,x_j 亦不相同.

实际上,假设有 $x_k \to \{x_i,x_j\}$, $x'_k \to \{x_i,x_j\}$,而 $x_k \neq x'_k$,那么,$(x_k,x_i,x_j),(x'_k,x_i,x_j) \in S$,但 $\{x_k,x_i,x_j\} \cap \{x'_k,x_i,x_j\}= \{x_i,x_j\}$,这与 S 中任两个集合至多有一个公共元矛盾.

5. 设 $\triangle ABC$ 是锐角三角形,先构造一个拟对象:将 $\triangle ABC$ 划分为 7 个近似于锐角三角形的三角形,作 $\triangle ABC$ 的内切圆 O,再作圆 O 的切线 $MN \parallel AC$,交 AB、BC 于 M、N,切点为 X;作圆 O 的切线 $M'N' \parallel AB$,交 AC、BC 于 M'、N',切点为 X'. 连 OA、OM、ON、OM'、ON',则 $\triangle ABC$ 被分割为 7 个近似于锐角三角形的三角形: $\triangle BMN$、$\triangle CM'N'$、$\triangle OAM$、$\triangle OMN$、$\triangle ONN'$、$\triangle ON'M'$、$\triangle ON'A$. 现在适当调整切线 MN、$M'N'$ 的位置,使上述 7 个三角形都是锐角三角形(图 1.35).

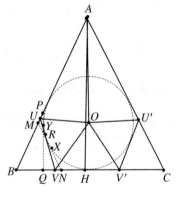

图 1.35

显然,由对称性,适当调整切线 MN 的位置,然后类似调整切线 $M'N'$ 的位置. 为此,作圆 O 的切线 $PQ \perp BC$,交 AB、BC 于 P、Q,切点为 Y. 则 $\angle BPQ = \angle BAH < \angle BAC = \angle BMN$,所以 M 在线段 BP 上,于是,X 在 Y 的下方.

在劣弧 XY 上取一点 R,过 R 作圆 O 的切线 UV,交 AB、BC 于 U、V,对应地得到点 U'、V',连 OA、OU、OV、OU'、OV',则 $\triangle ABC$ 被分割为 7 个三角形:$\triangle BUV$、$\triangle CU'V'$、$\triangle OAU$、$\triangle OUV$、$\triangle OVV'$、$\triangle OV'U'$、$\triangle OV'A$.

我们证明这 7 个三角形都是锐角三角形. 实际上,因为 $\angle UVB < \angle PQB = 90°$,所以 $\triangle BUV$ 是锐角三角形,且 $\angle AUV + \angle BAC >$

$180°$,于是

$$\angle UOA = 180° - \angle UAO - \angle OUA = 180° - \frac{1}{2}\angle BAC - \frac{1}{2}\angle VUA$$

$$= 180° - \frac{1}{2}(\angle BAC - \angle VUA) < 180° - \frac{1}{2} \cdot 180° = 90°$$

所以 $\triangle AUO$ 是锐角三角形. 同理, $\triangle AU'O$ 是锐角三角形. 最后,有

$$\angle UOV = 180° - \angle OUV - \angle OVU$$

$$= 180° - \frac{1}{2}\angle AUV - \frac{1}{2}\angle CVU$$

$$< 180° - \frac{1}{2} \cdot 90° - \frac{1}{2} \cdot 90° = 90°$$

所以 $\triangle UOV$ 是锐角三角形. 同理, $\triangle VOV'$、$\triangle OV'U'$ 是锐角三角形.

6. 任取其中 50 个数 $x_1, x_2, \cdots, x_{50}$（拟对象），若 $\left|x_1 + x_2 + \cdots + x_{50} - \frac{1}{2}\right| > \frac{1}{100}$，则对之进行调整，使 $S = x_1 + x_2 + \cdots + x_{50}$ 接近 $\frac{1}{2}$. 调整的办法是：使 $x_1 + x_2 + \cdots + x_{50}$、$x_{51}, x_{52}, \cdots, x_{100}$ 中小的变大, 大的变小, 为此, 不妨设

$$x_1 + x_2 + \cdots + x_{50} < x_{51} + x_{52} + \cdots + x_{100}$$

即

$$x_1 + x_2 + \cdots + x_{50} < \frac{1}{2}, \quad x_{51} + x_{52} + \cdots + x_{100} > \frac{1}{2}$$

下面调整 $X = \{x_1, x_2, \cdots, x_{50}\}$ 中的数（每个数都连续平移 50 次），证明有一个时刻合乎条件. 按下列方法进行调整：从下标最大的数开始, 将下标增加 1 $\left(\text{以便利用条件：} |x_i - x_{i+1}| < \frac{1}{50}\right)$，每次调整, 都是去掉 x_i, 增加 x_{i+1}, 连续调整 50 次, 直至变成 x_{100}. 又从除该数外的下标最大的数开始进行类似的调整, 如此下去, 最后将 $\{x_1, x_2, \cdots, x_{50}\}$ 调整到 $\{x_{51}, x_{52}, \cdots, x_{100}\}$. 在上述过程中, 必存在一个时刻,

使调整前各数之和 $S_1 \leqslant \frac{1}{2}$，调整后各数之和 $S_2 > \frac{1}{2}$．若 $\left|S_1 - \frac{1}{2}\right| < \frac{1}{100}$，则结论成立，否则，必有 $\frac{1}{2} - S_1 \geqslant \frac{1}{100}$，此时我们证明：

$$0 < S_2 - \frac{1}{2} < \frac{1}{100}$$

实际上，有

$$S_2 = S_1 + (x_{i+1} - x_i) \leqslant S_1 + |x_{i+1} - x_i| < S_1 + \frac{1}{50}$$

所以

$$S_2 - \frac{1}{2} < S_1 + \frac{1}{50} - \frac{1}{2} \leqslant \left(\frac{1}{2} - \frac{1}{100}\right) + \left(\frac{1}{50} - \frac{1}{2}\right) = \frac{1}{100}$$

7. 用 A、a、B、b、C、c、D、d、E、e 表示 5 对孪生兄妹，首先考虑 (3)，不妨设 A 只参加两个组的活动，要同时满足 (1) 和 (2)，A 参加的两个组必为 $ABCDE$ 和 $Abcde$．

然后继续编组，考虑使同组的人尽可能地多，而且避免非孪生关系的任意两人重复编在同一组中，只有从 B、C、D、E 和 b、c、d、e 各抽一人（非孪生关系），把这两个人与 a 搭配，编成四组：Bac、Cab、Dae、Ead 才能保证 k 最小.

最后将余下的没有同组的非孪生关系的每两人编成一组，即为 Bd、Be、Cd、Ce、Db、Dc、Eb、Ec，共 8 组，因此符合规定的 k 的最小值是 14.

8. 先设法作一条符合条件的直线．要与直线 a、b、c 都相交不容易，可退一步，先作直线（拟对象）与直线 b、c 都相交．在 c 上任取一个点 P，在 b 上任取一个点 Q，则直线 PQ 与 b、c 都相交．现在调整 Q 的位置，使直线 PQ 与 a 也相交（图 1.36）．

设过点 P 和直线 a 确定的平面为 α，设平面 α 与直线 b 的交点为 Q（如果平面 α 与直线 b 没有交点，则调整 P 的位置可使它们相交，因为最多只有一个点 P 与 a 确定平面 α，使得平面 α 与 b 平行，否则,b 平行于两个平面 α、α' 的交线 a,矛盾),此时,PQ 与 a 都在平面 α 内,调整 P 的位置可使 PQ 与 a 不平行(实际上,若 $PQ/\!/a$,因为 $L/\!/a$,所以 PQ 在 L 上,即 L 与 b 相交.所以选取点 P,使得 L 不与 b 相交即可,因为使 L 与 b 相交的点 P 最多只有一个),此时 PQ 必与 a 相交于一点 Q.显然符合条件的点 P 的位置有无数个,所以直线有无数条.

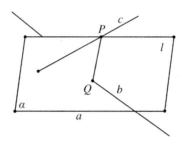

图 1.36

另解:先看特殊情况,设 3 条异面直线通过一个长方体 AC' 的 3 条棱,即 a 通过棱 AB,b 通过棱 $B'C'$,c 通过棱 DD',则点 P 的位置在线段 DD' 的延长线上时符合条件.实际上,设平面 $PAB=\alpha$ 与 $B'C'$ 交于 Q,则必与平面交于一条直线 QQ',且由 $AB/\!/$ 平面 $A'B'C'$ 知,$QQ'/\!/AB$,注意到 QQ' 在平面 α 内与 AB 平行,所以 PQ 在平面 α 内与 AB 不平行,必交于一个点 R.一般地,任何 3 条两两异面的直线必通过一个平行六面体的 3 条棱,结论同样成立.

9. 先试验拟对象,考察函数 $f(n)=kn$.由题意,存在 n,使 $f(f(n)-n+1)=n$,即 $k(kn-n+1)=n$ 或 $k^2-k+\dfrac{k}{n}=1$.令 $n\to\infty$,得 $k=\dfrac{\sqrt{5}+1}{2}$.但由题意,$f(n)$ 为整数,而 $f(n)=\dfrac{\sqrt{5}+1}{2}n$ 非整数,从而将其修改为 $f(n)=\left[\dfrac{\sqrt{5}+1}{2}n\right]$.

我们证明 $f(n) = \left[\dfrac{\sqrt{5}+1}{2}n\right]$ 具有如下性质：

（ⅰ）$f(n+1) - f(n) = 1$ 或 2. 实际上，记 $\dfrac{\sqrt{5}+1}{2} = k$，则
$$f(n+1) - f(n) = [k(n+1)] - [kn] < k(n+1) - (kn - 1)$$
$$= k + 1 < 3$$
$$f(n+1) - f(n) = [k(n+1)] - [kn] > (k(n+1) - 1) - kn$$
$$= k - 1 > 0$$
又 $f(n+1) - f(n) \in \mathbf{Z}$，所以结论（ⅰ）成立.

（ⅱ）$f(f(n) - n + 1) = n$ 或 $n+1$. 实际上，有
$$f(f(n) - n + 1) = [k([kn] - n + 1)]$$
$$\leqslant k(kn - n + 1) = (k^2 - k)n + k$$
$$= n + k < n + 2$$
$$f(f(n) - n + 1) = [k([kn] - n + 1)]$$
$$> k([kn] - n + 1) - 1$$
$$> k(kn - 1 - n + 1) - 1$$
$$= (k^2 - k)n - 1 = n - 1$$
又
$$f(f(n) - n + 1) = [kf(n) - n + 1] \in \mathbf{Z}$$
所以结论（ⅱ）成立.

（ⅲ）$f(n)$ 满足初始条件和递归关系. 实际上，$f(1) = \left[\dfrac{\sqrt{5}+1}{2}\right] = 1$. 此外，若 $f(n+1) = f(n) + 1$，则
$$f(f(n) - n + 1) = f(f(n+1) - n)$$
$$= [k([k(n+1)] - n)]$$
$$> k(k(n+1) - 1 - n) - 1$$
$$= k(k-1)n + k(k-1) - 1 = n$$
由（ⅱ）知，$f(f(n) - n + 1) = n + 1$. 若 $f(n+1) = f(n) + 2$，则

$$f(f(n) - n + 1) = f(f(n) + 2 - n - 1) = f(f(n+1) - n - 1)$$
$$= [k([k(n+1)] - n - 1)]$$
$$< k(k(n+1) - n - 1)$$
$$= k(k-1)n + k(k-1) = n + 1$$

由(ii)知,$f(f(n) - n + 1) = n$. 由(iii)知,$f(n) = \left[\dfrac{\sqrt{5}+1}{2}n\right]$是合乎条件的一个解. 但由初始条件及递归关系确定唯一的数列$f(n)$,故本题只有以上一个解.

10. 首先构造合乎条件的子集T,不妨设$A = (0, 0, \cdots, 0) \in T$. 若再取$A' = (1, 1, \cdots, 1) \in T$,则已达到饱和(不能再增加元素),但此时的$T$不是最大的. 实际上,去掉$A'$后可以加入更多的元素. 注意到对其他任何一个元素$B$,由$|A - B| \geqslant 5$,知$B$中至少有5个1. 先考察恰有5个1的元素. 设5个1为前五个分量,得$B = (1, 1, 1, 1, 1, 0, 0, 0)$,再设3个1为后五个分量,得$C = (0, 0, 0, 1, 1, 1, 1, 1)$. 注意到$B$、$C$有两个公共的分量,即第四、五个分量都是1,于是$D$的第四、五分量都应为0,以产生更多的距离. 又$D$中至少有5个1,先考察$D$能否有6个1,便得$D = (1, 1, 1, 0, 0, 1, 1, 1)$. 此时$T = \{A, B, C, D\}$达到饱和. 此外,再构造不出比$T$大的子集,所以猜想$|T| \leqslant 4$. 证明如下:

方法1:当$|T| \geqslant 5$时,先找到$\left[\dfrac{5}{2}\right] + 1 = 3$个元素$A$、$B$、$C$,使第一个分量相同,设$A = (a, \times, \times, \cdots, \times)$,$B = (a, \times, \times, \cdots, \times)$,$C = (a, \times, \times, \cdots, \times)$. 同样,如果取出第二个分量相同的两个$A$、$B$,未必能有$|A - B| \leqslant 2$,从而要将第$i(i = 2, 3, 4, 5)$个分量相同的元素对都拿来,从整体上进行考察,不能有矩形. 考察A、B、C的第$i(i = 2, 3, \cdots, 8)$个分量,由抽屉原理,必有A、B、C中两个元素的第i个分量相同,将这两个分量用一条线段连接,至少得到7条线段. 但这7

条线段只有三个可能的位置：(A,B)、(B,C) 或 (C,A)，于是必有 $\left[\dfrac{7}{3}\right]+1=3$ 条线段的位置完全相同．这样的线段连接的两个元素之距小于 5，矛盾．

方法 2：当 $|T|\geqslant 5$ 时，先设 A、B、C 的第一个分量相同．由于 $|A-B|\geqslant 5$，从而 a_i、b_i 中至少有 5 个不同，不妨设 $a_2\neq b_2,a_3\neq b_3,\cdots,a_6\neq b_6$，于是，$c_i=a_i$ 或 $b_i(i=2,3,\cdots,6)$．因此，c_i 中必有三个等于 a_i，或有三个等于 b_i，即 C 与 A、B 中的一个之距小于 5，矛盾．

方法 3：先解决这样的问题，设 T' 是 $X'=\{(a_1,\cdots,a_7)\mid a_i=0$ 或 $1(i=1,2,3,4)\}$ 的子集，且 T' 中任何两个元素的距离不小于 5，求 $|T'|$ 的最大值．对 X' 中的任何一个元素 A，用 $f(A)$、$g(A)$ 分别表示 A 的分量中 1 和 0 的个数．不妨设 $A=(0,0,\cdots,0)\in T'$（实际上，若 A 的第 j 个分量不为 0，则将 X 中所有元素的第 j 个分量都换成它的"补数"，其中称 0 和 1 互为补数）．再在 T' 中取 2 个元素：$B\in T'$，$C\in T'$，则由 $|A-B|\geqslant 5$，有 $f(B)\geqslant 5$，即 $g(B)\leqslant 2$．同理 $g(C)\leqslant 2$．所以 $g(B)+g(C)\leqslant 4$，从而 $|B-C|\leqslant 4$，矛盾．所以 $|T'|\leqslant 2$．解答原题：设 T 是合乎条件的子集，令 $T=T_0\bigcup T_1$，其中 $T_i=\{T$ 中第一个分量为 i 的元素$\}$．考察 T_i 中元素的后 7 个分量，由上讨论可知，$|T_i|\leqslant 2$，所以 $|T|=|T_1|+|T_2|\leqslant 2+2=4$．

11. 记 $\prod(X)=\prod\limits_{x\in B}x,S_2(X)=\sum\limits_{x\in B}x^2,D(X)=\prod\limits_{x\in B}x-S_2(X)$，则问题变成：找到 $\mathbf{N}^+$ 的一个包含 A 的有限子集 B，使 $D(B)=0$．显然 B 要满足两个条件，一是 $D(B)=0$，二是 $A\subseteq B$．条件一比较难满足，所以先找到满足该条件的拟对象，为此想到如下引理．

引理　若 $\prod(X)-1\notin X$，则 $D(X\bigcup\{\prod(X)-1\})=D(X)-1$．

实际上，有

$$D(X \cup \{\prod(X) - 1\}) = \prod_{x \in B}(X \cup \{\prod(X) - 1\})$$
$$- S_2(X \cup \{\prod(X) - 1\})$$
$$= \prod(X) \cdot (\prod(X) - 1)$$
$$- [S_2(X) + (\prod(X) - 1)^2]$$
$$= (\prod(X))^2 - \prod(X)$$
$$- [S_2(X) + (\prod(X))^2 - 2\prod(X) + 1]$$
$$= \prod(X) - S_2(X) - 1 = D(X) - 1$$

引理获证.

解答原题. 取 $B_0 = \{1,2,\cdots,n\}(n \geqslant 5)$,(然后用递归方式逐步补充元素,直至满足 $D(B) = 0$),对 $k \geqslant 0$,递归定义:
$$B_{k+1} = B_k \cup \{\prod(B_k) - 1\}$$

下证 $\prod(B_k) - 1 \notin B_k$,这只需 $\prod(B_k) - 1$ 大于 B_k 的最大元. 设 B_k 的最大元为 u,则 $u \geqslant n \geqslant 5$,于是
$$\prod(B_k) - 1 \geqslant 1 \times 2 \times 3 \times 4 \times u - 1 > 2u - 1 > 2u - u = u$$
从而 $\prod(B_k) - 1 \notin B_k$,由引理,$D(B_{k+1}) = D(B_k) - 1$. 迭代得,对任何正整数 m,$D(B_m) = D(B_0) - m$. 显然,要使 $D(B_m) = 0$,只需 m 满足 $D(B_0) = m$,也只需 $D(B_0)$ 为正整数. 因为 $n \geqslant 5$,所以
$$D(B_0) = D(\{1,2,\cdots,n\}) = n! - \frac{1}{6}n(n+1)(2n+1) > 0$$
设 $D(B_0) = m$,则 $D(B_m) = D(B_0) - m = m - m = 0$($B_m$ 满足条件一). 下面设法使 $A \subseteq B_m$. 注意到 $B_0 \subseteq B_1 \subseteq B_2 \cdots \subseteq B_m$,从而只需 $A \subseteq B_0$. 这是容易办到的:对任何有限集 $A \subseteq \mathbf{N}^+$,总可以找到 $n \geqslant 5$(充分大),使 $A \subseteq B_0$. 由这样的 B_0,按递归方式找到的 B_m 满足全部条件.

12. 记 $S(x)$ 为正整数 x 的不同质因子构成的集合,则条件变为 $S(a^n-1)=S(a^m-1)$. 设 $(m,n)=d$,由 $m<n$,可设 $n=kd(k>1)$. 熟知
$$(a^m-1,a^n-1)=a^{(m,n)}-1=a^d-1$$
于是我们有
$$S(a^{kd}-1)=S(a^n-1)=S(a^m-1)$$
$$=S((a^n-1,a^m-1))=S(a^d-1)$$
记 $b=a^d$,则由 $a>1$,知 $b>1$,且上式变为 $S(b^k-1)=S(b-1)$. 下证 $k=2$,且 $b+1$ 是 2 的方幂.

采用拟对象逼近,先证 k 是 2 的方幂,然后证幂指数为 1. 用反证法,假设 k 存在奇质因数 p,则由 $b-1|b^p-1$,有
$$S(b-1)\subseteq S(b^p-1)$$
由 $b^p-1|b^k-1$,有
$$S(b^p-1)\subseteq S(b^k-1)=S(b-1)$$
所以
$$S(b^p-1)=S(b-1)$$
此外,我们有
$$b^{p-1}+b^{p-2}+\cdots+b+1$$
$$=(b^{p-1}-1)+(b^{p-2}-1)+\cdots+(b-1)+p \quad (*)$$
(1) 若 $p\nmid b-1$,则由 $(*)$,有
$$(b^{p-1}+b^{p-2}+\cdots+b+1,b-1)=(p,b-1)=1$$
从而
$$S(b^{p-1}+b^{p-2}+\cdots+b+1)\nsubseteq S(b-1)$$
从而
$$S(b^p-1)\nsubseteq S(b-1)$$
与 $S(b^p-1)=S(b-1)$ 矛盾!

(2) 若 $p|b-1$,设 $b-1=p^s\cdot t(s,t\in \mathbf{N}^+,k\nmid t)$,则

$$b^p - 1 = (p^s \cdot t + 1)^p - 1 = C_q^1 \cdot q^s \cdot t + C_q^2 \cdot (q^s \cdot t)^2 + \cdots$$
$$= p^{s+1} \cdot t(1 + p^s \cdot t \cdot x)(x \in \mathbf{N}^+)$$

因为
$$(1 + p^s \cdot t \cdot x, b - 1) = (1 + p^s \cdot t \cdot x, p^s \cdot t) = (1, p^s \cdot t) = 1$$
所以
$$S(1 + p^s \cdot t \cdot x) \not\subseteq S(b - 1)$$
从而
$$S(b^p - 1) \not\subseteq S(b - 1)$$
与 $S(b^p - 1) = S(b - 1)$ 矛盾! 所以, k 没有奇质因数, 从而 k 是 2 的方幂. 令 $k = 2^r (r \in \mathbf{N}^+)$, 则条件变为 $S(b^{2^r} - 1) = S(b - 1)$. 因为
$$b^{2^r} - 1 = (b^{2^{r-1}} + 1)(b^{2^{r-2}} + 1) \cdots (b^2 + 1)(b + 1)(b - 1)$$
所以由条件,有
$$S(b - 1) = S(b^2 - 1) = \cdots = S(b^{2^r} - 1) \qquad (**)$$
下证 $b + 1$ 是 2 的方幂. 由 $(**)$, 有 $S(b^2 - 1) = S(b - 1)$, 这等价于 $S(b+1) \subseteq S(b-1)$. 下证 $b+1$ 没有奇质因子, 用反证法, 设 r 是 $b+1$ 的奇质因子, 则由 $S(b+1) \subseteq S(b-1)$, 有 $r \mid b-1$, 但 $r \mid b+1$, 所以 $r \mid 2$, 矛盾. 所以 $b+1$ 没有奇质因子, 即 $b+1$ 是 2 的方幂. 最后证明 $r = 1$. 若 $r \geq 2$, 则由 $(**)$, 有 $S(b^2 - 1) = S((b^2)^r - 1)$, 结合上面所证的结论, 知 $b^2 + 1$ 是 2 的方幂, 所以 b 为奇数, 所以 $b^2 + 1 \equiv (\pm 1)^2 + 1 = 2 \pmod{4}$, 但 $b^2 + 1 > 2$, 且 $b^2 + 1$ 是 2 的方幂, 有 $b^2 + 1 \equiv 0 \pmod{4}$, 矛盾, 所以 $r = 1$, 即 $k = 2$. 综上所述, $k = 2$, 且 $b + 1$ 是 2 的方幂. 设 $b + 1 = a^d + 1 = 2^r$, $r \in \mathbf{N}$, 由 $b > 1$, 知 $r \geq 2$, 从而 a 为奇数. 若 d 为偶数, 则 $a^d + 1 \equiv 2 \pmod 4$, 与 $r \geq 2$ 矛盾, 故 d 为奇数. 如果 $d > 1$, 由于
$$\frac{a^d + 1}{a + 1} = a^{d-1} - a^{d-2} + \cdots + 1$$
为大于 1 的奇数, 这与 $a^d + 1 = 2^r$ 无奇因子矛盾! 所以 $d = 1$, $n =$

$kd = 2 \cdot 1 = 2$. 由 $m < n = 2$ 知, $m = 1$. 由 $a^d + 1 = 2^r$, $d = 1$, 得 $a + 1 = 2^r$, 所以 $a = 2^r - 1$. 反之, 当 $a = 2^r - 1 (r \geq 2)$, $m = 1, n = 2$ 时, 由
$$a^2 - 1 = (a-1)(a+1) = 2^l \cdot (a-1)$$
有 $S(a^2 - 1) = S(a - 1)$. 综上所述, 所求的 $(a, m, n) = (2^r - 1, 1, 2), r \in \mathbf{N}, r \geq 2$.

13. 我们先找拟对象, 考虑下面的问题: 设 $a_1, a_2, \cdots, a_n$ 是给定的 n 个实数 ($n \geq 1$). 证明: 存在实数 $b_1, b_2, \cdots, b_n$ 满足下列条件: (a') 对任何的 $1 \leq i \leq n$, $a_i - b_i$ 是整数; (b) $\sum\limits_{1 \leq i < j \leq n} (b_i - b_j)^2 \leq \dfrac{n^2 - 1}{12}$. 显然条件(a) 强于条件(a').

另一方面, 如果序列 $(b'_1, b'_2, \cdots, b'_n)$ 满足条件(a') 和(b), 不难证明序列 $(b_1, b_2, \cdots, b_n)$ (其中 $b_i = b'_i - \sum\limits_{i=1}^{n} |a_i - b'_i| - 1$ ($1 \leq i \leq n$)) 满足条件(a) 和(b).

因此两个问题是等价的, 下面给出新问题的解答. 对一个实数序列 $X = \{x_i\}_{i=1}^{n}$, 我们用 $\Delta(X)$ 表示平方和: $\sum\limits_{1 \leq i < j \leq n}(x_i - x_j)^2$. 对一个实数序列 $A = \{a_i\}_{i=1}^{n}$, 我们用 $\Phi(A)$ 表示, 使得 $a_i - b_i (i = 1, 2, \cdots, n)$ 为整数的所有序列 $B = \{b_i\}_{i=1}^{n}$ 的集合.

我们有如下两个引理:

引理 1 对一个给定的序列 $A = \{a_i\}_{i=1}^{n}$, Δ 在 $\Phi(A)$ 里有最小值. 即存在 $B \in \Phi(A)$ 使得对所有的 $X \in \Phi(A)$ 有 $\Delta(B) \leq \Delta(X)$.

证明 很显然, $\Phi(A)$ 里有无穷多项序列, 不失一般性, 我们可以仅考虑序列 $B = (b_1, b_2, \cdots, b_n) \in \Phi(A)$, 其中 $b_1 = a_1$. 因为我们可以同时对 b_i 加上任意一个整数, 则如果对于某 i, $|b_i - b_1| > \sqrt{\Delta(A)}$, 则 $\Delta(B) \geq (b_i - b_1)^2 > \Delta(A)$.

因此只有有限个 $B \in \Phi(A)$, 其中 $b_1 = a_1$, 使得 $\Delta(B) \leq \Delta(A)$ (因为有 $|b_i - b_1| \leq \sqrt{\Delta(A)}$). 又因 $A \in \Phi(A)$, 从而 Δ 在 $\Phi(A)$ 里

有最小值.

引理2(钟开菜不等式) 设序列 $x_1 \geqslant x_2 \geqslant \cdots \geqslant x_n \geqslant 0$ 和 $y_1 \geqslant y_2 \geqslant \cdots \geqslant y_n \geqslant 0$ 满足对所有的 $i=1,2,\cdots,n$, 部分和 $x_1+x_2+\cdots+x_i$ 小于或等于部分和 $y_1+y_2+\cdots+y_i$. 则 $x_1^2+x_2^2+\cdots+x_n^2 \leqslant y_1^2+y_2^2+\cdots+y_n^2$.

证明 令 $s_i = x_1+x_2+\cdots+x_i, t_i = y_1+y_2+\cdots+y_i$, 则
$$s_{i+1} - s_i = x_{i+1}, \quad t_{i+1} - t_i = y_{i+1}, \quad s_i \leqslant t_i$$
由 Abel 公式,要证不等式左边等价于
$$s_1(x_1-x_2) + s_2(x_2-x_3) + \cdots + s_{n-1}(x_{n-1}-x_n) + s_n x_n$$
$$\leqslant t_1(x_1-x_2) + t_2(x_2-x_3) + \cdots + t_{n-1}(x_{n-1}-x_n) + t_n x_n$$
$$= x_1 y_1 + x_2 y_2 + \cdots + x_n y_n$$
$$= s_1(y_1-y_2) + s_2(y_2-y_3) + \cdots + s_{n-1}(y_{n-1}-y_n) + s_n y_n$$
$$\leqslant t_1(y_1-y_2) + t_2(y_2-y_3) + \cdots + t_{n-1}(y_{n-1}-y_n) + t_n y_n$$
$$= y_1^2 + y_2^2 + \cdots + y_n^2$$

由引理1,对于一个给定的序列 $A = \{a_i\}_{i=1}^n$, 我们可以选择序列 $B = \{b_i\}_{i=1}^n \in \Phi(A)$ 使得 $\Delta(B)$ 最小. 因为我们可以对 $a_i(b_i)$ 进行排序并且可以给每一项加上一个常数,不失一般性,我们假设 $b_1 \geqslant b_2 \geqslant \cdots \geqslant b_n$ 并且 $b_1 + b_2 + \cdots + b_n = \dfrac{n+1}{2}$. 选择一个 $k \in \{1,2,\cdots,n-1\}$, 考虑序列 $C = \{c_i\}_{i=1}^n \in \Phi(A)$, 其中当 $i \leqslant k$ 时 $c_i = b_i$, 否则 $c_i = b_i + 1$. 由 B 的选择可知 $\Delta(B) \leqslant \Delta(C)$, 即
$$\sum_{1 \leqslant i < k < j \leqslant n} (b_i - b_j)^2 \leqslant \sum_{1 \leqslant i < k < j \leqslant n} (b_i - b_j - 1)^2$$
$$= \sum_{1 \leqslant i < k < j \leqslant n} [(b_i - b_j)^2 - 2(b_i - b_j) + 1]$$

从而
$$0 \leqslant -2 \sum_{1 \leqslant i < k < j \leqslant n} (b_i - b_j) + k(n-k)$$

或者

1 构造"拟对象"

$$2n \sum_{1 \leqslant i \leqslant k} b_i \leqslant 2k \sum_{1 \leqslant i \leqslant n} b_i + k(n-k) = k(2n+1-k)$$

计算可得

$$\sum_{1 \leqslant i \leqslant k} b_i \leqslant \frac{k(2n+1-k)}{2n} = \frac{n}{n} + \frac{n-1}{n} + \cdots + \frac{n-k+1}{n}$$

对序列 $b_1, b_2, \cdots, b_n$ 和 $\frac{n}{n}, \frac{n-1}{n}, \cdots, \frac{1}{n}$ 运用引理 2 得

$$b_1^2 + b_2^2 + \cdots + b_n^2 \leqslant \frac{(n+1)(2n+1)}{6n}$$

最后,我们有

$$\sum_{1 \leqslant i < j \leqslant n} (b_i - b_j)^2 = (n-1) \sum_{1 \leqslant i \leqslant n} b_i^2 - 2 \sum_{1 \leqslant i < j \leqslant n} b_i b_j$$

$$= n \sum_{1 \leqslant i \leqslant n} b_i^2 - \Big(\sum_{1 \leqslant i \leqslant n} b_i\Big)^2$$

$$\leqslant \frac{(n+1)(2n+1)}{6} - \frac{(n+1)^2}{4} = \frac{n^2-1}{12}$$

从而序列 B 满足条件(a')和(b).

另证:显然,题目中"正整数"可以改成"整数",因为我们可以将诸 b_i 同时减去一个充分大的正整数. 对 n 元实数组 $x = (x_1, \cdots, x_n)$ 定义 $D(x) = \sum_{1 \leqslant i < j \leqslant n} (x_i - x_j)^2$, 对 $a = (a_1, \cdots, a_n)$, $b = (b_1, \cdots, b_n)$,如果对任何 i 有 $a_i - b_i \in \mathbf{Z}$,则称 $a \equiv b$. 现在对固定的 a 考虑所有满足 $a \equiv b$ 的 b,由 D 的平移不变性,不妨设 $b_1 = a_1$. 由于当任何一个 b_i 无界增长时 $D(b)$ 也无界增长,而所有 b_i 都有界的 b 仅有有限个,故存在一个 b 使 $a \equiv b$ 且 $D(b)$ 最小. 现在设 $b = (b_1, \cdots, b_n)$ 如上所述,且由对称性不妨设 $b_1 \geqslant b_2 \geqslant \cdots \geqslant b_n$,设 $\sum_{j=1}^{n} b_j = S$.

对 $1 \leqslant k \leqslant n$,定义

$$b^{(k)} = (b_1 - 1, b_2 - 1, \cdots, b_k - 1, b_{k+1}, \cdots, b_n)$$

则 $b^{(k)} \equiv b \equiv a$,由 $D(b)$ 的最小性,有 $D(b) \leqslant D(b^{(k)})$,直接计算

(易知 $D(b) = n\sum_{j=1}^{n} b_j^2 - S^2$)可得

$$n\sum_{j=1}^{n} b_j^2 - S^2 \leqslant n\left(\sum_{j=1}^{k} b_j^2 - 2\sum_{j=1}^{k} b_j + k\right) - (S-k)^2$$

$$\Leftrightarrow \sum_{j=1}^{k} b_j \leqslant \frac{nk + 2Sk - k^2}{2n} = \sum_{j=1}^{k} c_j$$

其中,$c_j = \frac{2S + n - 2j + 1}{2n}(1 \leqslant j \leqslant n)$,上式对一切 $1 \leqslant k \leqslant n$ 成立. 又 $b_1 \geqslant b_2 \geqslant \cdots \geqslant b_n$,由钟开莱不等式,可知

$$\sum_{j=1}^{n} b_j^2 \leqslant \sum_{j=1}^{n} c_j^2 = \sum_{j=1}^{n} \left(\frac{2S + n - 2j + 1}{2n}\right)^2$$

化简得

$$\sum_{j=1}^{n} b_j^2 \leqslant \sum_{j=1}^{n} \left(\frac{2S + n - 2j + 1}{2n}\right)^2 = \frac{1}{n}S^2 + \frac{n^2 - 1}{12n}$$

因此

$$D(b) = n\sum_{j=1}^{n} b_j^2 - S^2 \leqslant \frac{n^2 - 1}{12}$$

又 $a \equiv b$,故结论成立.

14. 由题意,若 B_n^m 非空,则 $n, m \geqslant 3$. 首先考察拟对象:计算仅满足条件①的 $(a_1, a_2, \cdots, a_m)$ 的个数(暂不考虑条件②). 条件①表明:在 $(a_1, a_2, \cdots, a_m)$ 中,1 与 n 不相邻. 记这样的 $(a_1, a_2, \cdots, a_m)$ 有 S_m 个,其中 x_m 个以 1 开头,y_m 个以 $2, \cdots\cdots n-1$ 开头,z_m 个以 n 开头($S_m = x_m + y_m + z_m$). 那么有递推式

$$\begin{cases} x_{m+1} = x_m + y_m \\ y_{m+1} = (n-2)(x_m + y_m + z_m) \\ z_{m+1} = y_m + z_m \end{cases}$$

以上三式相加得

$$x_{m+1} + y_{m+1} + z_{m+1} = (n-1)(x_m + y_m + z_m)$$
$$+ (n-2)(x_{m-1} + y_{m-1} + z_{m-1})$$

即
$$S_{m+1} = (n-1)S_m + (n-2)S_{m-1} \quad (*)$$

又易知 $S_1 = n$, $S_2 = n^2 - 2$,而(*)的特征方程是 $t^2 - (n-1)t - (n-2) = 0$,其特征根为 $t_{1,2} = \dfrac{n-1 \pm \sqrt{n^2 + 2n - 7}}{2}$,故

$$S_m = A \cdot \left(\frac{n-1+\sqrt{n^2+2n-7}}{2}\right)^m + B \cdot \left(\frac{n-1+\sqrt{n^2+2n-7}}{2}\right)^m$$

其中 A、B 由

$$\begin{cases} S_1 = A \cdot \left(\dfrac{n-1+\sqrt{n^2+2n-7}}{2}\right) + B \cdot \left(\dfrac{n-1+\sqrt{n^2+2n-7}}{2}\right) \\ \quad = n \\ S_2 = A \cdot \left(\dfrac{n-1+\sqrt{n^2+2n-7}}{2}\right)^2 + B \cdot \left(\dfrac{n-1+\sqrt{n^2+2n-7}}{2}\right)^2 \\ \quad = n^2 - 2 \end{cases}$$

确定,解以上方程组得

$$A = \frac{1 + \dfrac{n+1}{\sqrt{n^2+2n-7}}}{2}, \quad B = \frac{1 - \dfrac{n+1}{\sqrt{n^2+2n-7}}}{2}$$

故

$$S_m = \left(\frac{1 + \dfrac{n+1}{\sqrt{n^2+2n-7}}}{2}\right)\left(\frac{n-1+\sqrt{n^2+2n-7}}{2}\right)^m$$
$$+ \left(\frac{1 - \dfrac{n+1}{\sqrt{n^2+2n-7}}}{2}\right)\left(\frac{n-1-\sqrt{n^2+2n-7}}{2}\right)^m$$

下面再去掉满足①而不满足②的对象.若 $a_1, a_2, \cdots, a_m$ 全相同,即 $a_1 = \cdots = a_m = 1, 2, \cdots, n$,这样的 $(a_1, a_2, \cdots, a_m)$ 有 n 个($n \geqslant 3$);若

$a_1, a_2, \cdots, a_m$ 中恰有两个不同,选出这两个有 C_n^2 种方法,但不能选 $\{1, n\}$,故有 $C_n^2 - 1$ 种选法,这样的 $(a_1, a_2, \cdots, a_m)$ 有 $(C_n^2 - 1)(2^m - 2)$ 种.综上所述,有

$$|B_n^m| = S_m - n - (C_n^2 - 1)(2^m - 2)$$

$$= \left(\frac{1 + \dfrac{n+1}{\sqrt{n^2 + 2n - 7}}}{2}\right)\left(\frac{n - 1 + \sqrt{n^2 + 2n - 7}}{2}\right)^m$$

$$+ \left(\frac{1 - \dfrac{n+1}{\sqrt{n^2 + 2n - 7}}}{2}\right)\left(\frac{n - 1 - \sqrt{n^2 + 2n - 7}}{2}\right)^m$$

$$- n - (C_n^2 - 1)(2^m - 2) \qquad (n, m \geqslant 3)$$

特别地,$n = 6, m = 3$ 时,有

$$S_3 = 5S_2 + 4S_1 = 5 \times 34 + 4 \times 6 = 194$$

所以

$$|B_6^3| = 194 - 6 - (C_n^2 - 1)(2^3 - 2) = 104$$

15. 先构造拟对象:寻找 n 次整系数多项式 $q(x)$,使得 $q(0)$, $q(1), \cdots, q(n)$ 为 a 的不同方幂.设 $n! = k_1 k_2$,其中 k_1, k_2 为正整数,k_1 的素因子均为 a 的素因子,$(k_1, k_2) = 1$.取正整数 t,使 $k_1 | a^t$.由抽屉原理,$1, a, a^2, \cdots, a^{k_2}$ 关于模 k_2 至少有两个同余,设 $a^i \equiv a^j \pmod{k_2}$,$i > j$,则 $a^{i-j} \equiv 1 \pmod{k_2}$.

记 $L = i - j, r = a^L - 1$,令 $q(x) = a^t \sum_{i=0}^{n} C_x^i r^i, C_x^i$

$= \dfrac{x(x-1)\cdots(x-i+1)}{i!}$.

当 $i \geqslant 1$ 时,$i! | n!, k_2 | a^t, k_2 | r, n! = k_1 k_2$,故 $i! | a^t r$.因此 $q(x)$ 为整系数多项式.注意到 $q(0) = a^t, q(j) = a^t \sum_{i=0}^{n} C_j^i r^i = a^t (r+1)^i = a^{t+Lj} (j = 1, 2, \cdots, n)$.最后,令 $p(x) = 2q(x) + 3$ 即可.

16. 因为

1 构造"拟对象"

$$x_1 = x = a_1 \cdot 10^{n-1} + a_2 \cdot 10^{n-2} + \cdots + a_{n-1} \cdot 10 + a_n$$

$$x_2 = a_n \cdot 10^{n-1} + a_1 \cdot 10^{n-2} + \cdots + a_{n-2} \cdot 10 + a_{n-1}$$

$$x_3 = a_{n-1} \cdot 10^{n-1} + a_n \cdot 10^{n-2} + \cdots + a_{n-3} \cdot 10 + a_{n-2}$$

...

$$x_n = a_2 \cdot 10^{n-1} + a_3 \cdot 10^{n-2} + \cdots + a_n \cdot 10 + a_1$$

前两式消元,得 $10x_2 - x_1 = (10^n - 1)a_n$. 一般地,有

$$10x_{i+1} - x_i = (10^n - 1)a_{n-(i-1)} \quad (i = 1, 2, \cdots, n-1)$$

由题设 $1989 | x_{i+1}, 1989 | x_i$,所以 $1989 | (10^n - 1)a_{n-(i-1)}$.

反之,若 $1989 | (10^n - 1)a_{n-(i-1)}$,未必有 $1989 | x_i (i = 1, 2, \cdots, n)$,所以,这样得到的 n 还只是一个"拟对象",最后再验证所得到的"拟对象"合乎题目的所有条件. 因为 $1989 = 9 \times 13 \times 17$,而由 $a_{n-(i-1)} \in \{0, 1, 2, \cdots, 9\}$,有

$$(a_{n-(i-1)}, 13) = (a_{n-(i-1)}, 17) = 1$$

所以 $13 | 10^n - 1, 17 | 10^n - 1$. 关于 $\mod 13$,有 $10^2 \equiv 9, 10^3 \equiv 12, 10^4 \equiv 13, 10^5 \equiv 4, 10^6 \equiv 1$. 于是,由 $13 | 10^n - 1$ 推出 n 是 6 的倍数. 同样,关于 $\mod 17$,有 $10^2 \equiv 15, 10^3 \equiv 14, 10^4 \equiv 4, 10^5 \equiv 9, 10^6 \equiv 9, 10^7 \equiv 5, 10^8 \equiv 16, 10^9 \equiv 7, 10^{10} \equiv 2, 10^{11} \equiv 3, 10^{12} \equiv 13, 10^{13} \equiv 11, 10^{14} \equiv 8, 10^{15} \equiv 12, 10^{16} \equiv 1$.

故由 $17 | 10^n - 1$ 推出 n 是 16 的倍数,从而 n 是 6 与 16 的公倍数. 而 $[6, 16] = 48$,所以 $n \geq 48$. 下面证明:当 $n = 48$ 时,合乎条件的 x 存在. 实际上,我们可直接求出最小的 x. 为求最小的 x,应取 $a_1 = 1$,并且从 a_2 开始尽可能多地取 0,一直下去,考虑到 $x_{48} = \overline{a_2 \cdots a_{48} a_1}$,要使 x 最小,只需使 x_{48} 最小. 因为 $1989 | x_{48}$,且 x_{48} 的个位数字为 $a_1 = 1$,设 $x_{48} = 1989k (k = 1, 2, 3, \cdots)$. 依次检验,使 $1989k$ 的个位数字为 1 的最小的 $k = 9$,此时 $1989 \times 9 = 17901$,所以 x_{48} 的最小值为 $00\cdots0_{(43\text{个}0)}17901$,将最后一个数字移到首位,得到最小的 x 为 $100\cdots0_{(43\text{个}0)}1790$.

下面验证，$x = 100\cdots0_{(43\text{个}0)}1790$ 合乎条件. 实际上，$x_1 = x = 100\cdots0_{(43\text{个}0)}1790 = 10^{47} + 1790$，而 $10^6 \equiv 1 \pmod{13}$，$10^{16} \equiv 1 \pmod{17}$，$10^1 \equiv 1 \pmod 9$，所以

$$x_1 = 10^{47} + 1790 \equiv 10^{6\times 7+5} + 1790$$
$$\equiv 10^5 + 1790 \equiv 4 + 1790 \equiv 1794 \equiv 0 \pmod{13}$$
$$x_1 = 10^{47} + 1790 \equiv 10^{16\times 2+15} + 1790$$
$$\equiv 10^{15} + 1790 \equiv 12 + 1790 \equiv 1802 \equiv 0 \pmod{17}$$
$$x_1 = 10^{47} + 1790 \equiv 1 + 1790 \equiv 1791 \equiv 0 \pmod 9$$

所以 $1989 \mid x_1$. 又 $x_1 = 10 x_2$，$(10, 1989) = 1$，所以 $1989 \mid x_2$. $x_3 = 90100\cdots0_{(43\text{个}0)}17 = 901 \cdot 10^{45} + 17$，所以

$$x_3 = 901 \cdot 10^{45} + 17 \equiv 901 \cdot 10^{6\times 7+3} + 17$$
$$\equiv 901 \cdot 10^3 + 17 \equiv 4 \cdot 12 + 17 \equiv 65 \equiv 0 \pmod{13}$$
$$x_3 = 901 \cdot 10^{45} + 17 \equiv 901 \cdot 10^{16\times 2+13} + 17$$
$$\equiv 901 \cdot 10^{13} + 17 \equiv 0 \cdot 11 + 17 \equiv 0 \pmod{17}$$
$$x_3 = 901 \cdot 10^{45} + 17 \equiv 1 \cdot 1 + 17 \equiv 18 \equiv 0 \pmod 9$$

所以 $1989 \mid x_3$. $x_4 = 790100\cdots0_{(43\text{个}0)}1 = 7901 \cdot 10^{44} + 1$，所以

$$x_4 = 7901 \cdot 10^{44} + 1 \equiv 7901 \cdot 10^{6\times 7+2} + 1$$
$$\equiv 10 \cdot 10^2 + 1 \equiv 1001 \equiv 0 \pmod{13}$$
$$x_4 = 7901 \cdot 10^{44} + 1 \equiv 7901 \cdot 10^{16\times 2+12} + 1$$
$$\equiv 13 \cdot 10^{12} + 1 \equiv 13 \cdot 13 + 1 \equiv 0 \pmod{17}$$
$$x_4 = 7901 \cdot 10^{44} + 1 \equiv 8 \cdot 1 + 1 \equiv 9 \equiv 0 \pmod 9$$

所以 $1989 \mid x_4$. $x_5 = 1790100\cdots0_{(43\text{个}0)} = 17901 \cdot 10^{43}$，而 $1989 \mid 17901$，所以 $1989 \mid x_5$. $x_5 = 10 x_6 = 10^2 x_7 = \cdots = 10^{43} x_{48}$. 所以 $1989 \mid x_j$ ($j = 5, 6, \cdots, 48$).

综上所述，n 的最小值为 48，对应的最小 x 值为 $100\cdots0_{(43\text{个}0)}1790$.

2 逐步扩充逼近

本章介绍一种逼近策略:逐步扩充逼近.

如果我们要寻找多个满足某种条件的对象,我们可先构造少数几个显然满足题中条件的对象,在此基础上逐步增加对象,直至找到满足题目条件的全部对象. 我们称这样一种逼近策略为逐步扩充逼近.

2.1 逐步扩充元素

假定我们要寻找含有多个元素的集合,使其具有某种性质 p,我们先构造一个容量较小的集合 A,使其具有题目要求的性质 p,然后不断在 A 中增添元素,并保持性质 p 不变,直至集合 A 满足题目要求.

例1(2008 年全国高中数学联赛试题) 设 $f(x)$ 是周期函数,T 和 1 都是 $f(x)$ 的周期且 $0<T<1$,求证:

(Ⅰ) 若 T 为有理数,则存在素数 p,使 $\dfrac{1}{p}$ 是 $f(x)$ 的周期;

(Ⅱ) 若 T 为无理数,则存在各项均为无理数的数列 $\{a_n\}$,满足 $1>a_n>a_{n+1}>0(n=1,2,\cdots)$,且每个 a_n 都是 $f(x)$ 的周期.

分析与证明 考察目标(Ⅰ),我们要寻找质数 p,使 $\dfrac{1}{p}$ 是 $f(x)$ 的周期.

而条件却告诉我们"1 和 T 都是 $f(x)$ 的周期",这自然想到 $\dfrac{1}{p}$ 是 $f(x)$ 的周期的一个充分条件是:$\dfrac{1}{p}$ 可表示为 1、T 的线性组合,即存在整数 a、b,使

$$\dfrac{1}{p} = a \cdot 1 + b \cdot T$$

注意到 T 为有理数,令 $T = \dfrac{n}{m}$,其中 $m \geqslant 2$,$(m,n)=1$,则目标又变为寻找整数 a、b,使

$$\dfrac{1}{p} = a \cdot 1 + b \cdot \dfrac{n}{m}$$

去分母,得

$$p(am+bn) = m$$

因为 a、b、m、n 都是整数,p 是质数,所以 $p \mid m$,即 p 是 m 的质因子,令 $m = pm'$,$m' \in \mathbf{N}^+$,两边约去 p,则目标变为寻找整数 a、b,使

$$am + bn = m'$$

这由 $(m,n)=1$ 及裴蜀定理,整数 a、b 显然存在,即上述不定方程有整数解 (a,b),(I)获证.

考察目标(II),先考虑如何选取 a_1,取 $a_1 = T$ 即可.

下面考虑如何选取 a_2,使 a_2 是 $f(x)$ 的周期,且 $a_1 > a_2 > 0$.

为了使 a_2 是 $f(x)$ 的周期,且能建立 a_2 与 a_1 的不等关系,想到如下的充分条件:a_2 可表示为 1、a_1 的线性组合,即存在整数 a、$b(b \neq 0)$,使

$$a_2 = a + ba_1$$

为了使 $a_1 > a_2 > 0$,这就要求所取整数 a、$b(b \neq 0)$ 满足:

$$a_1 > a + ba_1 > 0 \qquad\qquad (*)$$

显然 a、b 一正一负,否则,$b>0$,$a\geqslant 0$ 时,$a+ba_1\geqslant ba_1$;$b<0$,$a\leqslant 0$ 时,$a+ba_1\leqslant ba_1<0$,都与($*$)矛盾.

为使($*$)式变得简单,可取 a 为最简单的非 0 整数:1 或 -1.

先尝试取 $a=1$,则此时 $b<0$,令 $b=-b'$,则目标($*$)变为找到正整数 b',使

$$a_1 > 1 - b'a_1 > 0$$

容易证明这样的正整数 b' 存在,至少有下面两种方法.

方法 1:将 $0<1-b'a_1<a_1$ 变形为 $\frac{1}{a_1}-1<b'<\frac{1}{a_1}$,显然,取 $b'=\left[\frac{1}{a_1}\right]$ 即可,此时

$$a_2 = 1 - \left[\frac{1}{a_1}\right]a_1$$

进而,仿此令

$$a_3 = 1 - \left[\frac{1}{a_2}\right]a_2, \cdots, a_{n+1} = 1 - \left[\frac{1}{a_n}\right]a_n$$

则由数学归纳法易知,a_n 均为无理数且 $0<a_n<1$.

又 $\frac{1}{a_n}-\left[\frac{1}{a_n}\right]<1$,所以 $1-\left[\frac{1}{a_n}\right]a_n<a_n$,即 $a_{n+1}<a_n$,因此 $\{a_n\}$ 是递减数列.

最后证明每个 a_n 是 $f(x)$ 的周期.事实上,因 1 和 $a_1=T$ 都是 $f(x)$ 的周期,所以 $a_2=1-\left[\frac{1}{T}\right]T$ 亦是 $f(x)$ 的周期.假设 a_k 是 $f(x)$ 的周期,则 $a_{k+1}=1-\left[\frac{1}{a_k}\right]a_k$ 也是 $f(x)$ 的周期.

由归纳原理,a_n 均是 $f(x)$ 的周期,(Ⅱ)获证.

方法 2:将 $0<1-b'a_1<a_1$ 变形为 $b'a_1<1<(b'+1)a_1$.于是,考察无穷个区间:$[0,a_1)$,$[T,2a_1)$,$\cdots$,$[na_1,(n+1)a_1)$,$\cdots$,当 $n\to\infty$ 时,$(n+1)a_1\to\infty$,所以存在正整数 k_1,使

$$k_1 a_1 \leqslant 1 < (k_1 + 1) a_1$$

又 a_1 是无理数,有 $k_1 a_1 \neq 1$,从而 $k_1 a_1 < 1 < (p+1) a_1$,即

$$0 < 1 - k_1 a_1 < a_1$$

令 $a_2 = 1 - k_1 a_1$,则 a_2 是无理数,且 $0 < a_2 < a_1$,又因为 a_1 和 1 都是 $f(x)$ 的周期,从而 $a_2 = 1 - k_1 a_1$ 是 $f(x)$ 的周期.

因为 a_2 是无理数,同样可证(将上述证明中的 a_1 换成 a_2),存在正整数 k_2,使 $0 < 1 - k_2 a_2 < a_2$,令 $a_3 = 1 - k_2 a_2$,则 a_3 是无理数,且 $0 < a_3 < a_2$. 又因为 a_2 和 1 都是 $f(x)$ 的周期,从而 $a_3 = 1 - k_2 a_2$ 是 $f(x)$ 的周期.

如此下去,可知存在数列 $\{a_n\}$ 满足 $1 > a_n > a_{n+1} > 0 (n = 1, 2, \cdots)$,且每个 a_n 都是 $f(x)$ 的周期.

若尝试取 $a = -1$,则 $b > 0$,则只需找到正整数 b,使 $0 < b a_1 - 1 < a_1$. 按上面的两种方法同样可找到合乎要求的正整数 b.

方法 1:将 $0 < b a_1 - 1 < a_1$ 变形为 $\frac{1}{a_1} < b < \frac{1}{a_1} + 1$,即 $\frac{1}{a_1} - 1 < b - 1 < \frac{1}{a_1}$. 显然,取 $b - 1 = \left[\frac{1}{a_1}\right]$,$b = \left[\frac{1}{a_1}\right] + 1$ 即可,此时数列的递归关系为 $a_{n+1} = \left(\left[\frac{1}{a_n}\right] + 1\right) a_n - 1$.

方法 2:取 $a_1 = T$,考察无穷个区间 $[0, a_1), [a_1, 2a_1), \cdots, [n a_1, (n+1) a_1), \cdots$. 因为当 $n \to \infty$ 时,$n a_1 \to \infty$,于是 1 必落在某个区间中,设 $(k_1 - 1) a_1 \leqslant 1 < k_1 a_1$,而 a_1 是无理数,$(k-1) a_1 \neq 1$,故 $(k-1) a_1 < 1 < k a_1$,即 $0 < k_1 a_1 - 1 < a_1$.

令 $a_2 = k_1 a_1 - 1$,则 a_2 是无理数,且 $0 < a_2 < a_1$. 又因为 a_1 和 1 都是 $f(x)$ 的周期,从而 $a_2 = k_1 a_1 - 1$ 是 $f(x)$ 的周期.

如此下去,令 $a_{n+1} = k_n a_n - 1$,可知存在数列 $\{a_n\}$ 满足 $1 > a_n > a_{n+1} > 0 (n = 1, 2, \cdots)$,且每个 a_n 都是 $f(x)$ 的周期.

例 2 求证:对任何真分数 $\frac{n}{m} (m > n > 0, m, n \in \mathbf{N})$,存在正整

数 k 及互异的正整数 $r_1 < r_2 < \cdots < r_k$,使 $\dfrac{n}{m} = \dfrac{1}{r_1} + \dfrac{1}{r_2} + \cdots + \dfrac{1}{r_k}$.

分析与证明　先考虑目标等式右边的每个 r_i 应在哪里找(即探求 r_i 的存在范围),这只需对目标等式进行不等式控制即可.因为

$$\frac{n}{m} = \frac{1}{r_1} + \frac{1}{r_2} + \cdots + \frac{1}{r_k} \geqslant \frac{1}{r_i}$$

所以有 $r_i \geqslant \dfrac{m}{n}$,即 $r_i \in \left[\dfrac{m}{n}, \infty\right)$.

为了使其倒数尽可能接近 $\dfrac{n}{m}$(以保证等式右边的项数尽可能少),可依次选取满足 $r_i \geqslant \dfrac{m}{n}$ 中的最小者 $r_1, r_2, \cdots$.

设 $\left[\dfrac{m}{n}, +\infty\right)$ 中的最小正整数为 r_1,若 $n \mid m$,则 $r_1 = \dfrac{m}{n}$,此时结论成立.

若 $n \nmid m$,则 $r_1 = \left[\dfrac{m}{n}\right] + 1$,此时 $\dfrac{m}{n} - 1 < \left[\dfrac{m}{n}\right] < \dfrac{m}{n}$,从而 $\dfrac{m}{n} < r_1 < \dfrac{m}{n} + 1$,下面要"表出" $\dfrac{n}{m} - \dfrac{1}{r_1}$.

因为 $\dfrac{n}{m} > \dfrac{1}{r_1}$,所以 $\dfrac{n}{m} - \dfrac{1}{r_1} > 0$.令 $\dfrac{n}{m} - \dfrac{1}{r_1} = \dfrac{n_1}{m_1}$,$(m_1, n_1) = 1$,因为

$$\frac{n_1}{m_1} = \frac{n}{m} - \frac{1}{r_1} = \frac{nr_1 - m}{mr_1}$$

$$n_1 \leqslant nr_1 - m < n\left(\frac{m}{n} + 1\right) - m = n < m \leqslant mr_1$$

所以 $\dfrac{n_1}{m_1} = \dfrac{nr_1 - m}{mr_1}$ 仍为真分数,且由 $\dfrac{n}{m}$ 到 $\dfrac{n_1}{m_1}$,分子递减 $(n_1 < n)$.

再取 $\left[\dfrac{m_1}{n_1}, +\infty\right)$ 中的最小正整数 r_2,若 $r_2 = \dfrac{m_1}{n_1}$,则 $\dfrac{1}{r_2} = \dfrac{n_1}{m_1} = \dfrac{n}{m} - \dfrac{1}{r_1}$,即 $\dfrac{n}{m} = \dfrac{1}{r_1} + \dfrac{1}{r_2}$.

又 $\frac{n_1}{m_1} = \frac{n}{m} - \frac{1}{r_1} < \frac{n}{m}$，可知 $\left[\frac{m_1}{n_1}, +\infty\right)$ 包含于 $\left[\frac{m}{n}, +\infty\right)$，从而由取法可知，$r_1 < r_2$，结论成立.

若 $r_2 \neq \frac{m_1}{n_1}$，则 $r_2 = \left[\frac{m_1}{n_1}\right] + 1$，从而 $\frac{m_1}{n_1} < r_2 < \frac{m_1}{n_1} + 1$，此时，$\frac{n_1}{m_1} > \frac{1}{r_2}$，令 $\frac{n_1}{m_1} - \frac{1}{r_2} = \frac{n_2}{m_2}$，因为

$$\frac{n_2}{m_2} = \frac{n_1}{m_1} - \frac{1}{r_2} = \frac{n_1 r_2 - m_1}{m_1 r_2}$$

$$n_2 \leqslant n_1 r_2 - m_1 < n_1\left(\frac{m_1}{n_1} + 1\right) - m_1 = n_1 < m_1 \leqslant m_1 r_2$$

所以 $\frac{n_2}{m_2} = \frac{n_1 r_2 - m_1}{m_1 r_2}$ 仍为真分数，且由 $\frac{n_1}{m_1}$ 到 $\frac{n_2}{m_2}$，分子递减（$n_2 < n_1$）.

再取 $\left[\frac{m_2}{n_2}, +\infty\right)$ 中的最小正整数 r_3，同样有 $r_3 < r_2$.

如此下去，得到一串递减的正整数列：$n_1 > n_2 > n_3 > \cdots$，到某时刻必然结束，从而必存在正整数 r_k，使 $r_k = \frac{m_{k-1}}{n_{k-1}}$，此时

$$\frac{1}{r_k} = \frac{n_{k-1}}{m_{k-1}} = \frac{n_{k-2}}{m_{k-2}} - \frac{1}{r_{k-1}} = \cdots = \frac{n}{m} - \frac{1}{r_1} - \frac{1}{r_2} - \cdots - \frac{1}{r_{k-1}}$$

$$\frac{n}{m} = \frac{1}{r_1} + \frac{1}{r_2} + \cdots + \frac{1}{r_k}$$

结论成立.

例3 给定 1991 阶图 G，若 G 中不含 K_6，求 G 中点的最小度的最大值.

分析与解 设 A 是 G 中度最小的点，我们要找到常数 c，满足对任何合乎条件的 1991 阶图 G，有 $d(A) \leqslant c$. 也就是说，当 $d(A) \geqslant c+1$ 时，图 G 必含有 K_6.

设 $d(A) = n$，我们考察 n 大到什么程度时，图 G 必含有 K_6. 基

本想法是,逐步由 K_2 扩充为 K_3,进而扩充为 K_4、K_5、K_6.

记 G 的顶点集为 V,取相邻两个点 A_1、A_2(构成 K_2),在 G 中去掉不与 A_1、A_2 都相邻的点,因为 $d(A_1) \geq d(A) = n$,所以不与 A_1 相邻的点至多有 $1990 - n$ 个,同样,不与 A_2 相邻的点也至多有 $1990 - n$ 个,于是,同时与 A_1、A_2 都相邻的点至少有 $1991 - 2 - 2 \times (1990 - n) = 2n - 1991$ 个,记这些点的集合为 V_1,在 V_1 中取一个点 A_3,得到三角形 $A_1 A_2 A_3$.

考察 $V_1 \setminus \{A_3\}$,因为 $|V_1| \geq 2n - 1991$,所以 $|V_1 \setminus \{A_3\}| \geq 2n - 1992$,这些点都与 A_1、A_2 相邻,其中不与 A_3 相邻的点至多有 $1990 - n$ 个,在 $V_1 \setminus \{A_3\}$ 中去掉这些点,至少剩下 $2n - 1992 - (1990 - n) = 3n - 3982$ 个点,这些点的集合记为 V_2,它们与 A_1、A_2、A_3 都相邻,在 V_2 中取一个点,设为 A_4,便得到 $K_4: A_1 A_2 A_3 A_4$.

考察 $V_2 \setminus \{A_4\}$,其中至少有 $3n - 3983$ 个点,这些点都与 A_1、A_2、A_3 相邻,其中不与 A_4 相邻的点至多有 $1990 - n$ 个,在 $V_2 \setminus \{A_4\}$ 中去掉这些点,至少剩下 $3n - 3983 - (1990 - n) = 4n - 5973$ 个点,这些点的集合记为 V_3,它们与 A_1、A_2、A_3、A_4 都相邻,在 V_3 中取一个点,设为 A_5,便得到 $K_5: A_1 A_2 \cdots A_5$.

考察 $V_3 \setminus \{A_5\}$,其中至少有 $4n - 5974$ 个点,这些点都与 A_1、A_2、$\cdots$、A_4 相邻,其中不与 A_5 相邻的点至多有 $1990 - n$ 个,在 $V_3 \setminus \{A_5\}$ 中去掉这些点,至少剩下 $4n - 5974 - (1990 - n) = 5n - 7964$ 个点,这些点的集合记为 V_4,它们与 A_1、A_2、$\cdots$、A_5 都相邻.

若 V_4 非空,则在 V_4 中取一个点 A_6,便得到 K_6,要使 V_4 非空,只需 $5n - 7964 \geq 1$,即 $n \geq 1593$.

于是,当 $n \geq 1593$ 时,即 $d(A) \geq 1593$ 时,G 中必存在 K_6,矛盾.

由此可知,$d(A) \leq 1592$.

另一方面,当 $d(A) = 1592$ 时,存在不含 K_6 的图 G,采用等价

构造如下:

G 中不含 K_6 $\Leftrightarrow$ G 中任何 6 点必有 2 点相离 $\Leftrightarrow$ G 中任何 6 点必有 2 个点在同一抽屉(同一抽屉内的点两两相离)$\Leftrightarrow$ 6 个整数(G 中点的下标)中必有 2 个关于模 5 同余.

于是,将下标关于模 5 同余的点看作一个抽屉即可:设 $V = \{A_1, A_2, \cdots, A_{1991}\}$,当且仅当 $i \equiv j \pmod 5$ 时,A_i、A_j 不相邻.

由于 $1991 = 5 \times 398 + 1$,于是,对任何点 A,不与 A 相连的点至多有 398 个. 从而 $d(A) \geqslant 1991 - 398 - 1 = 1592$,去掉若干条边可使 $d(A) = 1592$,此时任何 6 个点中必有两个点关于模 5 同余,从而至少有两个点不相邻,所以不存在 K_6.

综上所述,G 中点的最小度的最大值为 1593.

例 4(2000 年日本数学奥林匹克试题) 给定正整数 $n \geqslant 3$,试证:存在集合 A_n,具有如下性质:

(ⅰ) A_n 由 n 个不同正整数构成;

(ⅱ) 对任何 $a \in A_n$,A_n 中除 a 外的其他数的积关于模 a 的余数为 1.

分析与解 设 $A_n = \{a_1, a_2, \cdots, a_n\}$ 合乎条件,我们设想先构造 a_1,然后再构造 a_2……如此下去,直至构造 a_n.

为了使 A 具有性质(ⅱ),我们先考虑 $\bmod\ a_n$,则要求
$$a_1 a_2 \cdots a_{n-1} \equiv 1 \pmod{a_n}$$
即 $a_n \mid a_1 a_2 \cdots a_{n-1} - 1$,特别地,可试验取 $a_n = a_1 a_2 \cdots a_{n-1} - 1$.

再考虑 $\bmod\ a_{n-1}$,则要求
$$a_1 a_2 \cdots a_{n-2} a_n \equiv 1 \pmod{a_{n-1}}$$
$$a_1 a_2 \cdots a_{n-2}(a_1 a_2 \cdots a_{n-1} - 1) \equiv 1 \pmod{a_{n-1}}$$
$$-a_1 a_2 \cdots a_{n-2} \equiv 1 \pmod{a_{n-1}}$$
即 $a_{n-1} \mid a_1 a_2 \cdots a_{n-2} + 1$,特别地,可试验取 $a_{n-1} = a_1 a_2 \cdots a_{n-2} + 1$.

再考虑 $\bmod\ a_{n-2}$,则要求

$a_1 a_2 \cdots a_{n-3} a_{n-1} a_n \equiv 1 (\bmod\ a_{n-2})$

$a_1 a_2 \cdots a_{n-3} (a_1 a_2 \cdots a_{n-2} + 1)(a_1 a_2 \cdots a_{n-2} a_{n-1} - 1) \equiv 1 (\bmod\ a_{n-2})$

$a_1 a_2 \cdots a_{n-3} (+1)(-1) \equiv 1 (\bmod\ a_{n-2})$

即 $a_1 a_2 \cdots a_{n-3} \equiv -1 (\bmod\ a_{n-2})$,也即 $a_{n-2} | a_1 a_2 \cdots a_{n-3} + 1$,特别地,可试验取 $a_{n-2} = a_1 a_2 \cdots a_{n-3} + 1$.

由此可想到如下构造:

$a_1 = 2, \quad a_2 = a_1 + 1, \quad a_3 = a_1 a_2 + 1,$
$a_4 = a_1 a_2 a_3 + 1, \quad \cdots, \quad a_{n-1} = a_1 a_2 \cdots a_{n-2} + 1,$
$a_n = a_1 a_2 \cdots a_{n-1} - 1$

下面证明上述构造合乎要求.

考虑 $\bmod\ a_i$,当 $i = n$ 时,要证 $a_1 a_2 \cdots a_{n-1} \equiv 1 (\bmod\ a_n)$.

而由 $a_n = a_1 a_2 \cdots a_{n-1} - 1$,有 $a_1 a_2 \cdots a_{n-1} = a_n + 1$,代入上式(消去 $a_1 a_2 \cdots a_{n-1}$),得

$$a_1 a_2 \cdots a_{n-1} = a_n + 1 \equiv 1 (\bmod\ a_n)$$

此时合乎要求.

当 $1 \leqslant i \leqslant n-1$ 时,要证 $a_1 a_2 \cdots a_{i-1} a_{i+1} \cdots a_n \equiv 1 (\bmod\ a_i)$.

而由 $a_i = a_1 a_2 \cdots a_{i-1} + 1$,有 $a_1 a_2 \cdots a_{i-1} = a_i - 1$,代入上式(消去 $a_1 a_2 \cdots a_{i-1}$),得

$a_1 a_2 \cdots a_{i-1} a_{i+1} \cdots a_n = (a_i - 1) a_{i+1} \cdots a_n$
$= (a_i - 1)(a_1 a_2 \cdots a_i + 1)$
$\cdots (a_1 a_2 \cdots a_{n-2} + 1)(a_1 a_2 \cdots a_{n-1} - 1)$
$\equiv (-1)(+1) \cdots (+1)(-1) = 1 (\bmod\ a_i)$

此时合乎要求.

综上所述,命题获证.

例 5 是否存在无限正整数集合 M,满足如下条件?

(1) 对任何 $A \subseteq M$,$S(A)$ 为合数,其中 $S(A)$ 表示 A 中所有元素的和;

(2) 对任何 a、$b \in M$,有 $(a,b)=1$.

分析与解 假设 $M=\{a_1,a_2,a_3,\cdots\}$ 合乎要求,其中 $a_1<a_2<a_3<\cdots$,我们依次构造 $a_1,a_2,\cdots,a_n$,期望找到函数 f,满足对于 $n \geqslant 2$,有 $a_n=f(a_1,a_2,\cdots,a_{n-1})$.

假定 f 是一个这样的函数,对任何 $A \subseteq M$,设 A 中最大的数为 a_m,则
$$a_m=f(a_1,a_2,\cdots,a_{m-1})$$
记 $S(A\setminus\{a_m\})=s$,则 $S(A)=s+a_m$.

为了使 $S(A)$ 为合数,一个充分条件是 $s \mid a_m$.

再注意到 $s \in [1, a_1+a_2+\cdots+a_{m-1}]$,以 a_m 为最大元的一个最大集合是 $A=\{a_1,a_2,\cdots,a_{m-1}\}$,为了使 $s \mid a_m$,即 $s \mid f(a_1+a_2+\cdots+a_{m-1})$,一个充分条件是:使 f 满足对每个整数 $x \in [1, a_1+a_2+\cdots+a_{m-1}]$,都有
$$x \mid f(a_1+a_2+\cdots+a_{m-1}) \quad (*)$$
这样一来,就必有 $s \mid f(a_1+a_2+\cdots+a_{m-1})=a_m$,从而 $S(A)$ 为合数.

显然,$(*)$ 成立的一个充分条件是
$$f(a_1+a_2+\cdots+a_{m-1})=(a_1+a_2+\cdots+a_{m-1})!$$
由此可见,取 a_1 为合数,对 $n>1$,递归定义:$a_n=(a_1+a_2+\cdots+a_{n-1})!$,则由此构造的集合 $M=\{a_1,a_2,a_3,\cdots\}$ 满足条件(1),但此时 M 不满足条件(2).

实际上,任取 a_i、$a_j \in M(i<j)$,由定义,有 $a_j=(a_1+a_2+\cdots+a_{j-1})!$.

因为 $a_i \leqslant a_1+a_2+\cdots+a_{j-1}$,所以由递归定义,有 $a_i \mid (a_1+a_2+\cdots+a_{j-1})!$,即 $a_i \mid a_j$,从而不满足 $(a_i,a_j) \neq 1$.

下面修改 f 的定义,使 M 也满足条件(2),即 $(a_i,a_j)=1$.

注意到 $a_i \mid a_j$,不妨设 $a_j=ka_i$,由此想到 $(a_i,a_j)=1$ 的一个充

分条件是 $a_j = ka_i \pm 1$, 于是, 将 f 修改为
$$f(a_1 + a_2 + \cdots + a_{m-1}) = (a_1 + a_2 + \cdots + a_{m-1})! + 1$$
则由此构造的集合 M 满足条件(2), 但此时的 M 却不满足条件(1).

对此时的 M, 任取 $A \subseteq M$, 若 $|A| > 1$, 则同上记号, 有 $S(A) = s + a_m$. 于是, 有
$$S(A) = s + a_m = s + (a_1 + a_2 + \cdots + a_{m-1})! + 1$$
$$= (s+1) + (a_1 + a_2 + \cdots + a_{m-1})!$$

为了使 $S(A)$ 为合数, 一个充分条件是 $s+1 \mid (a_1 + a_2 + \cdots + a_{m-1})!$.

但 $s+1$ 有可能大于 $a_1 + a_2 + \cdots + a_{m-1}$, 不一定有 $s+1 \mid (a_1 + a_2 + \cdots + a_{m-1})!$, 可想象, 若将 $s+1$ 改成 $s-1$, 则一定有 $s-1 \mid (a_1 + a_2 + \cdots + a_{m-1})!$. 于是, 将 f 修改为
$$f(a_1 + a_2 + \cdots + a_{m-1}) = (a_1 + a_2 + \cdots + a_{m-1})! - 1$$

最后考虑 A 为 M 的单元子集, 即 $|A|=1$ 的情形, 此时, 有
$$S(A) = a_m = (a_1 + a_2 + \cdots + a_{m-1})! - 1$$
未必是合数. 注意到 $a > 2$ 时, $a^2 - 1 = (a-1)(a+1)$ 为合数, 所以将 f 修改为
$$f(a_1 + a_2 + \cdots + a_{m-1}) = [(a_1 + a_2 + \cdots + a_{m-1})!]^2 - 1$$
即可.

取 $a_1 = 4$, 对 $n > 1$, 递归定义 $a_n = [(a_1 + a_2 + \cdots + a_{n-1})!]^2 - 1$, 下面证明, 这样构造的集合 $M = \{a_1, a_2, a_3, \cdots\}$ 满足条件(1)和(2).

实际上, 任取 $A \subseteq M$, 当 $|A| = 1$ 时, 设 $A = \{a\}$.

若 $a = a_1 = 4$, 则 $S(A) = a_1 = 4$ 为合数;

若 $a = a_i (i > 1)$, 则 $S(A) = a_i = [(a_1 + a_2 + \cdots + a_{n-1})!]^2 - 1$ 为合数.

当 $|A| > 1$ 时, 设 A 中最大的数为 a_m, A 中其他元素的和为 s, 则 $S(A) = s + a_m$.

于是,有

$$S(A) = s + a_m = s + [(a_1 + a_2 + \cdots + a_{n-1})!]^2 - 1$$
$$= (s-1) + [(a_1 + a_2 + \cdots + a_{n-1})!]^2$$

因为 $s \leqslant a_1 + a_2 + \cdots + a_{n-1}$,所以 $s - 1 \mid [(a_1 + a_2 + \cdots + a_{n-1})!]^2$,$S(A)$ 为合数.

所以 M 满足条件(1).

任取 a_i、$a_j \in M (i < j)$,由定义,有 $a_j = [(a_1 + a_2 + \cdots + a_{j-1})!]^2 - 1$,因为 $a_i \leqslant a_1 + a_2 + \cdots + a_{j-1}$,所以 $a_i \mid (a_1 + a_2 + \cdots + a_{j-1})!$,所以 $(a_i, a_j) = (a_i, -1) = 1$,$M$ 满足条件(2).

2.2 逐步扩充步骤

如果我们要确定题中某些对象的性质,可先选取其中少数几个对象确定其性质,然后将这一过程中的相关步骤迁移到其他对象上,便可确定所有对象的性质.

例 1 n 个学生被编号为 $1, 2, \cdots, n$,其中有一些男生,也有一些女生.又在桌面上放有 n 枚硬币,它们也编号为 $1, 2, \cdots, n$,最初的硬币都是正面向上.现在,所有女生都轮流上前翻转一次硬币,规定编号为 k 的女生上前翻转序号为 k 的倍数的硬币各一次.试问:能否根据最终硬币放置的正反状态判别各位同学的性别?

分析与解 从最薄弱的地方突破,找一个翻转次数最少的硬币,看能否由其放置状态确定对应号码学生的性别.

显然,编号为 1 的硬币只能被编号为 1 的女生翻转,所以,如果 1 号硬币正面向上,说明 1 号硬币没有被翻转过,从而 1 号学生为男生,否则 1 号硬币恰被 1 号学生翻转一次,所以 1 号学生为女生.

由此可见,1 号学生的性别可以由最终硬币放置的正反状态来判别,简称 1 号可以判别.

现在逐步扩展到其他编号,考察 2 号学生,因为 1 号学生的性别已经被判别,如果 1 号学生为女生,则 2 号硬币必定被 1 号学生翻转一次,若 2 号硬币最终正面向上,则说明它也被 2 号学生翻转一次(编号大于 2 的学生不能翻转 2 号硬币),从而 2 号学生为女生,否则为男生. 于是,2 号也可以判别.

一般地,假定 $1,2,\cdots,i$ 号都可以判别,考察第 $i+1$ 号学生,假定 $1,2,\cdots,i$ 号学生中有 a 个女生的编号是 $i+1$ 的约数,则 $i+1$ 号硬币恰被 $1,2,\cdots,i$ 号学生中的 a 个女生各翻转一次,于是,这些学生翻转后,可以确定 $i+1$ 号硬币的正反状态. 如果这一状态与最终状态相同,则说明 $i+1$ 号学生没有翻转 $i+1$ 号硬币(编号大于 $i+1$ 的学生不能翻转 $i+1$ 号硬币),从而 $i+1$ 号学生是男生,否则为女生. 由此可见,$i+1$ 号也可以判别.

如此下去,所有学生的性别都可以判别.

例 2(M. Hall 赫尔问题) 求证:存在由不同正整数构成的集合 A,使得任何正整数都可唯一地表成 A 中两数的差.

分析与解 设 $X=\{a_1<a_2<a_3<\cdots\}$ 合乎条件,令 $A_1=\{a_1\}$,$A_2=\{a_1,a_2\}$,$A_3=\{a_1,a_2,a_3\}$,$\cdots$,$A_n=\{a_1,a_2,\cdots,a_n\}$,记 $f(A_n)=\{a_i-a_j\mid 1\leqslant j<i\leqslant n\}$.

从特例开始,取 $a_1=1,a_2=2$,则 $A_2=\{1,2\}$.

因为 $2\notin f(A_2)$,设想 $2\in f(A_3)$,则 $a_3=2+a_i(i=1,2)$,令 $i=2$,则 $a_3=2+a_2=2+2=4$(注意,不能取 $i=1$,否则 $a_3=2+a_1=3$,$1=2-1=3-2$,表法不唯一),所以 $A_3=\{1,2,4\}$.

一般地,构造了 $A_{2n}=\{a_1,a_2,\cdots,a_{2n}\}$,注意到 $a_{2n}\notin f(A_{2n})$,可设想 $a_{2n}\in f(A_{2n+1})$,令 $a_{2n+1}=a_{2n}+a_{2n}$(将最大的数加倍),得 $a_{2n+1}=2a_{2n}$.

再设不属于 $f(A_{2n+1})$ 的最小数是 r_n,令 $r_n\in f(A_{2n+2})$,可取 $a_{2n+2}=r_n+a_{2n+1}$(将最大的数增加未表出的最小数),结合 $a_{2n+1}=$

$2a_{2n}$,得到数列 A:

$$a_1, a_2, \cdots, a_{2n}, a_{2n+1} = 2a_{2n}, a_{2n+2} = r_n + a_{2n+1}, \cdots$$

考察 $f(A_3) = \{1, 2, 3\}$,则 4 是不属于 $f(A_3)$ 的最小数,令 $a_4 = 4 + a_3 = 4 + 4 = 8$,所以 $A_4 = \{1, 2, 4, 8\}$,又 $a_{2n+1} = 2a_{2n}$,得 $A_5 = \{1, 2, 4, 8, 16\}$.

考察 $f(A_5) = \{1, 2, 3, 4, 6, 7, 8, 12, 14, 15\}$,则 5 是不属于 $f(A_5)$ 的最小数,令 $a_6 = 5 + a_5 = 5 + 16 = 21$,所以 $A_6 = \{1, 2, 4, 8, 16, 21\}$,又 $a_{2n+1} = 2a_{2n}$,得 $A_7 = \{1, 2, 4, 8, 16, 21, 42\}$.

此构造具有下列性质:

(1) 小于 r_n 的数都属于相应的 $f(A_{2n+1})$,这由 r_n 的最小性直接给出.

(2) 由 a_{2n+2} 的定义,有 $r_n = a_{2n+2} - a_{2n+1}$,所以 $r_n \in f(A_{2n+2})$. 所以一切不大于 r_n 的数都属于 X.

类似地定义 r_{n+1},则 r_{n+1} 不属于 $f(A_{2n+3})$,当然不属于 $f(A_{2n+1})$,由 r_n 的最小性,有 $r_n \leq r_{n+1}$. 若 $r_n = r_{n+1}$,则

$$r_{n+1} = r_n \in f(A_{2n+2}) \subseteq f(A_{2n+3})$$

与 $r_{n+1} \notin f(A_{2n+3})$ 矛盾,所以 $r_n < r_{n+1}$,从而数列 $\{r_n\}$ 为严格递增的正整数数列.

对任何自然数 p,必存在自然数 N,使 $p \leq r_n$,所以 p 属于相应的 $f(A_{2n+1})$,于是,所有自然数都可表成 A 中两个数的差.

下面证明表出的唯一性.

首先,数列 $\{a_n\}$ 是严格递增的.实际上,$a_2 > a_1$,$a_{2n+1} = 2a_{2n} > a_{2n}$,$a_{2n+2} = r_n + a_{2n+1} > a_{2n+1}$.

反设有自然数 $p = a_i - a_j = a_s - a_t (j < i, t < s, i < s)$,由 $s > i > j$,知 $s \geq 3$.

若 s 为奇数,令 $s = 2n + 1$,则

$$a_{2n+1} = a_s = a_t + a_i - a_j < a_t + a_i \leq a_{s-1} + a_{s-1}$$

$$= 2a_{s-1} = 2a_{2n} = a_{2n+1}$$

矛盾. 所以 s 为偶数, 令 $s = 2n+2$.

(1) 若 $t = 2n+1$, 则

$$a_i - a_j = a_s - a_t = a_{2n+2} - a_{2n+1} = r_n = a_t - a_j$$

但 $j < i \leqslant s-1$, 于是 $r_n \in f(A_{s-1}) \subseteq f(A_{2n+1})$, 与 r_n 的定义矛盾.

(2) 若 $t < 2n+1, i = 2n+1$, 则

$$a_t - a_j = a_s - a_i = a_{2n+2} - a_{2n+1} = r_n$$

但 $t < j \leqslant 2n$, 于是 $r_n \in f(A_{2n}) \subseteq f(A_s)$, 与 r_n 的定义矛盾.

(3) 若 $t < 2n+1, i < 2n+1$, 则

$$a_{2n+2} = a_s = a_t + a_i - a_j < a_t + a_i \leqslant 2a_{2n} = a_{2n+1}$$

矛盾.

综上所述, 命题获证.

例 3(清华大学自主招生试题) 求出所有由正整数组成的集合 S, 使 S 中各元素的和等于各元素的积.

分析与解 设 $S = \{a_1, a_2, \cdots, a_n\}$ 是合乎条件的集合, 则

$$a_1 a_2 \cdots a_n = a_1 + a_2 + \cdots + a_n \qquad (1)$$

凭直觉, n 不能太大, 这可从正面估计 n 的范围: 期望 $n \geqslant k$ (k 待定)时, 有

$$a_1 a_2 \cdots a_n > a_1 + a_2 + \cdots + a_n \qquad (2)$$

则(2)与(1)矛盾, 从而 $n < k$.

证明不等式(2)的基本想法是, 从"积" $a_1 a_2 \cdots a_n$ 开始, 通过放缩变形, 逐步分离出 $a_1 + a_2 + \cdots + a_n$.

先考虑如何分离出 a_n, 即证明:

$$a_1 a_2 \cdots a_n > a_1 a_2 \cdots a_{n-1} + a_n \qquad (3)$$

这等价于 $a_1 a_2 \cdots a_n - a_1 a_2 \cdots a_{n-1} - a_n > 0$, 也等价于 $a_1 a_2 \cdots a_{n-1} \cdot (a_n - 1) - a_n > 0$. 假定 $n - 1 \geqslant 2$, 则 $a_1 a_2 \cdots a_{n-1} \geqslant 1 \cdot 2 = 2$, 于是只需 $2(a_n - 1) - a_n > 0$, 即 $a_n - 2 > 0$, 这显然成立.

于是,只要 $n \geq 3$,则不等式(3)成立.

如此下去(将上述步骤扩充到整体),我们有
$$a_1 a_2 \cdots a_n > a_1 a_2 \cdots a_{n-1} + a_n > a_1 a_2 \cdots a_{n-2} + a_{n-1} + a_n > \cdots$$
$$> a_1 a_2 + a_3 + a_4 + \cdots + a_{n-1} + a_n$$

至此,期望有 $a_1 a_2 \geq a_1 + a_2$,则得到(2).但此不等式只有在 $a_1 \geq 2$ 时才成立,所以分情况讨论如下:

(1) 若 $a_1 \geq 2$,则 $a_2 \geq 3$,有
$$a_1 a_2 - a_1 - a_2 = (a_1 - 1)(a_2 - 1) - 1 \geq 1 \cdot 2 - 1 = 1$$
所以 $a_1 a_2 \geq a_1 + a_2 + 1$,所以
$$a_1 a_2 \cdots a_n > a_2 + a_3 + a_4 + \cdots + a_n \geq a_1 + a_2 + a_3 \cdots + a_n$$
矛盾.

(2) 若 $a_1 = 1$,则 $a_2 \geq 2, a_3 \geq 3$,同上,$a_2 a_3 \geq a_2 + a_3 + 1$,所以
$$a_1 a_2 a_3 \geq a_1 a_2 + a_1 a_3 + a_1 = a_1 + a_2 + a_3$$
所以当 $n \geq 4$ 时,有
$$a_1 a_2 \cdots a_n > a_1 a_2 a_3 + a_4 + \cdots + a_n \geq a_1 + a_2 + a_3 + \cdots + a_n$$
矛盾.

当 $n = 3$ 时,$a_1 + a_2 + a_3 = a_1 a_2 a_3 \geq a_1 + a_2 + a_3$,从而上述所有不等式等号成立,所以 $a_1 = 1, a_2 = 2, a_3 = 3$,得唯一合乎条件的集合 $S = \{1, 2, 3\}$.

当 $n = 2$ 时,若 $a_1 = 1$,则 $a_1 a_2 = a_2 < a_1 + a_2$,矛盾.若 $a_2 \geq 2$,则同上,$a_1 a_2 \geq a_1 + a_2 + 1 > a_1 + a_2$,矛盾.所以 $n = 2$ 时不存在合乎条件的集合 S.

当 $n = 1$ 时,对任何正整数 a,$S = \{a\}$ 合乎条件.

综上所述,$S = \{1, 2, 3\}$ 或者 $S = \{a\}$,其中 $a \in \mathbf{N}^+$.

例 4(第 29 届 IMO 预选题) 设 $\vec{u}_1, \vec{u}_2, \cdots, \vec{u}_m$ 是平面上 m 个向量,每个向量的长度不超过 1,且 $\vec{u}_1 + \vec{u}_2 + \cdots + \vec{u}_m = \vec{0}$.求证:可以将 $\vec{u}_1, \vec{u}_2, \cdots, \vec{u}_m$ 重新排列为 $\vec{v}_1, \vec{v}_2, \cdots, \vec{v}_m$,使 $\vec{v}_1, \vec{v}_1 + \vec{v}_2, \vec{v}_1 + \vec{v}_2 +$

$\vec{v_3}, \cdots, \vec{v_1} + \vec{v_2} + \cdots + \vec{v_m}$ 的长度都不超过 $\sqrt{5}$.

分析与证明 采用逐步扩充策略,假定排好了 $\vec{v_1}, \vec{v_2}, \cdots, \vec{v_{k-1}}$,使 $\vec{v_1}, \vec{v_1}+\vec{v_2}, \vec{v_1}+\vec{v_2}+\vec{v_3}, \cdots, \vec{v_1}+\vec{v_2}+\cdots+\vec{v_{k-1}}$ 的长度都不超过 $\sqrt{5}$,我们要证明,剩下的向量中必存在一个向量 $\vec{v_k}$,使 $\vec{v_1}+\vec{v_2}+\cdots+\vec{v_k}$ 的长度也不超过 $\sqrt{5}$.

设 $\vec{v_j} = x_j + \mathrm{i} y_j (j=1,2,\cdots,m)$,则由于每个向量长度不超过 1,且其和为 0,有

$|x_j| \leqslant 1$ ($j=1,2,\cdots,m$), $x_1 + x_2 + \cdots + x_m = 0$

$|y_j| \leqslant 1$ ($j=1,2,\cdots,m$), $y_1 + y_2 + \cdots + y_m = 0$

注意到

$$|\vec{v_1} + \vec{v_2} + \cdots + \vec{v_k}|^2 = (x_1 + x_2 + \cdots + x_k)^2 + (y_1 + y_2 + \cdots + y_k)^2$$

于是,要估计 $|x_1 + x_2 + \cdots + x_k|$ 的大小,由此发现如下引理.

引理 设 $x_1, x_2, \cdots, x_m$ 为实数,$|x_j| \leqslant 1 (j=1,2,\cdots,m)$,$x_1 + x_2 + \cdots + x_m = 0$,则可以将 $x_1, x_2, \cdots, x_m$ 重新排列为 $t_1, t_2, \cdots, t_m$,使 $t_1, t_1+t_2, \cdots, t_1+t_2+\cdots+t_m$ 的绝对值都不超过 1.

实际上,任意取定 t_1,设已选取了 $t_1, t_2, \cdots, t_j$,使 $|t_1+t_2+\cdots+t_j| \leqslant 1$,由于 $x_1+x_2+\cdots+x_m=0$,从而存在 $x_k \in \{x_1, x_2, \cdots, x_m\} \setminus \{t_1, t_2, \cdots, t_j\}$,使 $x_k(t_1+t_2+\cdots+t_j) \leqslant 0$.

又 $|x_k| \leqslant 1$,所以 $|x_k + t_1 + t_2 + \cdots + t_j| \leqslant \max\{|x_k|, |t_1+t_2+\cdots+t_j|\} \leqslant 1$,于是,令 $t_{j+1} = x_k$ 即可.

回到原题:任取一个向量 $\vec{u_1}$ 为 $\vec{v_1}$,则 $\vec{v_1}$ 的长度显然不超过 $\sqrt{5}$,排法合乎要求.

假定按要求排好了 $\vec{v_1}, \vec{v_2}, \cdots, \vec{v_{k-1}}$,令 $\vec{p} = \vec{v_1} + \vec{v_2} + \cdots + \vec{v_{k-1}}$,现在要取 $\vec{v_k}$,使 $\vec{p} + \vec{v_k}$ 的长度不超过 $\sqrt{5}$.

因为 $x_1 + x_2 + \cdots + x_m = 0$,对于已排好的向量列 $\vec{v_1}, \vec{v_2}, \cdots$,

$\overrightarrow{v_{k-1}}$,可在剩下的向量中选取$\overrightarrow{v_k}$,可使 $x_1+x_2+\cdots+x_k$ 的长度不超过1.比如,如果 $x_1+x_2+\cdots+x_{k-1}\geqslant 0$,则在 y 轴左边任取一个向量作为$\overrightarrow{v_k}$;如果 $x_1+x_2+\cdots+x_{k-1}<0$,则在 y 轴右边任取一个向量作为$\overrightarrow{v_k}$,则有$|x_1+x_2+\cdots+x_k|\leqslant 1$,这样,有

$$|\overrightarrow{v_1}+\overrightarrow{v_2}+\cdots+\overrightarrow{v_k}|^2=(x_1+x_2+\cdots+x_k)^2$$
$$+(y_1+y_2+\cdots+y_k)^2$$
$$\leqslant 1+(y_1+y_2+\cdots+y_k)^2\leqslant ?$$

下面要估计$|y_1+y_2+\cdots+y_k|$的大小,但按上面的方法,在保证$|x_1+x_2+\cdots+x_k|\leqslant 1$时,并不能同时保证$|y_1+y_2+\cdots+y_k|$也不超过1,于是想到将 $y_1,y_2,\cdots,y_k$ 分为两部分,一部分是位于 y 轴左边的向量(即横坐标小于 0 的向量),另一部分是位于 y 轴右边的向量(即横坐标大于 0 的向量),我们可适当选取坐标系,使 y 轴上没有向量.

不妨设 y 轴左边向量的纵坐标为 $y_1,y_2,\cdots,y_s$,y 轴右边向量的纵坐标为 $y_{s+1},y_{s+2},\cdots,y_m$,我们希望利用引理证明:可以适当排列向量$\overrightarrow{v_1},\overrightarrow{v_2},\cdots,\overrightarrow{v_m}$,既使所有$|x_1+x_2+\cdots+x_k|\leqslant 1(k=1,2,\cdots,m)$,又使 $y_1,y_1+y_2,\cdots,y_1+y_2+\cdots+y_s$ 的绝对值都不超过1,$y_{s+1},y_{s+1}+y_{s+2},\cdots,y_{s+1}+y_{s+2}+\cdots+y_m$ 的绝对值都不超过1,这就需要满足引理的要求:$y_1+y_2+\cdots+y_s=0, y_{s+1}+y_{s+2}+\cdots+y_m=0$.于是,我们要适当选择坐标系,使左右两边向量的纵坐标的和分别为 0,这只需取所有向量中其模最大的一个"和"(记为$\vec{a}$)的方向为 x 轴的正方向即可.

实际上,容易发现,此时 y 轴上没有向量,且 $\vec{a}$ 是 $M=\{\overrightarrow{u_1},\overrightarrow{u_2},\cdots,\overrightarrow{u_m}\}$ 中位于右半平面内所有向量的和.

这是因为,左半平面内的向量$\overrightarrow{u_j}$与$\vec{a}$的夹角为钝角,减去$\overrightarrow{u_j}$使$|\vec{a}|$增大;右边的向量$\overrightarrow{u_j}$与$\vec{a}$的夹角为锐角,加上$\overrightarrow{u_j}$使$|\vec{a}|$增大;y 轴上向量$\overrightarrow{u_j}$与$\vec{a}$的夹角为直角,如果$\vec{a}$中含有$\overrightarrow{u_j}$,则减去$\overrightarrow{u_j}$使$|\vec{a}|$增

大. 如果 $\vec{a}$ 中不含 $\vec{u_j}$, 则加上 $\vec{u_j}$ 使 $|\vec{a}|$ 增大.

由 $\vec{a}$ 的纵坐标为 0, 知右半平面内纵坐标和为 0, 从而左半平面内纵坐标和也为 0.

于是, 由引理, 可适当排列向量列 $\vec{v_1}, \vec{v_2}, \cdots, \vec{v_{k-1}}, \vec{v_k}$, 使 $|x_1 + x_2 + \cdots + x_k| \leqslant 1$, $|y_1 + y_2 + \cdots + y_s| \leqslant 1$, $|y_{s+1} + y_{s+2} + \cdots + y_k| \leqslant 1$, 这样, 有

$$\begin{aligned}
&|\vec{v_1} + \vec{v_2} + \cdots + \vec{v_k}|^2 \\
&= (x_1 + x_2 + \cdots + x_k)^2 + (y_1 + y_2 + \cdots + y_k)^2 \\
&\leqslant 1 + |y_1 + y_2 + \cdots + y_k|^2 \\
&\leqslant 1 + (|y_1 + y_2 + \cdots + y_s| + |y_{s+1} + y_{s+2} + \cdots + y_k|)^2 \\
&\leqslant 1 + 2^2 = 5
\end{aligned}$$

命题获证.

例 5(2007 年保加利亚国家数学奥林匹克冬季试题改编) 在 $n \times n$ 的方格棋盘中布雷, 然后每个方格都填上它附近方格(与其至少有一个公共顶点的方格, 包括其本身)布雷的总个数. 试问: 是否可以根据这些数目确定哪些方格中布了雷?

分析与解 记棋盘第 i 行、第 j 列的格为 (i, j), 其所填的数为 $a(i, j)$, 该格中雷的个数为 $x(i, j)$. 如果能够确定某个方格内布雷的数目(包括未布雷), 则称该格可以确定. 如果棋盘的每个方格都可以确定, 则称该棋盘可以确定. 显然, 可以根据方格中的数目确定哪些方格中布了雷的一个充分条件是棋盘可以确定.

先考察特例. 当 $n = 1$ 时, 1×1 的棋盘显然可以确定, 因为唯一的数字就是该格中的雷数.

当 $n = 2$ 时, 稍作分析即可发现, 2×2 的棋盘雷阵不可以确定. 比如, 我们有如下两种不同的布雷方式(图 2.1), 而两种方式中各格内的填数都是 1.

当 $n = 3$ 时, 依题意, 有

$$a(1,1) = x(1,1) + x(1,2) + x(2,1) + x(2,2)$$
$$a(2,1) = x(1,1) + x(1,2) + x(2,1) + x(2,2)$$
$$+ x(3,1) + x(3,2)$$

以上两式相减,得
$$a(2,1) - a(1,1) = x(3,1) + x(3,2) \qquad ①$$

类似可得
$$a(2,2) - a(1,2) = x(3,1) + x(3,2) + x(3,3) \qquad ②$$

②－①,得
$$x(3,3) = a(2,2) + a(1,1) - a(1,2) - a(2,1)$$

所以格(3,3)被确定.

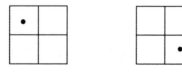

图 2.1

再由对称性,4 个角上的格(1,1),(3,1),(1,3),(3,3)都能被确定.

将 $x(3,1)$ 的值代入①,可知格(3,2)被确定,由对称性,格(2,3),(1,2),(2,1)都能被确定.至此,由
$$a(2,2) = x(1,1) + x(1,2) + x(1,3) + x(2,1)$$
$$+ x(2,2) + x(3,1) + x(3,2) + x(3,3)$$

可知格(2,2)被确定,从而 3×3 棋盘可以被确定.

将这一局部区域扩展,不难发现,当 $n \equiv 0 \pmod{3}$ 时,$n \times n$ 棋盘可以被确定.

实际上,先考察左上角的 3×3 棋盘,因为上述推导没有用到第 3 行中的格的标数 $a(3,j)$,于是,将前 3 列分割为若干个 3×3 子棋盘,则每个 3×3 子棋盘被确定.于是,前 3 列构成的 $n \times 3$ 子棋盘被

确定.

因为上述推导也没有用到第3列中的格的标数 $a(i,3)$,将整个棋盘分割为若干个 $n\times 3$ 的子棋盘,则每个 $n\times 3$ 的子棋盘都被确定.于是,整个 $n\times n$ 棋盘都被确定.

当 $n=4$ 时,仿照上面的推导,因为上述推导没有用到第3行中的格的标数 $a(3,j)$,也没有用到第3列中的格的标数 $a(i,3)$,从而同样可知,左上角的 3×3 的子棋盘可以被确定.

而对于棋盘边界的一行(列),由填数法则可知,当与其相邻的连续两行(列)被确定时,该行(列)也可以被确定,于是,4×4 棋盘可以被确定.

由此可知,当 $n\equiv 1\pmod 3$ 时,$n\times n$ 棋盘可以被确定.

实际上,先考察左上角的 $(n-1)\times(n-1)$ 子棋盘,仿照上面的推导,它可以被确定.又对于棋盘边界的一行(列),由填数法则可知,当与其相邻的连续两行(列)被确定时,该行(列)也可以被确定,于是,整个 $n\times n$ 棋盘被确定.

当 $n=5$ 时,稍作分析即可发现,5×5 的棋盘雷阵不可以确定.比如,我们有如下两种不同的布雷方式(图 2.2),而两种方式中各格内的填数都是 1.

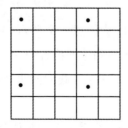 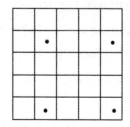

图 2.2

将这一局部区域扩展,不难发现,当 $n\equiv -1\pmod 3$ 时,$n\times n$ 棋盘雷阵不可以确定.

实际上,我们有如下两种不同的布雷方式:第一种方式是在所有满足 $i \equiv j \equiv 1 \pmod 3$ 的格 (i,j) 中布一个雷;第二种方式是在所有满足 $i \equiv j \equiv -1 \pmod 3$ 的格 (i,j) 中布一个雷,而两种方式中各格内的填数都是 1.

综上所述,当且仅当 $n \equiv 0、1 \pmod 3$ 时,$n \times n$ 棋盘雷阵可以确定.

例 6(第 32 届 IMO 试题) 设 G 是有 k 条边的连通图,用 $1, 2, \cdots, k$ 给各边编号,求证:可以使至少引出两条边的顶点引出的边上编号的最大公约数为 1.

分析与证明 如果一个顶点引出的边上编号的最大公约数为 1,则称其为"好点",我们要证明存在一种编号,使所有点都是好点.

先考察一种特殊情况:最简单的连通图是"链".对于链,只需依次将各边编号为 $1, 2, \cdots, k$ 即可,这是因为:除首尾两个节点外,其他节点引出的两条边的编号是两个连续的自然数,当然互质,而首尾两个节点都只引出一条边,从而编号合乎要求.

进一步,一个圈也可按类似的方法编号.

再进一步,如果图由两个圈构成,则可先将一个圈按上述方法编号,由于图是连通的,另一个圈必有一条边与前一个圈的一条相邻,再从此边出发按上述方法编号即可.

一般地,我们可这样对图的边编号:从任意一个节点 A_1 出发,沿着边前进,直至不能再前进为止,设最后到达的位置为 A_2.按所通过边的先后次序,将各边依次编号为 $1, 2, \cdots, r_1$.我们证明:所通过的所有点都是好的.

实际上,考察所通过的任意一个点 P.若 $P = A_1$,则 P 有一条边编号为 1,P 是好的;若 $P = A_2$,则因为到达 A_2 后不能再前进,要么 A_2 只引出了一条边,要么它至少引出两条边,则必有两条边被编号为连续的自然数,所以 P 是好的. 对于 P 的其他情形,P 在编号中至少有从它引出的两条边被编号为连续的自然数,所以 P 是好的.

如果所有的边都已编号,则结论成立;若还有一些边没有编号,但图是连通的,剩下的边必有一条与已编号的边相邻.再从这条边出发,沿边前进,直至不能再前进为止,设此时到达的点为 A_3.同样,按通过边的先后次序将各边依次编号为 $r_1+1, r_1+2, \cdots, r_2$.我们证明:第二次编号后,先后两次通过的所有点都是好的.实际上,考察第一次通过的点中的任意一个点 Q.如果 $Q=A_1$,则 Q 引出的边中有一条被编号1,从而 Q 是好的.如果 $Q=A_2$,由于第一次编号到达 Q 后不能再前进,所以第二次编号没有编 Q 引出的边.所以,Q 仍然是好的.对于 Q 的其他情形,Q 在第一次编号中至少有它引出的两条边被编号为连续的自然数,所以,Q 仍是好的.对于第二次编号中新通过的顶点 Q,若 $Q=A_3$,则因为到达 A_3 后不能再前进,要么 A_3 只引出了一条边,要么它至少引出两条边,且有两条边被编号为连续的自然数,所以,Q 是好的.对于 Q 的其他情形,Q 在第二次编号中至少有它引出的两条边被编号为连续的自然数,所以 Q 是好的.

如果所有的边都已编号,则结论成立;若还有一些边没有编号,则继续上述工作,直至所有的边都编上号,故命题成立.

例7(第21届全苏数学奥林匹克试题) 设凸多面体的每个面都是三角形,求证:可以将它的每条棱染红、蓝之一,使得从一个点到任何一个点都可只走红边,也可只走蓝边.

分析与解 因为每个面都是三角形,我们可一个面一个面地染色,逐步构造出合乎条件的染色.

先考虑从以 A 为公共顶点的所有面三角形的边染色,使这些面的边构成的子图染色合乎要求.

设点 A 引出 t 个面三角形 $AA_iA_{i+1}(i=1,2,\cdots,t)$,不妨设由 A 走红边到达 A_1,再由 A_1 走红边到达 A_2,由 A_2 走红边到达 A_3……最后由 A_{t-1} 走红边到达 A_t,此外,A 要能走蓝边到达它的所有邻点

$A_1, A_2, \cdots, A_t$，则只能是 $AA_2, AA_3, \cdots, AA_t$ 都是蓝边，又 A_1 要能走蓝边到达 A_t，于是 A_1A_t 是蓝边，至此，对任何点 A_i、$A_j(i<j)$，A_i 显然可走红边到达 A_j，又 A_i 可走蓝边到达 A_2，从而可走蓝边到达 A_j，染色合乎要求（图 2.3）.

现在来染其他的面，设已染色的面（各边都已染色的面）的边的集合为 X，考察至少有一条边在 X 中的面 $\triangle PQR$，如果 $\triangle PQR$ 已有两条边被染色，则 P、Q、R 都是 X 中的边的顶点，这些顶点之间可以两色连通，于是第三边任染一色，这些顶点之间仍可以两色连通（没有增加新顶点）；若 $\triangle PQR$ 仅有一条边已被染色，设 PQ 已染色，则 P、Q 是 X 中的边的顶点，只有点 R 不是 X 中的边的顶点，则将 $\triangle PQR$ 剩下的两条边各染一色，染色后，点 R 与 X 中的边的所有顶点都可以两色连通，从而染色仍合乎要求.

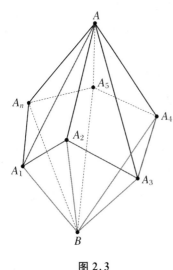

图 2.3

如此下去，直至所有面的边都被染色为止.

例 8（2005 年日本数学奥林匹克试题） 假设你是某公司的一名经理，仅有 10 位员工和 10 项任务，你得分配一位员工去完成其中一项任务. 对每项任务，每个员工都对之有一个热情和能力的参数.

如果某个员工 A 对任务 u 的热情高于任务 v，而你把任务 u 交给一个对此任务能力低于 A 的员工去完成，而让 A 完成任务 v，则员工 A 将会不满意.

此外，当你分配完所有任务后，假设还存在另一种分配方案，使得每一项任务都是由能力高于原方案中该任务的完成者来完成，则总经理将会生气.

试证:存在一种分配方案,使所有员工都满意,而且总经理不会生气.

分析与证明　自然想法是,采用逐步扩充的策略.先考虑能力指标,对任务总是先考虑安排能力最强的人完成(以保证总经理不生气).但这样的安排可能使有的人不满意.比如:前面接受任务的人,可能对最后一项任务更有热情而且能力更强,因此,还要考虑其热情指标,适当进行调整.

关键是要给出一个调整的法则,为叙述问题方便,当考虑是否安排某人接受某项任务时,我们称将该人与该任务匹配.调整的具体的操作如下:

每次任取一项目前还无人接受的任务 u,在未与此任务匹配的所有员工中,将最有能力完成 u 的人 A 与之匹配,根据如下 3 种情况来确定是否安排 A 完成任务 u.

(1) 如果员工 A 还没有接受其他任务,则将 u 安排给 A.

(2) 如果员工 A 已接受另一任务 v,但 A 对 u 的热情高于对 v 的热情,则让 A 放弃 v,将 u 安排给 A,这样一来,v 又变成目前还无人接受的任务.

(3) 如果员工 A 已接受另一任务 v,但 A 对 u 的热情低于对 v 的热情,则让 A 放弃 u,仍将 v 安排给 A,这样一来,u 仍是目前还无人接受的任务.

如此下去,由于一个任务被安排后,以后可能还会作调整,因而一个任务可能要与多人进行匹配,但不会将一项任务对同一员工进行两次匹配,所以这一匹配过程必定结束,此时不存在目前还无人接受的任务,即所有任务都被安排完毕.

下面证明,这样的安排合乎要求.

首先证明,所有员工都满意.

实际上,对每一个任务 u,你总是先问能力最强的人,除非他对其他任务更有热情,否则总是安排他去完成 u,所以没有员工不满意.

其次证明,总经理不会生气.

实际上,考察上述安排中最后接受任务的一个人 A,则从未让 A 放弃过任何任务,假定 A 接受的是任务 u. 现在考虑任何另一种方案,假定其中 A 接受的是任务 v.

如果 v=u,则总经理不会生气.

如果 v≠u,由于 u 是你的方案中最后一个任务,v 在以前被考察,且 v 没有被留到最后,从而 v 已经被安排一个人 B 去完成,此人对于 v 的能力高于 A,所以总经理不会生气.

综上所述,命题获证.

2.3 逐步扩充范围

假定我们要寻找具有某种性质 p 的某个区域,我们先构造一个范围较小的区域 A,使其具有题目要求的性质 p,然后将 A 的范围不断扩大,并保持性质 p 不变,直至区域 A 满足题目要求.

例1(2006 年俄罗斯数学奥林匹克试题) 用数字 1,2,3,4 对无穷大的方格棋盘的每个单位小方格编号,使每一个格编上其中一个数字,且 1,2,3,4 这四个数字都至少出现一次.如果一个方格的编号恰好是它邻格(有公共边)中不同编号的个数,则称该方格是好的.试问:是否存在一种编号方法,使所有方格都是好的?

分析与解 假设存在合乎条件的编号方法,考虑极端数字 1 和 4,其中"1"周围 4 个数字全相同,"4"周围 4 个邻的编号互不相同,从而"4"周围的编号是 1,2,3,4 的一个排列.

考察某个填 4 的格,其周围 4 个邻格按逆时针方向排列为 A、B、C、D(图 2.4),则 A、B、C、D 中的编号是 1,2,3,4 的排列.

不妨设 $A=4$,则 $B\neq1$. 否则 B 周围只有一种编号,从而 B 周围都是 4,这导致 A 周围有两个 4. 但由 $A=4$ 知,A 周围的编号是 1,2,3,4 的排列,矛盾.

所以 $B\neq1$,由对称性,$D\neq1$,于是 $C=1$,由此可知,C 周围只有一种编号,但 C 左边为 4,从而 C 周围都是 4.

考察 C 上方的一个 4,它周围是 1,2,3,4 的排列,因为 D 周围已有两个 4,从而 $D\leqslant3$,即 $D\neq4$,同理,$F\neq4$,于是只能是 $E=4$.

		$E=4$	
	D	4	F
$A=4$	4	$C=1$	4
	B	4	

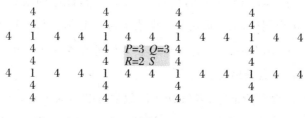

图 2.4

如此下去,可知表中 4 和 1 的排列方式如图 2.5 所示,剩下未确定填数的格组成若干个 2×2 正方形.

	4			4			4			4		
	4			4			4			4		
4	1	4	4	1	4	4	1	4	4	1	4	4
	4			4	$P=3$	$Q=3$	4			4		
	4			4	$R=2$	S	4			4		
4	1	4	4	1	4	4	1	4	4	1	4	4
	4			4			4			4		
	4			4			4			4		

图 2.5

考察其中一个 2×2 正方形,设它的 4 个格依次为 P、Q、R、S,显然 P、Q、R、S 都不能为 4.

如果 $P=1$,则 P 周围都是 4,从而 $R=4$,矛盾,所以,$P\neq1$,由对称性,P、Q、R、S 都不能为 1,于是,P、Q、R、$S\in\{2,3\}$.

如果 $P=3$,由于 P 周围已有两个 4,从而 P 周围另外两个格分别填 2 和 3,不妨设 $R=2$,$Q=3$. 由 $R=2$,知 R 周围只能是 4 和 3,所以 $S=3$,但此时,Q 周围只有 3 和 4,与 $Q=3$ 矛盾.

所以 $P\neq3$,由对称性,P、Q、R、S 都不能为 3,于是,$P=Q=R=S=2$,这样一来,棋盘中没有 3,矛盾.

综上所述,不存在合乎条件的编号方法.

例2(原创题) 设 n 为正整数,求证:可在 $(12n+5)\times(12n+5)$ 方格棋盘的每个方格中填一个数,使这些数不全为0,且每个方格中填的数都等于它的邻格(具有公共边)所填的数的和.

分析与证明 先考察一个局部:$1\times(12n+5)$ 方格棋盘,此时,设 $12n+5$ 个方格中填的数依次为 $a_1,a_2,\cdots,a_{12n+5}$.

因为第一个方格只有唯一的邻格,所以第一个方格中的数必定等于第二个方格中的数,不妨设 $a_1=a_2=1$,则由 $a_2=a_1+a_3$,得 $a_3=a_2-a_1=1-1=0$.

进而 $a_4=a_3-a_2=0-1=-1$,$a_5=a_4-a_3=-1-0=-1$,如此下去,可得 $(a_1,a_2,\cdots,a_{12n+5})=(1,1,0,-1,-1,0,1,1,0,-1,-1,0,\cdots,1,1,0,-1,-1,0,1,1,0,-1,-1)$,此序列以6为周期,包含有 $2n$ 个周期,从而最后5个项依次为 $1,1,0,-1,-1$. 于是,对 $1\leqslant i\leqslant 12n+5$,都有 $a_i=a_{i-1}+a_{i+1}$,其中补充规定 $a_0=a_{12n+6}=0$,从而第一行填数满足要求.

将上述数表扩充为 $2\times(12n+5)$ 数表,此时,为了使第一行中的数不作任何变动,在 $2\times(12n+5)$ 方格棋盘中仍然适用,可将第二行中每个方格都填0.

现在,再将上述数表扩充为 $(12n+5)\times(12n+5)$ 数表,此时,棋盘前两行中每个方格的数都已确定,而从第三行起,每一行所填的数可由前两行所填的数唯一确定.

实际上,考察第三行任意一个格,设其填数为 x,设第一、二行与 x 同列的格填的数分别为 a、b,由于第二行全为0,从而 $b=0$. 又 b 的同行的邻格都填0,从而 $b=a+x$,于是,$x=b-a=-a$.

由 x 的任意性可知,第三行所填的数是第一行对应格所填的数的相反数.

再考察第四行任意一个格,设其填数为 y,第二、三行与 y 同列的格填的数分别为 c、d. 由于第二行全为0,从而 $c=0$. 又第三行所填的数是第一行对应格所填的数的相反数,从而第三行的每一个数都等于它同行的邻格的数的和,于是,$c+y=0$,所以,$y=-c=0$.

由 y 的任意性可知,第四行所填的数都是零.

如此下去,设第一行每个方格所填的数构成序列$(a_1,a_2,\cdots,a_{12n+5})$,则各行方格所填的数构成的序列依次为

$(a_1,a_2,\cdots,a_{12n+5}),(0,0,0,\cdots,0),(-a_1,-a_2,\cdots,-a_{12n+5})$,
$(0,0,\cdots,0),(a_1,a_2,\cdots,a_{12n+5}),(0,0,0,\cdots,0),(-a_1,-a_2,\cdots,$
$-a_{12n+5}),(0,0,\cdots,0),(a_1,a_2,\cdots,a_{12n+5}),\cdots$.

现在,再将上述数表扩充为$(12n+5)\times(12n+5)$数表,此时,棋盘前两行中每个方格的数都已确定,而从第三行起,按下述规则,每一行所填的数可由前两行所填的数唯一确定:对每一列,设从上至下所填的数依次为 $x_1,x_2,\cdots,x_{12n+5}$,则对 $3\leqslant j\leqslant 12n+5$,若 j 为奇数,则取 $x_j=-x_{j-2}$;若 j 为偶数,则取 $x_j=0$.

设第一行每个方格所填的数构成序列$(a_1,a_2,\cdots,a_{12n+5})$,则按上述规则,各行方格所填的数构成的序列依次为

$(a_1,a_2,\cdots,a_{12n+5}),(0,0,0,\cdots,0),(-a_1,-a_2,\cdots,-a_{12n+5})$,
$(0,0,\cdots,0),(a_1,a_2,\cdots,a_{12n+5}),(0,0,0,\cdots,0),(-a_1,-a_2,\cdots,$
$-a_{12n+5}),(0,0,\cdots,0),(a_1,a_2,\cdots,a_{12n+5}),\cdots$.

考察数表的第 $j(1\leqslant j\leqslant 12n+5)$ 列,从上至下各方格所填的数构成的序列为$(a_j,0,-a_j,0,a_j,0,-a_j,0,\cdots,a_j,0,-a_j,0,a_j)$,此序列以 4 为周期,包含有 $3n+1$ 个周期,从而最后一个项为 a_j.

现在,我们证明上述数表合乎要求.实际上,考察上述数表中任何一个数 x,如果 x 在第偶数行,则 $x=0$,此时 x 上方和下方两个方格所填的数互为相反数,而 x 左边和右边两个方格所填的数都为 0,从而 x 等于它所在方格的所有邻格所填的数的和.

如果 x 在第奇数行,则 x 上方和下方两个方格所填的数都为 0,而第奇数行所填的数要么与第一行所填的数完全相同,要么是第一

行对应格所填的数的相反数,从而第奇数行所填的数$(b_1, b_2, \cdots, b_{12n+5})$满足对 $1 \leqslant i \leqslant 12n+5$,都有 $b_i = b_{i-1} + b_{i+1}$,从而 x 等于它所在方格的所有邻格所填的数的和.

综上所述,命题获证.

遗留问题 对哪些正整数 n,可在 $n \times n$ 方格棋盘的每个方格中填一个数,使这些数不全为 0,且每个方格中填的数都等于它的邻格(具有公共边)所填的数的和?

例3(2005年亚太地区数学奥林匹克试题改编) 在 $n \times n$ 方格棋盘中,每个方格代表一间房子,如果两个方格有公共边,则称对应的房子相邻.假设棋盘的第一行中有一间房子突然不慎着火,随即消防员每在一个单位时间内对一间还未着火的房子进行保护,房子被保护后,大火不会蔓延到它,从而不会受到损失.但在消防员保护某个房子的那个单位时间内,已着火的房子会将火蔓延到与之相邻的所有房子,当然,任何时候大火只能从一个已着火的房子蔓延到与其相邻的房子.试证:不论第一行哪间房子着火,消防员总可以依次对一些房子进行保护,使至多 $\left[\dfrac{(n+1)^2}{4}\right]$ 间房子被烧毁.

分析与证明 自然的想法是,消防员每次总是保护与新着火房子相邻的房子,以防止火势蔓延到其他房子.

用 (i, j) 表示从上至下第 i 行中从左至右的第 j 间房子,不妨设最初起火的房子是 $(1, t)$,其中 $t \leqslant \dfrac{n}{2}$.

消防员在第一个单位时间内保护房子 $(2, t)$,与此同时,其火蔓延到房子 $(1, t-1), (1, t+1)$.

消防员在第二个单位时间内保护房子 $(2, t+1)$,与此同时,其火蔓延到房子 $(2, t-1), (1, t+2)$ 等.

作一条直线将棋盘分割为左右两个子棋盘,使房子 $(1, t)$、$(1, t+1)$ 分别属于左右两个子棋盘.那么,在第奇数个单位时间内,消防员总是保护当时左棋盘中最下一行已着火房子的下邻房子,在第偶数个单位时间内,消防员总是保护当时右棋盘中最下一行已着火房子的下邻房子(图2.6),图中阴影方格表示被保护的房子,其格中的编号 i 表示它在第 i 个单位时间被保护.没有阴影的方格中的编号 i 表示在第 i 个单位时间火蔓延到的房子.

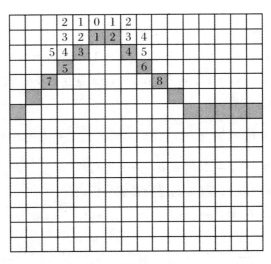

图 2.6

在这样的保护下,前 t 列被烧毁的房子数依次为 $t, t-1, \cdots, 1$,接下来的 t 列被烧毁的房子数依次为 $1, 2, \cdots, t$,最后 $n-2t$ 列被烧毁的房子数都是 t,于是,被烧毁的房子的总数:

$$S = 2(1 + 2 + \cdots + t) + (n - 2t)t = (t^2 + t) + nt - 2t^2$$

$$= -t^2 + (n+1)t = -\left(t - \frac{n+1}{2}\right)^2 + \frac{(n+1)^2}{4}$$

$$\leqslant \frac{(n+1)^2}{4}$$

又 S 为整数,所以 $S \leqslant \left[\dfrac{(n+1)^2}{4}\right]$.

例4 对怎样的 n,可在前 $n+1$ 个正整数中选取 n 个数排成一

圈,使每两个相邻的数的差的绝对值互异.

分析与解 先将问题具体化:设圆周上 n 个数依次为 $a_1, a_2, \cdots, a_n$,令 $b_i = |a_{i+1} - a_i|(i = 1, 2, \cdots, n$ 且 $a_{n+1} = a_1)$.

依题意,$b_1, b_2, \cdots, b_n$ 互异,尽管我们不能确定每一个 $b_i(1 \leqslant i \leqslant n)$,但我们期望能确定集合 $H = \{b_1, b_2, \cdots, b_n\}$.为此,先估计 b_i 的范围.

记 $a_s = \max\{a_i, a_{i+1}\}, a_t = \min\{a_i, a_{i+1}\}$,则

$$b_i = |a_{i+1} - a_i| = a_s - a_t \leqslant n + 1 - a_t \leqslant n + 1 - 1 = n$$

其中 $\{s, t\} = \{i, i+1\}$.但 $b_1, b_2, \cdots, b_n$ 是互异正整数,所以 $H = \{1, 2, \cdots, n\}$.所以,有

$$b_1 + b_2 + \cdots + b_n = 1 + 2 + \cdots + n = \frac{1}{2}n(n+1)$$

$$n(n+1) = 2(b_1 + b_2 + \cdots + b_n) \qquad (*)$$

对 $(*)$ 中每个 $b_i(1 \leqslant i \leqslant n)$ 进行奇偶分析,有

$$b_i = |a_{i+1} - a_i| \equiv a_{i+1} - a_i \pmod{2}$$

$$\sum_{i=1}^n b_i \equiv \sum_{i=1}^n (a_{i+1} - a_i) \equiv 0 \pmod{2}$$

代入 $(*)$,得 $4 | n(n+1)$.

当 n 为奇数时,$(4, n) = 1$,此时有,$4 | n+1, n = 4k - 1(k \in \mathbf{N}^+)$;

当 n 为偶数时,$(4, n+1) = 1$,此时有,$4 | n, n = 4k(k \in \mathbf{N}^+)$.

反之,若 $n = 4k, 4k - 1$,我们来构造合乎条件的排法.

当 $n = 4k$ 时,圆周上 n 个数的集合为 $X = \{a_1, a_2, \cdots, a_{4k}\} \subset \{1, 2, \cdots, 4k, 4k+1\}$,对应的"绝对差"集合为 $H = \{b_1, b_2, \cdots, b_{4k}\} = \{1, 2, \cdots, 4k\}$.

采用逐步扩展策略:首先,$4k \in H$,即存在 a_i、a_{i+1},使 $|a_i - a_{i+1}| = 4k$,但 $1 \leqslant a_j \leqslant 4k+1(1 \leqslant j \leqslant n)$,可知,$1, 4k+1 \in X$,且 1 与 $4k+1$ 在圆周上相邻.

接下来,考虑 $4k-1 \in H$,所以,1 与 $4k$ 在圆周上相邻或 2 与 $4k+1$ 在圆周上相邻.

不论出现以上的哪种情形,都是"跳跃地"出现连续自然数,今选取前一种情形,由此想到将 $1,2,\cdots,2k$ 按逆时针方向排列一圈,然后在 $2k$ 与 1 之间插入 $4k+1$,在 i 与 $i+1$ 之间插入 $4k+1-i$($i=1,2,\cdots,2k-1$),得到如下排法(图 2.7).

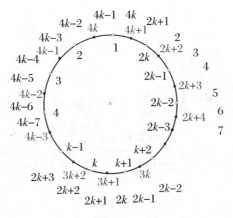

图 2.7

但这种排法不合乎要求,因为按逆时针方向记录的相邻两个数的差值为

$$4k, 4k-1, \cdots, 2k+1, 2k, 2k-1, \cdots, 3, 2, 2k+1$$

其中 $2k+1$ 出现了两次,而 1 没有出现.

我们需要改变部分差值,使其合乎要求. 不难发现,将后 $2k$ 个差值都减少 1 即可.

由此想到,将后 $2k$ 个差值的"减数"都增加 1(若被减数减少 1,则出现相同的数),于是,将上述构造中的"i"($i=k+1,k+2,\cdots,2k$)都换作"$i+1$",得到合乎条件的排法如下(图 2.8):

$$4k, 1, 4k+1, 2k+1, 2k+2, \cdots, 3k-1, k+3,$$

$$3k, k+2, 3k+1, k, \cdots, 4k-2, 3, 4k-1, 2$$

对于 $n=4k-1$ 的情形,类似将 $1,2,\cdots,2k$ 逆时针排列,除 $2k-1$ 与 $2k$ 之外,每两个相邻数之间插入一个数,插入的数依次为 $4k, 4k-1, \cdots, 3k+1, 3k-1, 3k-2, \cdots, 2k+1$,其中 $4k$ 排在 $2k$ 与 1 之间,$2k+1$ 排在 $2k-2$ 与 $2k-1$ 之间,等等.

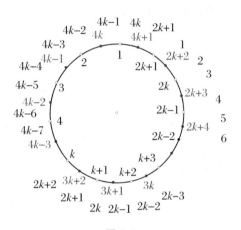

图 2.8

例 5(2000 年奥地利-波兰数学奥林匹克试题) 在一个无穷大的方格棋盘上的每个方格都写上一个自然数,如果一个格径多边形(其边都在格线上,包括凹或凸多边形)的面积为 n(即恰含有 n 个格),则称之为可容许的,可容许的多边形各个方格中的数的和称为该多边形的值.试证:如果任何两个全等的可容许的多边形的值都相等,则棋盘中所有数都相等.

分析与解 从局部入手,只需要任何两个相邻格的数相同,为此,只需两个全等的可容许的多边形含有 $n-1$ 个相同格,而不相同的两个格为两个相邻格.

我们发现,当 n 为奇数时,这样的可容许的多边形是存在的:取一个长为 $n-1$ 的 $1\times(n-1)$ 矩形 A(图 2.9),在 A 的中心两格的下

方各取一个格 a、b，那么，$A\cup\{a\}$、$A\cup\{b\}$ 是两个全等的可容许的多边形，从而 $S(A\cup\{a\})=S(A\cup\{b\})$，于是，$S(a)=S(b)$，如此下去，棋盘中所有格的数都相等.

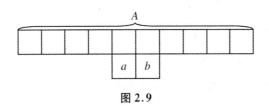

图 2.9

当 n 为偶数时，可构造类似的可容许的多边形：取一个长为 $n-2$ 的 $1\times(n-2)$ 矩形 A（图 2.10），在 A 的中心 3 格的下方各取一个格 a、x、b，那么，$A\cup\{a,x\}$、$A\cup\{b,x\}$ 是两个全等的可容许的多边形，从而 $S(A\cup\{a,x\})=S(A\cup\{b,x\})$，于是，$S(a)=S(b)$，如此下去，所有同色格中的数都相等（将棋盘类似于国际象棋相间染色）.

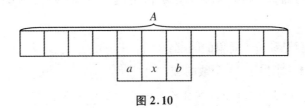

图 2.10

设黑色格中的数为 x，白色格中的数为 y，现在取一个 3-T 形 B：它由一个 3×1 矩形在中心方格的垂直方向接一个 $1\times(n-3)$ 的矩形构成（图 2.11）.

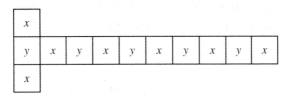

图 2.11

设 B 在棋盘中盖住的数如图 2.11 所示,则 $S(B) = 2x + \dfrac{n-2}{2}(x+y)$.

将 B 向水平方向平移一个方格,得到 3-T 形 B',则从 B 到 B',格中的数 x、y 互换,所以 $S(B') = 2y + \dfrac{n-2}{2}(x+y)$.

因为 $S(B') = S(B)$,所以 $x = y$.

综上所述,棋盘中所有格的数都相等.

2.4 逐步扩充模式

适当建立一种推理模式,使其具有如下特点:对具有某种性质 p 的一组对象,运用该模式进行推理,可得到具有某种性质 p' 的一组新对象,而性质 p' 与性质 p 类似,从而又可对这组新对象运用该模式进行推理,如此下去,反复利用这一模式,得出需要的相应结果.

我们先看一个简单的问题:

例 1 求以下 11 个数的和:
$$1, 2, 2\times 2, 2\times 2\times 2, \cdots, \underbrace{2\times 2\times \cdots \times 2\times 2}_{10\text{个}2}$$

分析与解 对这个问题,如果是高中生,直接利用等比数列前 n 项和公式即可.但如果是初中生或是小学生,则可采用逐步扩充模式的方法.

我们先想象如何把第 1 个数变得和第 2 个数一样,这只需在前面添加 1 个数 1,先考虑如下 12 个数的和:
$$1, 1, 2, 2\times 2, 2\times 2\times 2, \cdots, \underbrace{2\times 2\times \cdots \times 2\times 2}_{10\text{个}2}$$

此时,第 1 个数和第 2 个数相加,其结果就是第 3 个数,扩展这一模式,发现前 3 个数相加,其结果就是第 4 个数,如此下去,前 11 个数

相加,其结果就是第12个数,所以这12个数的和为

$$\underbrace{2\times 2\times \cdots \times 2\times 2}_{10个2} + \underbrace{2\times 2\times \cdots \times 2\times 2}_{10个2} = \underbrace{2\times 2\times \cdots \times 2\times 2}_{11个2} = 2048$$

由此可见,最初11个数的和为2047.

这一方法,可类比到求任意公比不为1的等比数列$\{a_n\}$的前n项的和:

$$S_n = a_1 + a_2 + \cdots + a_n$$

设公比为$q(q\neq 1)$,则$S_n = a_1 + a_1 q + a_1 q^2 + \cdots + a_1 q^{n-1}$.

为使问题变得简单,我们只需求如下n个数的和:

$$1, q, q^2, \cdots, q^{n-1}$$

同样考虑如何把第1个数变得和第2个数一样,这只需在前面添加1个数$q-1$,先考虑如下n个数的和:

$$q-1, 1, q, q^2, \cdots, q^{n-1}$$

现在的问题是,尽管第1个数和第2个数相加,其结果是第3个数,但前3个数相加,其结果并不是第4个数,模式不能扩展,我们需要变通.

先引入待定参数λ,考察如下n个数的和:

$$\lambda q^0, \lambda q^1, \lambda q^2, \cdots, \lambda q^{n-1}$$

想象在前面添加1个数q^0,考察如下$n+1$个数的和:

$$q^0, \lambda q^0, \lambda q^1, \lambda q^2, \cdots, \lambda q^{n-1}$$

由数列的特征,期望$q^0 + \lambda q^0$能变成q^1,这样便可扩展模式.由

$$q^0 + \lambda q^0 = q^1$$

得$\lambda = q - 1$.于是,考察如下$n+1$个数的和:

$$q^0, (q-1)q^0, (q-1)q^1, (q-1)q^2, \cdots, (q-1)q^{n-1}$$

将模式扩展,可知前n个数的和为q^{n-1},所以上述$n+1$个数的和为q^n.故最初n个数的和为$\dfrac{q^n - 1}{q - 1}$.

例2 求数$\sqrt[3]{1+\sqrt[3]{2+\sqrt[3]{3+\cdots+\sqrt[3]{1987}}}}$的整数部分.

分析与解 我们的思路是,按同样的模式,逐层估算各根号内式子的取值范围,直到把原式控制在两个相邻整数之间.

因为 $12^3 < 1987 < 13^3$,所以 $12 < \sqrt[3]{1987} < 13$,于是
$$1986 + 12 < 1986 + \sqrt[3]{1987} < 1986 + 13$$
即 $12 < \sqrt[3]{1986 + \sqrt[3]{1987}} < 13$. 又
$$12^3 < 1985 + 12 < 1985 + \sqrt[3]{1986 + \sqrt[3]{1987}} < 1985 + 13 < 13^3$$
所以
$$12 < \sqrt[3]{1985 + \sqrt[3]{1986 + \sqrt[3]{1987}}} < 13$$

一般地,设 $12 < \sqrt[3]{k + \cdots + \sqrt[3]{1986 + \sqrt[3]{1987}}} < 13$ 时(k 为待定参数),仍有
$$12 < \sqrt[3]{k-1 + \sqrt[3]{k + \cdots + \sqrt[3]{1986 + \sqrt[3]{1987}}}} < 13$$
即
$$12^3 < k-1 + \sqrt[3]{k + \cdots + \sqrt[3]{1986 + \sqrt[3]{1987}}} < 13^3 \qquad (1)$$
但由 $12 < \sqrt[3]{k + \cdots + \sqrt[3]{1986 + \sqrt[3]{1987}}} < 13$,得
$$k + 11 + \sqrt[3]{k + \cdots + \sqrt[3]{1986 + \sqrt[3]{1987}}} < k + 12 \qquad (2)$$
所以,需要 $12^3 \leq k+11, k+12 \leq 13^3$. 注意 $11^3 = 1331, 12^3 = 1728, 13^3 = 2197$,所以 $1717 \leq k \leq 2185$. 于是,如此下去,有
$$12 < \sqrt[3]{1984 + \cdots + \sqrt[3]{1986 + \sqrt[3]{1987}}} < 13$$
$$12 < \sqrt[3]{1983 + \cdots + \sqrt[3]{1986 + \sqrt[3]{1987}}} < 13$$
$$\cdots$$
$$12 < \sqrt[3]{1716 + \cdots + \sqrt[3]{1986 + \sqrt[3]{1987}}} < 13$$

但接下来,范围便缩小:上式两边加上 1715,得

$$1727 < 1715 + \sqrt[3]{1716 + \cdots + \sqrt[3]{1986 + \sqrt[3]{1987}}} < 1728$$

所以

$$11^3 < \sqrt[3]{1727} < \sqrt[3]{1715 + \sqrt[3]{1716 + \cdots + \sqrt[3]{1986 + \sqrt[3]{1987}}}}$$
$$< \sqrt[3]{1728} = 12^3$$

所以 $11 < \sqrt[3]{1715 + \sqrt[3]{1716 + \cdots + \sqrt[3]{1987}}} < 12$ ……如此下去,有

$$1 < \sqrt[3]{1 + \sqrt[3]{2 + \sqrt[3]{3 + \cdots + \sqrt[3]{1987}}}} < 2$$

故该数的整数部分为1.

注 我们还发现了本题的如下一个非常巧妙的证明:

令

$$A_k = \sqrt[3]{k + \sqrt[3]{k+1 + \sqrt[3]{k+2 + \cdots + \sqrt[3]{1987}}}} \quad (k = 1, 2, \cdots, 1987)$$

则 $A_{1987} = \sqrt[3]{1987} < 13$.

设 $A_i < 13$,则

$$A_{i-1} = \sqrt[3]{i-1 + A_i} < \sqrt[3]{i-1+13} \leqslant \sqrt[3]{1987-1+13}$$
$$= \sqrt[3]{1999} < 13$$

于是,对一切 $k = 1, 2, \cdots, 1987$,有 $A_k < 13$.

所以,由 $A_3 < 13$,得

$$A_1 = \sqrt[3]{1 + \sqrt[3]{2 + A_3}} < \sqrt[3]{1 + \sqrt[3]{2+13}}$$
$$= \sqrt[3]{1 + \sqrt[3]{15}} < \sqrt[3]{1+3} < 2$$

又 $A_1 > 1$,所以 $[A_1] = 1$.

例3 解方程 $\sqrt{2 + \sqrt{2 + \cdots + \sqrt{2+x}}} = x$ (共有2002个根号).

分析与解 先考察一个根号的情形: $\sqrt{2+x} = x$.

平方得 $2+x = x^2$,即 $(x-2)(x+1) = 0$,解得 $x = -1, x = 2$. 但

$x=\sqrt{2+x} \geqslant 0$,所以 $x=2$ 是唯一的根.

再考察两个根号的情形:$\sqrt{2+\sqrt{2+x}}=x$.

平方得 $2+\sqrt{2+x}=x^2$(由此可知 $x^2 \geqslant 2$),所以 $2+x=x^4-4x^2+4$, $x^2(x^2-4)+(2-x)=0$, $(x-2)(x^3+2x^2-1)=0$, $(x-2)(x+1)(x^2+x-1)=0$.

所以 $x=2, x=-1, x=\dfrac{-1\pm\sqrt{5}}{2}$.其后面 3 个根都不满足 $x^2\geqslant 2$,所以 $x=2$ 是唯一根.

一般地,我们证明方程只有 $x=2$ 是它唯一的根.

若 $x>2$,容易证明

$$x>\sqrt{2+x} \qquad (*)$$

实际上,有

$$x>\sqrt{2+x} \Leftrightarrow x^2>x+2 \Leftrightarrow x^2-x-2>0$$
$$\Leftrightarrow (x-2)(x+1)>0$$

但 $x>2$,可知此不等式成立,所以 $\sqrt{2+x}>2$.

扩展模式,再一次利用结论($*$),有

$$\sqrt{2+x}>\sqrt{2+\sqrt{2+x}}$$

如此下去,反复利用结论($*$),可得

$$x>\sqrt{2+x}>\sqrt{2+\sqrt{2+x}}>\cdots \sqrt{2+\sqrt{2+\cdots+\sqrt{2+x}}}$$

若 $0<x<2$,则可证明 $x<\sqrt{2+x}$.实际上,有

$$x<\sqrt{2+x} \Leftrightarrow x^2<x+2 \Leftrightarrow x^2-x-2<0$$
$$\Leftrightarrow (x-2)(x+1)<0$$

于是

$$x<\sqrt{2+x}<\sqrt{2+\sqrt{2+x}}<\cdots \sqrt{2+\sqrt{2+\cdots+\sqrt{2+x}}}$$

例 4 $\triangle A_1A_2A_3$ 内的两圆称为伙伴内切圆,如果它们分别内

切于过 $\triangle A_1A_2A_3$ 的一个顶点及该顶点对边上一点的直线将 $\triangle A_1A_2A_3$ 分成的两个小三角形.

(1) 证明:如果圆列 $C_1, C_2, C_3, \cdots$ 中,对任何正整数 n,C_n、C_{n+1} 均是 $\triangle A_1A_2A_3$ 的伙伴内切圆,则圆列中至多包含 6 个不同的圆.

(2) 构造一种上述圆列 $C_1, C_2, C_3, \cdots$ 使之只含有 3 个不同的圆.

分析与解 我们先探讨一对伙伴内切圆所满足的条件,然后将其模式扩展,得出圆列具有的性质.

(1) 将 $\triangle A_1A_2A_3$ 记为 $\triangle ABC$,如图 2.12,作直线 AD,设 I_1、I_2 是 $\triangle ABD$、$\triangle ADC$ 的内心,I 为 $\triangle ABC$ 的内心,作 $B'C' \parallel BC$ 与圆 I_1 相切,交 AD 于 K,设 $\triangle AKC'$ 的内心为 I'_1,则

$$\angle BAI = \frac{1}{2}\angle A = \frac{1}{2}\angle BAD + \frac{1}{2}\angle DAC = \angle I_1 A I'_1$$

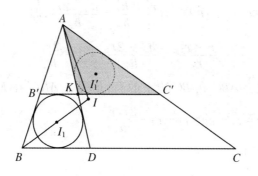

图 2.12

又 I_1 为内心,有

$$\angle AI_1 I'_1 = 180° - \frac{1}{2}\angle KAC' - \frac{1}{2}\angle AKC'$$
$$= 180° - \frac{1}{2}(180° - \angle C')$$

$$= 180° - \frac{1}{2}(180° - \angle C)$$

$$= 90° + \frac{1}{2}\angle C$$

所以,$\triangle ABI \backsim \triangle AI_1I_1'$. 又

$$\angle BAI_1 = \angle I_1AD, \quad \angle ABI_1 = \angle AI_1I_1'$$

所以

$$\triangle ABI_1 \backsim \triangle AI_1K, \quad \frac{AB}{AI_1} = \frac{BI}{I_1I_1'}, \quad \frac{AB}{AI_1} = \frac{BI_1}{I_1K}$$

于是,$\frac{BI}{I_1I_1'} = \frac{BI_1}{I_1K}$,即 $\frac{BI}{BI_1} = \frac{I_1I_1'}{I_1K}$.

又

$$\frac{BI}{BI_1} = \frac{r}{r_1}, \quad \frac{I_1I_1'}{I_1K} = 1 + \frac{KI_1'}{I_1K} = 1 + \frac{r_1'}{r_1} = \frac{r_1 + r_1'}{r_1}$$

于是,$r = r_1 + r_1'$.

由 $\triangle ABC \backsim \triangle AB'C'$,有 $\frac{r_1'}{r_2} = \frac{h_a'}{h_a} = \frac{h_a - 2r_1}{h_a}$,即

$$\frac{r - r_1}{r_2} = \frac{h_a - 2r_1}{h_a} = 1 - \frac{2r_1}{h_a}$$

其中,h_a 是 $\triangle ABC$ 在 BC 边上的高,h_a' 是 $\triangle AKC'$ 在 KC' 上的高.

所以,$r = r_1 + r_1' = r_1 + r_2 - \frac{2r_1r_2}{h_a}$.

同样可知:

$$r = r_1 + r_2 - \frac{2r_1r_2}{h_a} = r_2 + r_3 - \frac{2r_2r_3}{h_b} = r_3 + r_4 - \frac{2r_3r_4}{h_c}$$

$$= r_4 + r_5 - \frac{2r_4r_5}{h_a} = r_5 + r_6 - \frac{2r_5r_6}{h_b} = r_6 + r_7 - \frac{2r_6r_7}{h_c}$$

由此解得

$$r_2 = \frac{r - r_1}{1 - \frac{2r_1}{h_a}}$$

$$r_3 = \frac{r - \dfrac{r - r_1}{1 - \dfrac{2r_1}{h_a}}}{1 - \dfrac{2 \cdot \dfrac{r - r_1}{1 - \dfrac{2r_1}{h_a}}}{h_b}} = \frac{r_1\left(1 - \dfrac{2r}{h_a}\right)}{1 - \dfrac{2r}{h_b} + \left(\dfrac{2}{h_b} - \dfrac{2}{h_a}\right)r_1}$$

同理,有

$$r_5 = \frac{r - \dfrac{r - r_7}{1 - \dfrac{2r_7}{h_b}}}{1 - \dfrac{2 \cdot \dfrac{r - r_7}{1 - \dfrac{2r_7}{h_b}}}{h_c}} = \frac{r_7\left(1 - \dfrac{2r}{h_b}\right)}{1 - \dfrac{2r}{h_b} + \left(\dfrac{2}{h_b} - \dfrac{2}{h_c}\right)r_7}$$

又 $r_5 = \dfrac{r_3\left(1 - \dfrac{2r}{h_c}\right)}{1 - \dfrac{2r}{h_a} + \left(\dfrac{2}{h_a} - \dfrac{2}{h_c}\right)r_3}$,所以

$$\frac{r_3\left(1 - \dfrac{2r}{h_c}\right)}{1 - \dfrac{2r}{h_a} + \left(\dfrac{2}{h_a} - \dfrac{2}{h_c}\right)r_3} = \frac{r_7\left(1 - \dfrac{2r}{h_b}\right)}{1 - \dfrac{2r}{h_b} + \left(\dfrac{2}{h_b} - \dfrac{2}{h_c}\right)r_7}$$

所以,有

$$r_7\left[1 - \dfrac{2r}{h_a} + \left(\dfrac{2}{h_a} - \dfrac{2}{h_c}\right)r_3\right] = r_3\left[1 - \dfrac{2r}{h_b} + \left(\dfrac{2}{h_b} - \dfrac{2}{h_c}\right)r_7\right]$$

所以,有

$$r_7\left(1 - \dfrac{2r}{h_a}\right) = r_3\left[1 - \dfrac{2r}{h_b} + \left(\dfrac{2}{h_b} - \dfrac{2}{h_a}\right)r_7\right]$$

$$= \frac{r_1\left(1 - \dfrac{2r}{h_a}\right)}{1 - \dfrac{2r}{h_b} + \left(\dfrac{2}{h_b} - \dfrac{2}{h_a}\right)r_1} \cdot \left[1 - \dfrac{2r}{h_b} + \left(\dfrac{2}{h_b} - \dfrac{2}{h_a}\right)r_1\right]$$

$$= r_1\left(1 - \dfrac{2r}{h_a}\right)$$

所以 $r_7 = r_1$,故圆列 $C_1, C_2, C_3, \cdots$ 至多包含 6 个不同的圆.

(2) 显然,我们只需 $r_4 = r_1$. 为此,设 I 在 AB 上的射影为 P_1,作 $\angle AP_1 I$ 的平分线交 AI 于 I_1,类似得到 $I_2、I_3$,则以 $I_1、I_2、I_3$ 为圆心,以 I_k 到相对角两边的距离为半径的 3 个圆两两相切,它们为所求.

例 5(1998 年保加利亚数学奥林匹克试题) 求出所有满足以下条件的由非负实数组成的有限集合 A:

(1) $|A| \geqslant 4$;

(2) 对 A 中任何 4 个不同的数 $a、b、c、d$,有 $ab + cd \in A$.

分析与解 从条件看,先取出 A 中 4 个最大的数 $a、b、c、d$,则由条件能产生"新"的元素:$ab + cd \in A$,如此下去,即可产生无数个元素,与 A 为有限集合矛盾.

因此,A 中的 4 个最大的数 $a、b、c、d$ 必定满足特定的条件,使 $ab + cd、ac + bd、ad + bc$ 都不是新的.

$a、b、c、d$ 必定满足怎样的特定条件呢?一个显然的条件是:$a、b、c、d$ 不能都不小于 1.

实际上,若 $a > b > c > d \geqslant 1$,则 $ab + cd \geqslant ab + c > a$,于是 $ab + cd$ 是新元素,进而考察 $ab + cd > a > b > c > 1$,又有新元素,如此下去,A 为无限集合,矛盾.

由此可见,A 中一定有一个数小于 1.

对称地,不难发现,A 中一定有一个数大于 1.

假设 A 中的数都不大于 1,并设 A 中最大的 4 个数为 $1 \geqslant a > b > c > d \geqslant 0$,根据条件,$ab + cd、ac + bd、ad + bc \in A$,且显然有 $ab + cd > ac + bd > ad + bc > 0$.

下面证明这 3 个中的最小者 $ad + bc$ 比 $a、b、c、d$ 中的最小者 d 更小,从而它是真正的"新"数.

由于 $a、b、c、d$ 是 A 中最大的 4 个数,如果 $ad + bc > d$(离散型

不等式控制：n 个位置 n 个数，只能对应相等），则
$$(ab+cd, ac+bd, ad+bc) = (a,b,c)$$
由第 1、3 两个方程，得
$$cd = a(1-b), \quad ad = c(1-b)$$
两式相乘，得 $acd^2 = ac(1-b)^2$，所以 $d = 1-b$，代入上式，得
$$a(1-b) = c(1-b)$$
但 $a \neq c$，所以 $b=1$，与 $b<1$ 矛盾．

所以 $ad+bc \leqslant d$．

如果 $ad+bc = d$，此时 3 个数 $ab+cd$、$ac+bd$、$ad+bc$ 对应 4 个"位置" a、b、c、d，需要减少一个位置．

下面证明 $ab+cd < a$（离散型不等式控制：n 个位置 n 个数，只能对应相等）．

实际上，由 $ad+bc \leqslant d$，得 $bc \leqslant d(1-a)$，而 $c > d > 0$，所以 $b \leqslant 1-a$（否则两个不等式相乘得出矛盾），于是 $2b < 1$．

所以
$$2(ab+cd) = a \cdot 2b + c \cdot 2d < (a+c) \cdot 2b < a+c < 2a$$
所以 $ab+cd < a$．

因此，若 $ad+bc = d$，则
$$(ab+cd, ac+bd, ad+bc) = (b,c,d)$$
由第 2、3 两个方程，得
$$bd = c(1-a), \quad bc = d(1-a)$$
两式相乘，得 $cdb^2 = cd(1-a)^2$，所以 $b = 1-a$，代入上式，得
$$c(1-a) = d(1-a)$$
但 $c \neq d$，所以 $a=1$，进而 $b=0$，与 $b>0$ 矛盾．

于是，$ad+bc < d$，从而 $|A| \geqslant 5$．

设 A 中最大的 5 个数为 $a_1 > a_2 > \cdots > a_5$，将以上模式扩展，对其中 4 个数 (a_2, a_3, a_4, a_5) 进行上述类似的讨论（以上只用到 4 个最

大数的"连续性"),可知 A 中又存在数 $a<a_5$,从而 $|A|\geq 6$.

如此下去,A 是无限集合,矛盾.

于是,最大数 $a>1$,这样,$ad+bc>d$,于是,有
$$(ab+cd,ac+bd,ad+bc)=(a,b,c)$$

将以上模式扩展,类似推理:由第1、3两个方程,得
$$cd=a(1-b), \quad ad=c(1-b)$$

两式相乘,得 $acd^2=ac(1-b)^2$,所以 $d=1-b$.代入上式,得
$$a(1-b)=c(1-b)$$

但 $a\neq c$,所以 $b=1$,进而 $d=0$.

代入第2个方程,得 $1=b=ac+bd=ac$,所以 $c=a^{-1}$.

故 $A=\{a,1,a^{-1},0\}$,其中 $a>1$.

例6(2007年捷克和斯洛伐克数学奥林匹克试题) 将一只棋放在一个 $n\times n$ 的棋盘上($n\geq 2$),交替进行如下两种运动.一种是直线运动:棋子从所在格走到其邻格(具有公共边)中;另一种是对角运动:棋子从所在格走到与其相连的格(恰具有一个公共点)中.

求出所有的正整数 n,使得存在棋子的一个初始位置和一系列运动,其中第一步为对角运动,而棋子走遍所有方格,且每个方格只走过一次.

分析与解 我们的解答比原来的解答简单得多(见中等数学2008增刊74页).先试验特殊情况,可发现 n 为偶数.

(1) 当 n 为偶数时,将棋子放在第一行的第一格,先在前两列进行如下一系列向下行走的运动,运动方向序列为(以 4 为周期):右下,下,左下,下,右下,下,左下,下,……因为棋子最初在第一行,所以进行对角运动时走到第偶数行,进行直线运动时走到第奇数行,当走到最后一(偶数)行时,进行的是对角运动,下一步是直线运动,可走到该行前两列剩下的那个格,然后向上行走,运动方式与对应行

下行的方式完全相反(上下左右依次换成下上右左),此时,进行对角运动时走到第奇数行,进行直线运动时走到第偶数行,当走到最后一(奇数)行时,到达第一行的第二格,进行的是对角运动,下一步是直线运动,可走到第一行的第三格,如此下去,将上述模式扩展,对后面每两列都进行类似的运动即可. 所以, n 为偶数合乎要求.

(2) 当 n 为奇数时,将棋盘每个格染黑白两色,使相邻的格不同色,且第一行第一格为黑色(直线行走变色,对角行走不变色).

称第奇(偶)数行中的黑格为奇(偶)黑格,那么奇黑格比偶黑格多 n 个.

假设存在棋子的一个初始位置和合乎条件的一系列运动,由于直线运动改变格的颜色,对角运动不改变格的颜色,于是棋子所走过的格的颜色依次为(以 4 为周期):黑黑白白黑黑白白……或白白黑黑白白黑黑……

上述序列中,相邻两个"黑"对应的黑格的奇偶性不同,于是,奇黑格与偶黑格个数至多相差 1,但奇黑格比偶黑格多 $n \geqslant 3$ 个,矛盾. 所以, n 为奇数不合乎要求.

综上所述,合乎要求的所有的正整数 n 为一切正偶数.

注 "第一步为对角运动"的限制可以去掉,答案不变.

实际上,当 n 为奇数时,第一步为直线运动的路线也不存在. 此时,棋子所走过的格的颜色依次为(以 4 为周期):黑白白黑黑白白黑……或白黑黑白白黑黑白……

上述序列中,相邻两个"黑"对应的黑格的奇偶性不同,于是,奇黑格与偶黑格个数至多相差 2,但奇黑格比偶黑格多 $n \geqslant 3$ 个,矛盾.

探索 如果将"第一步为对角运动"改为"第一步为直线运动",结果如何? 答案不变! 当 n 为偶数时,合乎条件的路线如图 2.13 所

示(分别为 $n=6$ 和 $n=8$ 的情形):

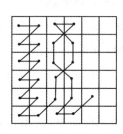 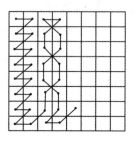

图 2.13

习 题 2

1. 试将 $1,1,2,2,3,3,4,4$ 排成一行,使两个 1 之间夹着 1 个数,两个 2 之间夹着 2 个数,两个 3 之间夹着 3 个数,两个 4 之间夹着 4 个数,有多少排法?

2. 某俱乐部有 99 名成员,每个成员只愿意和自己认识的人一起打桥牌,已知每个成员至少认识其中的 67 个人. 求证:一定可以找到 4 个人,他们可以一起打桥牌.

3. (1989 年捷克斯洛伐克数学奥林匹克试题) 给定自然数 m 及平面上的 n 个点($n \geqslant 2m+1$),它们之间连有 mn 条线段. 求证:存在含有 $m+1$ 个顶点的链.

4. 在 $n \times n$ 棋盘中已选定 $2n$ 个格,每行每列均有 2 个格. 求证:可以将其中的 n 个格染红色,n 个格染蓝色,使每行每列均有一个红格和一个蓝格.

5. 平面上一条封闭折线共有 n 段,求证:折线各段相交所得的交点个数不多于 $\frac{1}{2}n(n-3)$,并对奇数 n,构造恰有 $\frac{1}{2}n(n-3)$ 个交点的闭折线.

6. 由 n 条线段首尾相连,组成封闭的折线,且折线的任何两段都不在同一条直线上,设此折线自身相交的交点个数最大值为

$j(n)$,求证:当 n 为偶数时,$j(n) = \frac{1}{2}(n^2 - 4n + 2)$.

7. (第28届IMO备选题) 将集合 $M = \{1, 2, \cdots, n\}$ 划分为3个子集 A_1, A_2, A_3,其中允许有空集,但两两不相交.且具有如下性质:

(1)将每个子集中的元素按递增的顺序排列时,相邻元素的奇偶性不同.

(2)若 A_1, A_2, A_3 都非空,则其中恰有一个集合,它的最小元素是偶数.

求合乎上述条件的划分的个数.

8. (第20届全苏数学奥林匹克试题) 能否在 $m \times n$ 棋盘中填入互异的平方数,使每行每列之和仍为平方数?

9. (第30届IMO备选题推广) 给定正整数 $m、n、k$,在 $m \times n$ 矩形各个方格内填上自然数,每次操作可以将相邻两个方格内的两个数同时加上或减去一个整数 k,使这两个格中的数都变为自然数.试问:当且仅当数表中填入哪些数时,可适当有限次操作,使表中各个数都变为0?

10. 设 $2n+1$ 个整数 $a_1, a_2, \cdots, a_{2n+1}$ 具有性质 P:从中任意去掉一个数,剩下的 $2n$ 个数可以分为两组,每组 n 个数,且两个组中 n 个数的和相等,求证:$a_1 = a_2 = \cdots = a_{2n+1}$.

11. (原创题) 设 $a_i \in \{1, 2, \cdots 9\}$ ($1 \leq i \leq n$),且 $a_1 > a_2 > \cdots > a_n$,若 A 是一个 p 位数,B 是一个 q 位数($p < q, p + q = n$),且 $A、B$ 的各位数字的集合的并恰好是 $\{a_1, a_2, \cdots, a_n\}$,求乘积 AB 的最大值.

12. (美国数学杂志1996年4月号问题1479) 设 $x_1, x_2, \cdots, x_n$ 是非负实数,记

$$H = \frac{x_1}{(1 + x_1 + x_2 + \cdots x_n)^2} + \frac{x_2}{(1 + x_2 + x_3 + \cdots x_n)^2} + \cdots + \frac{x_n}{(1 + x_n)^2}$$

的最大值为 a_n,问:当 $x_1, x_2, \cdots, x_n$ 为何值时,H 的值达到最大? 并求出 a_n 与 a_{n-1} 之间的关系及 $\lim\limits_{n\to\infty} a_n$.

13. (第4届全俄数学奥林匹克试题) 设 $X = (x_1, x_2, \cdots, x_n)$,其中 x_i 是互异的整数,$n > 2$. 定义:$T(X) = (\dfrac{x_1+x_2}{2}, \dfrac{x_2+x_3}{2}, \cdots, \dfrac{x_n+x_1}{2})$,$T_{k+1} = T(T_k(X))$,求证:不存在自然数 k,使任何自然数 $p \geq k$,$T_p(X)$ 中的分量都是整数.

14. (2007年国际数学奥林匹克试题) 在一次数学竞赛活动中,有一些参赛选手是朋友,朋友关系是相互的,如果一群参赛选手中的任何两人都是朋友,我们就称这一群选手为一个"团"(特别地,人数少于2的一个群也是一个团),已知在这次竞赛中,最大的团(人数最多的团)的人数是一个偶数. 求证:我们总能把参赛选手分配到两个教室,使得一个教室中的最大团人数等于另一个教室中最大团的人数.

15. 设 $a、b、c、d \in \mathbf{N}^+$,且 $b^2+1 = ac$,$c^2+1 = bd$,求证:$a+c = 3b$ 且 $b+d = 3c$.

16. (2009年国际数学奥林匹克试题) 设 n 是一个正整数,$a_1, a_2, \cdots, a_k (k \geq 2)$ 是 $\{1, 2, \cdots, n\}$ 中的不同整数,并且对于所有 $i = 1, 2, \cdots, k-1$,都有 $n | a_i(a_{i+1}-1)$,求证:$a_k(a_1-1)$ 不能被 n 整除.

17. (2007年国际数学奥林匹克试题) 设 $a、b$ 为正整数,已知 $4ab-1 | (4a^2-1)^2$,求证:$a = b$.

18. (第10届亚太区数学奥林匹克试题) 试证:对任何的正整数 $a、b$,$(36a+b)(a+36b)$ 不能是 2 的某个幂.

19. (2005年 IMO 中国国家集训队测试题) 一个元素都是 0 或 1 的方阵称为二进制方阵. 若二进制方阵其主对角线(左上角到右

下角的对角线)以上(不包括主对角线)的元素都相同,而且主对角线以下(不包括主对角线)的元素也相同,则称它为一个"好方阵".给定正整数 m.求证:存在一个正整数 M,使得对任意正整数 $n>M$ 和给定的 $n\times n$ 二进制方阵 A_n,可选出整数 $1\leqslant i_1<i_2<\cdots<i_{n-m}\leqslant n$,从 A_n 中删除第 $i_1,i_2,\cdots,i_{n-m}$ 行和第 $i_1,i_2,\cdots,i_{n-m}$ 列后所得到的二进制方阵 B_n 是"好方阵".

20. (第 19 届全俄数学奥林匹克试题) 求证:存在自然数 n,使 n^2 个小正三角形排成的三角形棋盘中,可找到 $1993n$ 个网点,使其中任何三点不构成正三角形(这些正三角形不要求其边与原三角形的边平行).

21. (美国数学月刊 1993 年 1 月号问题 10775) 设 X 是边长为 2 的正 n 边形,其顶点为 $A_0,A_1,A_2,\cdots,A_{n-1}$,$Y$ 是 X 的内接正 n 边形,顶点依次为 $B_0,B_1,\cdots,B_{n-1}$,其中 B_i 在 A_iA_{i+1}(A_n 表示 A_0)上,且 $|A_iB_i|=\lambda<1$,又设 C_i 在 A_iA_{i+1} 上,且 $|A_iC_i|=\alpha_i\leqslant\lambda$,记 n 边形 $C_0C_1\cdots C_{n-1}$ 为 Z,$P(U)$ 表示图形 U 的周长,求证:$P(Z)\geqslant P(Y)$.

22. (美国数学杂志 1993 年 4 月号问题 1045) 如果给定三角形内的一个圆与三角形的一个角的两边都相切,则称该圆为该角的内切圆.称两个角的内切圆是共轭的,如果从第三顶点引两圆的切线关于第三个角的角平分线对称.今给定三角形三个角的内切圆,其中有两对内切圆是共轭的,求证:第三对内切圆也是共轭的.

23. 设 $f_1(x)=x+[\sqrt[k]{x}]$,其中 k 是大于 1 的正整数,$f_n(x)=f_1(f_{n-1}(x))(n\geqslant 2)$,求证:对每一个确定的正整数 m,数列 $\{f_n(m)\}$ 中至少包含一个整数的 k 次方.

习题 2 解答

1. 先考察两个 1 的排位,必出现模式:$1,a,1$.

(1) 如果 $a=2$,则出现模式:1,2,1.再考察两个 2 的排位,不妨设另一个 2 位于这个模式的左边,则出现模式:2,b,1,2,1,其中 $b=3$ 或 4.若 $b=3$,则出现模式:2,3,1,2,1.再考察剩下的一个 3 的排位,只有如下两种可能.剩下的一个 3 位于已有模式的左边,则出现模式:3,4,2,3,1,2,1,此时另一个 4 无法排列.另一个 3 位于已有模式的右边,则出现模式:2,3,1,2,1,3,此时两个 4 无法排列.所以只能是 $b=4$,则出现模式:2,4,1,2,1.再考察两个 4 的排位,只有如下一种可能(另一个 4 位于已有模式的右边):2,4,1,2,1,3,4,此时另一个 3 无法排列.

(2) 如果 $a=3$,则出现模式:1,3,1.再考察剩下的一个 3 的排位,不妨设剩下的一个 3 位于这个模式的左边,则出现模式:3,b,c,1,3,1,其中 $(b,c)=(2,4)$ 或 $(4,2)$.若 $(b,c)=(2,4)$,则出现模式:3,2,4,1,3,1.再考察两个 2 的排位,只有如下一种可能(另一个 2 位于已有模式的左边):2,4,3,2,4,1,3,1.此时两个 4 不合乎要求.若 $(b,c)=(4,2)$,则出现模式:3,4,2,1,3,1.再考察剩下的一个 2 的排位,只有如下一种可能(剩下的一个 2 位于已有模式的左边):2,3,4,2,1,3,1.最后,在排列的末尾添加一个 4,得到合乎条件的排列:2,3,4,2,1,3,1,4.由对称性,另一个合乎条件的排列为 4,1,3,1,2,4,3,2.

(3) 如果 $a=4$,则出现模式:1,4,1.再考察剩下的一个 4 的排位,不妨设另一个 4 位于这个模式的左边,则出现模式:4,b,c,d,1,4,1,其中 b、c、$d\in\{2,3\}$.由抽屉原理,b、c、d 中必定有两个相等,但这两个相等的数在 b、c、d 中或者相邻,或者夹着一个数,这与 b、c、$d\in\{2,3\}$(至少夹着 2 个数)矛盾.综上所述,合乎条件的排列共有两个:2,3,4,2,1,3,1,4 及 4,1,3,1,2,4,3,2.

另解:先考察两个 4 的排位,$\underline{A}$ 4 $\underline{B}$ 4 $\underline{C}$.考察 B 处的 4 个数,则 B 处不可能有两个 3,否则 B 处含有 3×××3,至少含有 5 个

数,矛盾.B 处也不可能没有3,否则 B 处只能排1,1,2,2.当满足两个2的排位时,排法为2,1,1,2,此时两个1中没有数,矛盾.于是 B 处恰有一个3.

(1) 设另一个3在 A 中,得到排位:$\underline{A_1}$ 3 $\underline{A_2}$ 4 $\underline{A_3}$ 3 $\underline{A_4}$ 4 $\underline{A_5}$.注意两个3中有3个数,于是 A_2、A_3 中共有两个数.如果这两个数都是2,则两个2中不足两个数;如果这两个数都是1,则只能是 A_2、A_3 中各有一个1.此时,两个2或都在 $A_4 \cup A_5$ 中,或都在 A_1 中,此时它们之间不足两个数.或一个在 A_1 中,一个在 $A_4 \cup A_5$ 中,此时它们之间多于两个数,都矛盾,于是 A_2、A_3 中恰有一个1与一个2.当 A_2 中有1时,A_3 中不能有1,而两个1之间夹一个数,所以 A_1 中有1,得到顺序排列1,3,1,4,3,4,此时插入两个2后,两个4中不足4个数,矛盾.当 A_3 中有1时,A_2 中不能有1,所以 A_4 中有1,得到顺序排列:3,4,1,3,1,4,此时插入两个2,使两个2之间有2个数,有5种方法,但只有2,3,4,2,1,3,1,4合乎条件.

(2) 设另一个3在 C 中,类似得到4,1,3,1,2,4,3,2.

2. 用99个点代表99个人,当且仅当两个人认识时对应的点之间连边,得到图 G.取 G 中的一条边 A_1A_2,在 G 中去掉不与 A_1、A_2 都相邻的点,因为不与 A_1 相邻的点至多有 $99-67-1=31$ 个,不与 A_2 相邻的点也至多有31个,于是,剩下的与 A_1、A_2 都相邻的点至少有 $99-2-2\times 31=35$ 个,记这些点的集合为 V_1,在 V_1 中取一个点,设为 A_3,得到三角形 $A_1A_2A_3$.考察 $V_1\backslash\{A_3\}$,其中至少有 $35-1=34$ 个点,这些点都与 A_1、A_2 相邻,其中不与 A_3 相邻的点至多有31个,在 V_1 中去掉这些点,至少剩下 $34-31=3$ 点,这些点与 A_1,A_2,A_3 都相邻,在其中取一个点,设为 A_4,便得到一个 K_4:$A_1A_2A_3A_4$,所以结论成立.

3. 对 n 归纳.当 $n=2m+1$ 时,n 个点之间连了 $mn=\dfrac{1}{2}n(n$

-1)条线段,此时的图为完全图,结论成立.设结论对小于 n 的自然数成立.考察 n 个点的情形.假定去掉一个点 A,$d(A)=k$,则去掉了 k 条边,还剩下 $mn-k$ 条边,为了利用归纳假设,需要 $mn-k \geqslant m(n-1)$,即 $k \leqslant m$,于是,若存在点 A,使 $d(A) \leqslant m$,则利用归纳假设,结论成立.若所有点 A 都有 $d(A)>m$,我们可直接构造出合乎条件的链.任取一个点 A_1,再取一个与 A_1 相连的点 A_2,由 $d(A_1) \geqslant m+1$ 知 A_2 存在.若 $2<m+1$,则再取一个与 A_2 相连且异于 A_1 的点 A_3,由 $d(A_2) \geqslant m+1$ 知 A_3 存在……如此下去,直至取出了点 $A_1,A_2,\cdots,A_t$,使除 $A_1,A_2,\cdots,A_{t-1}$ 外,再没有点与 A_t 相连,此时,$t \geqslant m+1$.证毕.

4. 用点代表取定的格,采用逐步扩充策略:任取一个点染红色,沿行前进达到的一个点染蓝色,再沿列前进达到的一个点染红色.如此下去,每沿行前进达到的点染蓝色,沿列前进达到的一个点染红色,直至不能染色为止,设最后染色的一个点为 A(图 2.14).

(1)若染 A 是沿行前进的,则 A 是蓝色.因为 A 是最后染色的,不能再沿列前进,说明 A 同列有一个点 B 被染色,又该列只有两个点,从而 B 染色之后一定是沿行前进(B 在 A 之前染色)染一个蓝点 C,于是 B 红色,由此可见,已染色的点所在行与列都是两个异色点.

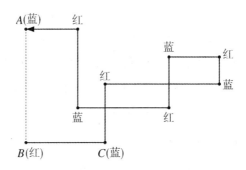

图 2.14

2 逐步扩充逼近

(2) 若染 A 是沿列前进的,同样可知,已染色的点所在行与列都是两个异色点.如果所有点被染色,则结论成立.如果还有点未染色,再继续上述过程,直至所有都被染色即可.综上所述,命题获证.

5. 先对奇数 n,构造一条由 n 段组成的封闭折线,使折线各段相交所得的交点个数恰好为 $\frac{1}{2}n(n-3)$.为了使交点尽可能地多,自然的策略是:在构造折线的每一段时,后画的段与前面每一个不与其相邻的段都应相交,且不过已有的交点.具体构造办法如下:作圆 O,设直径的两端点为 A_1, A_n,在半圆靠近 A_n 的地方取点 A_2,在另一半圆靠近 A_1 的地方取点 A_3,然后在劣弧 A_1A_2 上取点 A_4,使弦 A_3A_4 不过已有的交点,这是可以办到的,因为劣弧 A_1A_2 上有无数个点,而已有的交点只有有限个.同样,在劣弧 A_3A_n 上取点 A_5,使弦 A_4A_5 不过已有的交点……一般地,在劣弧 A_1A_{2k} 上取点 A_{2k+2},使弦 $A_{2k+1}A_{2k+2}$ 不过已有的交点,又在劣弧 $A_{2k+1}A_n$ 上取点 A_{2k+3},使弦 $A_{2k+2}A_{2k+3}$ 不过已有的交点.直至在劣弧 A_1A_{n-3} 上取定点 A_{n-1},使弦 $A_{n-2}A_{n-1}$ 和弦 $A_{n-1}A_n$ 都不过已有的交点,则闭折线 $A_1A_2A_3\cdots A_n$ 恰有 $\frac{1}{2}n(n-3)$ 个交点,这是因为每条弦都与另外的 $n-3$ 条弦相交,且得到的交点互不相同(图 2.15).

此外,设 $f(n)$ 是 n 段折线自身相交的交点的个数,我们证明:对任何正整数 n,有 $f(n) \leqslant \frac{1}{2}n(n-3)$.考察折线的每一段上的交点个数(线段对 S 的贡献).每一段最多与其他 $n-3$ 段相交(线段本身及与其相邻的两段都不与之相交),产生 $n-3$ 个交点,这样,n 段上共有 $n(n-3)$ 个

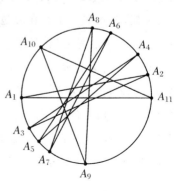

图 2.15

交点.但每个交点都属于至少两条线段,至少被计数两次,于是 $f(n) \leqslant \frac{1}{2}n(n-3)$.

6. 设闭折线为 $A_1A_2\cdots A_nA_1$,显然,折线每条边上至多有 $n-3$ 个交点,如果某条边上有 $n-3$ 个交点,则称之为"大边",我们证明折线中至多有两条大边.

首先,因为 n 为偶数,所以折线 $A_1A_2\cdots A_nA_1$ 中任何两个相邻顶点的下标奇偶性不同,于是大边同侧的顶点下标奇偶性相同;其次,每一条大边都与折线中其他 $n-1$ 条边有公共点,如果有 3 条大边,则这 3 边两两有公共点,他们之间的位置关系只有如下 3 种情形:

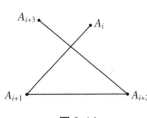

图 2.16

(1) 有两对大边相邻,不妨设 3 条大边为 A_iA_{i+1}、$A_{i+1}A_{i+2}$、$A_{i+2}A_{i+3}$,此时,因为 A_iA_{i+1} 与 $A_{i+2}A_{i+3}$ 相交,从而点 A_i、A_{i+3} 在大边 $A_{i+1}A_{i+2}$ 的同侧(图 2.16),于是 i 与 $i+3$ 同奇偶,矛盾.

(2) 恰有一对大边相邻,不妨设 3 条大边为 A_iA_{i+1}、$A_{i+1}A_{i+2}$、A_jA_{j+1},此时,因为点 A_i、A_{j+1} 在大边 $A_{i+1}A_{i+2}$ 的同侧(图 2.17),于是 i 与 $j+1$ 同奇偶,又点 A_j、A_{i+2} 在大边 A_iA_{i+1} 的同侧,于是 j 与 $i+2$ 同奇偶,但 i 与 $i+2$ 同奇偶,所以 j 与 $j+1$ 同奇偶,矛盾.

(3) 任何大边都不相邻,不妨设 3 条大边为 A_iA_{i+1}、A_jA_{j+1}、A_kA_{k+1},此时,因为点 A_i、A_{j+1} 在大边 A_kA_{k+1} 的同侧(图 2.18),于是 i 与 $j+1$ 同奇偶,又点 A_{j+1}、A_k 在大边 A_iA_{i+1} 的同侧,于是 $j+1$ 与 k 同奇偶,又点 A_k、A_{i+1} 在大边 A_jA_{j+1} 的同侧,于是 k 与 $i+1$ 同奇偶,所以 i 与 $i+1$ 同奇偶,矛盾.

由此可知,$j(n) \leqslant \frac{1}{2}[2(n-3)+(n-2)(n-4)] = \frac{1}{2}(n^2-4n$

$+2)$;最后构造这样的圈,使其中 $n-2$ 条选点线段上各有 $n-4$ 个交点,另两条选点线段上各有 $n-3$ 个交点,此时交点个数为 $\frac{1}{2}(n^2-4n+2)$.

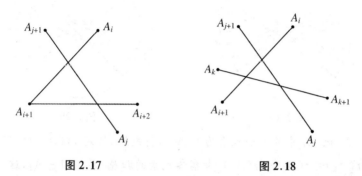

图 2.17　　　　　　　图 2.18

具体构造办法如下:记 $n=2k+4$,作圆 O,设 AB、CD 是其两条直径,在劣弧 BD 上靠近 B 的地方取点 B_1,连 AB_1,在劣弧 AC 上靠近 A 的地方取点 A_1,连 BA_1;在劣弧 B_1D 上靠近 B_1 的地方取点 B_2,连 A_1B_2,使弦 A_1B_2 不过已有的交点,这是可以办到的,因为劣弧 B_1D 上有无数个点,而已有的交点只有有限个.同样,在劣弧 A_1C 上靠近 A_1 的地方取点 A_2,连 B_1A_2,使弦 B_1A_2 不过已有的交点;接着,在劣弧 B_2D 上靠近 B_2 的地方取点 B_3,连 A_2B_3,使弦 A_2B_3 不过已有的交点.在劣弧 A_2C 上靠近 A_2 的地方取点 A_3,连 B_2A_3,使弦 B_2A_3 不过已有的交点;如此下去,直至在劣弧 $B_{k-1}D$ 上靠近 B_{k-1} 的地方取点 B_k,连 $A_{k-1}B_k$,使弦 $A_{k-1}B_k$ 不过已有的交点.在劣弧 $A_{k-1}C$ 上靠近 A_{k-1} 的地方取点 A_k,连 $B_{k-1}A_k$,使弦 $B_{k-1}A_k$ 不过已有的交点,最后连 A_kD、B_kC,则当 k 为奇数时,得到圈 $ABA_1B_2A_3B_4A_5\cdots B_{k-1}A_kDCB_kA_{k-1}B_{k-2}A_{k-3}\cdots B_3A_2B_1A$(图 2.19),当 k 为偶数时,得到圈 $ABA_1B_2A_3B_4A_5B_6\cdots A_{k-1}B_kCDA_kB_{k-1}A_{k-2}B_{k-3}\cdots B_3A_2B_1A$(图 2.20),其上都恰有 $\frac{1}{2}(n^2-$

$4n+2$)个交点,这是因为弦 AB、CD 都与 $n-3$ 条弦相交,其他弦都与 $n-4$ 条弦相交,且得到的交点互不相同.

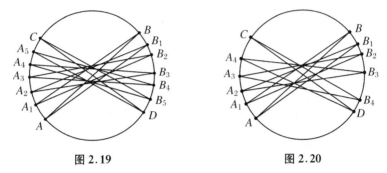

图 2.19　　　　　　　　　　图 2.20

7. 记 A_i 中的最小元素为 $t(A_i)$,特别地,规定 $t(\varnothing)=\infty$. 不妨设 $t(A_1)\leqslant t(A_2)\leqslant t(A_3)$. 考察各元素的归属. 显然,$1\in A_1$,这样,$t(A_1)=1$ 为奇数. 若 A_2、A_3 都非空,那么由(2)知,$t(A_1)$、$t(A_2)$ 一奇一偶. 易知 $2\notin A_3$,否则,$t(A_2)\geqslant 3>2=t(A_3)$,矛盾. 于是 $2\in A_1$ 或 $2\in A_2$,从而 2 有两种排法. 再考察 3 的排法,有以下几种情况:
(i) $2\in A_1$(放入 3 之前,A_2、A_3 暂时都为空集),那么,$3\notin A_3$,否则,$t(A_2)\geqslant 4>3=t(A_3)$,矛盾. 所以 $3\in A_1$ 或 $3\in A_2$,3 有两种排法. (ii) $2\in A_2$(放入 3 之前,A_3 暂时为空集),那么 $3\notin A_1$,否则,A_1 不满足(1),矛盾. 所以 $3\in A_2$ 或 $3\in A_3$,3 亦有两种排法.

于是不论哪种情况,3 都有两种排法. 由此猜想,以后的每个元素都有两种排法. 考察 4 的排法,此时,应先了解与 4 相邻的元素 3 的放法,有以下几种情况:

(i) $3\in A_1$,那么由(1),必有 $1,2,3\in A_1$(放入 4 之前,A_2、A_3 暂时都为空集),所以 $4\notin A_3$,否则,$t(A_2)\geqslant 5>4=t(A_3)$,矛盾. 所以 $4\in A_1$ 或 $4\in A_2$,4 有两种排法.

(ii) $3\in A_2$,则 $2\notin A_3$,否则 $t(A_2)=3>2=t(A_3)$(放入 4 之前,A_3 暂时为空集). 若 $2\in A_1$,由(1),$4\notin A_1$,所以 $4\in A_3$ 或 $4\in A_2$,4 有两种排法. 若 $2\in A_2$,则 $t(A_2)=2$,由(2),$4\notin A_3$,所以 $4\in$

A_1 或 $4 \in A_2$,4 有两种排法.

（ⅲ）$3 \in A_3$,则 $2 \notin A_3$、A_1,否则,若 $2 \in A_3$,有 $t(A_2) \geqslant 4 > 2 = t(A_3)$,矛盾;若 $2 \in A_1$,则 $t(A_2) \geqslant 4 > 3 = t(A_3)$,矛盾（放入 4 之前,$A_1,A_2,A_3$ 都不为空集）.所以 $2 \in A_2$,又 $1 \in A_1$,所以 $4 \in A_1$ 或 $4 \in A_3$,但 4 与 2 同奇偶,所以 $4 \notin A_2$,所以 4 有两种排法.于是不论哪种情况,4 都有两种排法.

一般地,设 $2,3,\cdots,a-1$ 都有两种放法,我们考虑数 a 的放法.为此,首先应弄清 x 可放入 A_i 的充要条件.x 可放入 A_1 或 A_2,等价于:x 与 A_1 或 A_2 中已放入的最大元不同奇偶.x 可放入 A_3,等价于:A_3 暂时为空,x 与 $t(A_2)$ 不同奇偶;A_3 不为空,x 与 A_3 中已放的最大元不同奇偶.有以下几种情况:

(1) $1,2,\cdots,a-1 \in A_1$,则 $a \notin A_3$.所以 $a \in A_1$ 或 $a \in A_2$,A 有两种排法.

(2) $1,2,3,\cdots,a-1$ 中至少有一个不属于 A_1,且 $1,2,\cdots,a-1$ 都不属于 A_3（即 A_3 暂时为空）,设 X、Y 是集合 A_1、A_2 的一个排列,则 a 可放在 $a-1$ 所在的集合 X 中.此外,a 还有一种放法,分下面两种情况:

（ⅰ）对 $1,2,\cdots,a-2$ 的放法,$a-1$ 不可放 A_3,则 $a-1$ 与 $t(A_2)$ 同奇偶,a 与 $t(A_2)$ 不同奇偶,从而 a 可放在 A_3 中.但 a 不可放在 Y 中,否则,$a-1$ 有两种放法,而 $a-1$ 不属于 A_3,于是 $a-1$ 可放在 X、Y 中,即 $a-1$ 与 X、Y 中暂时的最大元不同奇偶,从而 a 与 X、Y 中暂时的最大元同奇偶,又 $a-1$ 不属于 Y,所以 a 不属于 Y.

（ⅱ）对 $1,2,\cdots,a-2$ 的放法,$a-1$ 可放 A_3,则 $a-1$ 与 $t(A_2)$ 不同奇偶,a 与 $t(A_2)$ 同奇偶,从而 a 不在 A_3 中.但 $a-1$ 可放在 A_3 中,又 $a-1$ 可放在 X 中,从而 $a-1$ 不能放在 Y 中,即 $a-1$ 与 Y 中暂时的最大元同奇偶,从而 a 与 Y 中暂时的最大元不同奇偶,所

以 a 可放入 Y 中.

(3) $1,2,3,\cdots,a-1$ 中至少有一个不属于 A_1,且 $1,2,\cdots,a-1$ 中至少有一个属于 A_3(即 A_3 已非空).此时,设 X、Y、Z 是集合 A_1、A_2、A_3 的一个排列,并假定 $a-1$ 所在的集合为 X,且对 $1,2,\cdots,a-2$ 的放法,$a-1$ 还可放在 Y 中,但 $a-1$ 不可放在 Z 中,则 a 可放在 X 中.注意到 $a-1$ 不可放在 Z 中,则 $a-1$ 与 Z 中暂时的最大元同奇偶,从而 a 与 Z 中暂时的最大元不同奇偶,a 可放在 Z 中.又 $a-1$ 可放在 Y 中,则 $a-1$ 与 Y 中暂时的最大元不同奇偶,从而 a 与 Y 中暂时的最大元同奇偶,又 $a-1$ 不在 Y 中,所以 a 不可放在 Y 中.综上所述,a 有两种放法.于是,所有合乎条件的划分数为 2^{n-1}.

另解:我们证明更强的结论.依次将 $1,2,\cdots,n$ 归入 A_1、A_2、A_3,设 A_1、A_2、A_3 中已放入的最大元分别为 $t(A_1)$、$t(A_2)$、$t(A_3)$,规定 $t(\varnothing)=\infty$.则 $2,3,\cdots,n$ 都有两种放法,且当 $n\in A_i$ 时,$t(A_j)$、$t(A_k)$ 的奇偶性不同.

对 n 归纳.当 $n=2$ 时,不妨设 $1\in A_1$,此时 2 可在 A_2 中(一种放法).

若 $2\notin A_1$,则 $2\in A_2$ 或 A_3,但不管 $2\in A_2$ 还是 A_3,得到的划分是同一个划分,所以不妨设 $2\in A_2$,从而 2 有两种放法.结论成立.设 $1,2,3,\cdots,a$ 都已放入,不妨设 a 在 A_i 中,则 $t(A_j)+t(A_k)$ 为奇数,此时 $a+1$ 可放在 A_i 中(一种放法).此外,$t(A_j)$、$t(A_k)$ 中恰有一个与 $a+1$ 的奇偶性不同,不妨设 $t(A_j)$ 与 $a+1$ 的奇偶性不同,则 $a+1$ 不可放在 A_k 中,下面证明 $a+1$ 可放在 A_j 中.因为最小的正偶数为 2,若 $t(A_j)=0$,则 $a+1$ 为奇数,此时 $a+1$ 放入 A_j 后仍只有一个最小正数为偶数.若 $t(A_j)>0$,则 A_i、A_j、A_k 在放 $a+1$ 之前只有一个最小正数为偶数,即 2,则 $a+1$ 放入 A_j 后仍只有一个最小正数为偶数.于是 $a+1$ 有两种放法.此外,若 $a+1$ 放入 A_i 中,则由归纳假设,$t'(A_j)+t'(A_k)=t(A_j)+t(A_k)$ 为奇数.若 $a+1$

2 逐步扩充逼近

放入 A_j 中,而 $a+1$ 又可放入 A_i 中,所以 $a \equiv t(A_j) \pmod{2}$,但 $t(A_j)$、$t(A_k)$ 的奇偶性不同,所以 a 与 $t(A_k)$ 的奇偶性不同,即 $t'(A_i)$、$t'(A_k)$ 的奇偶性不同,由归纳原理,命题获证.

8. 先看 2×2 棋盘,为了行和为平方数,利用勾股数,可这样构造如下数表:

$$9,16 \qquad\qquad 9a^2,16a^2$$
$$9,16 \qquad\qquad 9b^2,16b^2$$

再考虑列和为平方数,引入参数 a、b,只需 $a^2+b^2=c^2$,且 $16a^2 > 9b^2$. 取 $a=6$、$b=8$,所得数表:

$$9\times 36, \quad 16\times 36$$
$$9\times 64, \quad 16\times 64$$

合乎条件. 再看 2×3 棋盘,假设填入两行相同的平方数 a^2、b^2、c^2:

$$a^2, b^2, c^2$$
$$a^2, b^2, c^2$$

为了使行和为平方数,可适当选择 c,使 $a^2+b^2+c^2$ 为平方数.

(1) 若 a、b 都为偶数,设 $a^2+b^2=4k+4$,令 $c=k$,则 $a^2+b^2+c^2=k^2+4k+4=(k+2)^2$.

(2) 若 a、b 一奇一偶,$a<b$,设 $a^2+b^2=2k+1$,取 $c=k$,则 $a^2+b^2+c^2=k^2+2k+1=(k+1)^2$. 引入参数 x、y,作修正表:

$$x^2a^2, x^2b^2, x^2c^2$$
$$y^2a^2, y^2b^2, y^2c^2$$

令 $x^2+y^2=z^2$,并取 x 为奇数,设 $x^2=2k+1$,令 $y=k$ 即可,此时

$$x^2+y^2=2k+1+k^2=(k+1)^2$$

一般地,不妨设 $m\leqslant n$,取 $a_1<a_2<\cdots<a_{n-1}$ ($n>1$) 为平方数,其中 a_1 为奇数,$a_1\geqslant 3$,$a_2<a_3<\cdots<a_{n-1}$ 为偶数,那么,$a_1^2+a_2^2+\cdots+a_{n-1}^2$ 为奇数,设为 $2k+1$,归纳定义:$a_n=k$,则 $a_1^2+a_2^2+\cdots+a_n^2=2k+1+k^2=(k+1)^2$,且 $a_1<a_2<\cdots<a_{n-1}<k=a_n$. 否则,

若有 $a_i \geq k (i < n)$，那么 $2k+1 = a_1^2 + a_2^2 + \cdots + a_{n-1}^2 \geq a_i^2 = k^2$，所以，$k < 3$，矛盾. 这样，数表：

$$b_1^2 a_1^2 < b_1^2 a_2^2 < \cdots < b_1^2 a_n^2$$
$$b_2^2 a_1^2 < b_2^2 a_2^2 < \cdots < b_2^2 a_n^2$$
$$\cdots\cdots\cdots\cdots$$
$$b_m^2 a_1^2 < b_m^2 a_2^2 < \cdots < b_m^2 a_n^2$$

每一行的数互异，且各行的和为平方数. 下面选择 b_i，使 $b_i^2 a_n^2 < b_{i+1}^2 a_1^2$，且 $b_1^2 + b_2^2 + \cdots + b_m^2$ 为平方数. 取 b_1 为奇数，$b_1 > 1$，$b_2, \cdots, b_m$ 为偶数，且 $b_{i+1} > \dfrac{b_i a_n}{a_1}$ $(i=1,2,\cdots,m-2)$. 若

$$b_1^2 + b_2^2 + \cdots + b_{m-1}^2 = 2s+1$$

则定义 $b_m = s$，数表合乎题目要求. 实际上，有

$$b_m = s = \frac{1}{2}(b_1^2 + b_2^2 + \cdots + b_{m-1}^2 - 1)$$
$$> \frac{1}{2} b_{m-1}^2 \geq \frac{b_{m-2} a_n b_{m-1}}{2 a_1} = \frac{b_{m-2}}{2} \cdot \frac{a_n b_{m-1}}{a_1} \geq \frac{a_n b_{m-1}}{a_1}$$

9. 将数表的各个格二染色，使任何两个相邻的格异色，记数表中各个黑色格内所填的数的和为 S_1，各个白色格内所填的数的和为 S_2，令 $S = S_1 - S_2$. 显然，每次操作 S 不变，这是因为 S_1、S_2 同时增加或同时减少 k. 要使目标状态中的各个数为 0，则目标状态中 $S = 0$，于是，初始状态中 $S = 0$，即 $S_1 = S_2$.

其次，操作中每个数模 k 不变，要使目标状态中的各个数为 0，则初始状态中的各个数模 k 都为 0. 最后，每个数加 k 要变成自然数，又每个数模 k 都为 0，则每个数都是自然数. 由此可见，数表中每个数都是 k 的倍数的自然数，且黑格中的数的和与白格中的数的和相等.

下证此条件也是充分的. 我们只需具体给出一个操作方法，逐步减少数表中非 0 的数的个数.

如图 2.21，将 $m \times n$ 数表中 mn 个数排成一个数列 $A: a_1$，

$a_2, \cdots, a_{mn}$,使数列 A 中相邻两个数在数表中是相邻(具有公共边)的. 先考虑如何使 a_1 变成 0,似乎只需对 (a_1, a_2) 操作即可:若 $a_1 \leqslant a_2$,则直接对 (a_1, a_2) 操作即可使 a_1 变成 0(减少 a_1). 若 $a_1 > a_2$,则还需要借助第 3 个项 a_3,先对 (a_2, a_3) 操作,使 a_2 变成 a_1(增加 $a_1 - a_2$). 由此可见,总可通过连续 3 个项 a_1、a_2、a_3,使 a_1 变成 0. 如此下去,剩下最后两个项 a_{mn-1}、a_{mn},其余项都变成 0. 因为 $S_1 = S_2$,且操作中 $S_1 - S_2$ 不变,必有 $a_{mn-1} = a_{mn}$,再对这两个数连续进行若干次减少 k 的操作,可使所有数都变成 0.

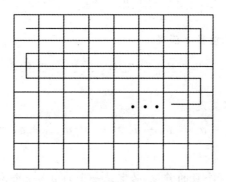

图 2.21

10. 令 $S = a_1 + a_2 + \cdots + a_{2n+1}$,依题意,对任何 a_i,$S - a_i$ 可以均匀分为两组,且和相等,于是,$S - a_i$ 为偶数,即 a_i 与 S 同奇偶. 由 i 的任意性可知:

$$a_1, a_2, \cdots, a_{2n+1} \text{ 同奇偶} \qquad (*)$$

以上说明,具有性质 P 的数组必具有性质 $(*)$. 今定义一个操作 T,使对整数组 $(a_1, a_2, \cdots, a_{2n+1})$ 进行操作时,仍得到整数组,且数组的性质 P 不变. 令 $T(a_1, a_2, \cdots, a_{2n+1}) = (ka_1 + b, ka_2 + b, \cdots, ka_{2n+1} + b)$,其中 k、b 是任意常数(不同的操作选取的常数可以不同),但须保证 $ka_i + b$ 都是整数. 显然,对任何合乎要求的 k、b,操作 T 不改变数组的性质 P. 对 $(a_1, a_2, \cdots, a_{2n+1})$ 依次进行以下操作:

$(a_1, a_2, \cdots, a_{2n+1})$(取 $k=1, b=-a_1$)$\to (0, a_2-a_1, a_3-a_1, \cdots, a_{2n+1}-a_1)$,由性质(*)知,此数组中的数都是偶数,于是可取操作

$$k=\frac{1}{2}, b=0 \to \left(0, \frac{a_2-a_1}{2}, \frac{a_3-a_1}{2}, \cdots, \frac{a_{2n+1}-a_1}{2}\right)$$

由性质(*)知,此数组中的数都是偶数,于是仍可取操作取

$$k=\frac{1}{2}, b=0 \to \left(0, \frac{a_2-a_1}{2^2}, \frac{a_3-a_1}{2^2}, \cdots, \frac{a_{2n+1}-a_1}{2^2}\right)$$

如此下去,有

$$\cdots \to \left(0, \frac{a_2-a_1}{2^r}, \frac{a_3-a_1}{2^r}, \cdots, \frac{a_{2n+1}-a_1}{2^r}\right)$$

所以,对一切正整数 r 满足

$$\frac{a_2-a_1}{2^r}, \frac{a_3-a_1}{2^r}, \cdots, \frac{a_{2n+1}-a_1}{2^r}$$

都为整数,这只能是

$$a_2-a_1=a_3-a_1=\cdots=a_{2n+1}-a_1=0$$

故结论成立.

11. 先排两个数的首位,必定是一个为 a_1,一个为 a_2.

接下来排两个数的第二位(如果都有的话),必定是一个为 a_3,一个为 a_4.这是因为,不管它们后面各自是否有数位,在"积 AB"中,它们相乘后所在数位比后面的数字相乘所在数位要高.

比较 $\overline{a_1 a_3} \cdot \overline{a_2 a_4}$ 与 $\overline{a_1 a_4} \cdot \overline{a_2 a_3}$,设 $a_3 - a_4 = r$,则将 $\overline{a_1 a_3} \cdot \overline{a_2 a_4}$ 换成 $\overline{a_1 a_4} \cdot \overline{a_2 a_4}$,增大了 r 个 $\overline{a_1 a_3}$,进一步换成 $\overline{a_1 a_4} \cdot \overline{a_2 a_3}$,则又减少了 r 个 $\overline{a_2 a_3}$,于是 $\overline{a_1 a_3} \cdot \overline{a_2 a_4}$ 到 $\overline{a_1 a_4} \cdot \overline{a_2 a_3}$ 增加了 r 个 $(\overline{a_1 a_3} - \overline{a_2 a_3}) > 0$,所以 $\overline{a_1 a_3} \cdot \overline{a_2 a_4} < \overline{a_1 a_4} \cdot \overline{a_2 a_3}$.

由上讨论可知,两个首位排最大两个数,接下来排两个数的第二位,大点的(或多出数位的)数排在首位较小的那个数的第二位,接下来排两个数的第3位,大点的(或多出数位的)数排在首位较小的那个数的第3位……如此下去,直至排完各个数字.故最大的积为

$$\overline{a_2 a_3 \cdots a_{2p-1} a_{2p+1} a_{2p+2} \cdots a_n} \cdot \overline{a_1 a_4 a_6 \cdots a_{2p}}.$$

12. 先证明引理:设

$$g(x) = \frac{a}{x+b} + \frac{x}{(x+b)^2}$$

其中 $a \geqslant 0, b \geqslant 1$,利用判别式方法可以求得:当 $x = \dfrac{b(1-a)}{1+a}$ 时, $g(x)$ 的最大值为 $\dfrac{(1+a)^2}{4b}$.

解答原题.固定 $x_2, x_3, \cdots, x_n$,则 H 是关于 x_1 的函数 $g(x_1) + C_1$,其中 $a_1 = 0, b_1 = 1 + x_2 + \cdots + x_n$. 则由引理知,当 $x_1 = \dfrac{(1+x_2+x_3+\cdots+x_n)(1-a_1)}{1+a_1}$ 时, $g(x_1) + C_1$ 的最大值为

$$\frac{(1+a_1)^2}{4} \frac{1}{1+x_2+x_3+\cdots+x_n} + \frac{x_2}{(1+x_2+x_3+\cdots+x_n)^2} + \cdots + \frac{x_n}{(1+x_n)^2} = H_2$$

再固定 $x_3, x_4, \cdots, x_n$,则 H_2 是关于 x_2 的函数 $g(x_2) + C_2$,其中 $a_2 = \dfrac{(1+a_1)^2}{4}, b_2 = 1 + x_3 + \cdots + x_n$. 则由引理知,当 $x_2 = \dfrac{(1+x_3+x_4+\cdots+x_n)(1-a_2)}{1+a_2}$ 时, $g(x_2) + C_2$ 的最大值为

$$\frac{(1+a_2)^2}{4} \frac{1}{1+x_3+x_4+\cdots+x_n} + \frac{x_3}{(1+x_3+x_4+\cdots+x_n)^2} + \cdots + \frac{x_n}{(1+x_n)^2} = H_3$$

如此下去,可以得到

$$\frac{(1+a_{n-1})^2}{4} \frac{1}{1+x_n} + \frac{x_n}{(1+x_n)^2} = H_n$$

再利用引理 ($b=1$),当 $x_n = \dfrac{1-a_n}{1+a_n}$ 时, H_n 的最大值为 $\dfrac{(1+a_n)^2}{4}$,其

中 $a_n = \frac{(1+a_{n-1})^2}{4}$. 由此可知,设 a_n 是 H 的最大值,则 a_n 满足:$a_1 = 0$, $a_k = \frac{(1+a_{k-1})^2}{4}$,且最大值在 $x_n = \frac{1-a_n}{1+a_n}$, $x_{n-1} = \frac{(1+x_n)(1-a_{n-1})}{1+a_{n-1}}$, $\cdots$, $x_1 = \frac{(1+x_2+x_3+\cdots+x_n)(1-a_1)}{1+a_1}$ 时达到. 易知,$a_n \geqslant a_{n-1}$,且当 $0 \leqslant a_{n-1} \leqslant 1$ 时,$0 \leqslant a_n \leqslant 1$,所以 $x_1, x_2, \cdots, x_n$ 都是非负数. 注意到 a_n 是单调有界序列,所以必存在极限,设极限为 a,则 $a = \frac{(1+a)^2}{4}$,解得 $a = 1$.

13. 记 $T_k(X) = \{x_{1_k}, x_{2_k}, \cdots, x_{n_k}\}$,则由特例发现,$T_k(X)$ 中的分量不全相等. 对 k 归纳:设结论对小于 k 的自然数成立,考察 $T_k(X)$.

若 $x_{1_k} = x_{2_k} = \cdots = x_{n_k}$,则由 $T(X)$ 的定义,有

$$\frac{x_{1_{k-1}}+x_{2_{k-1}}}{2} = \cdots = \frac{x_{n_{k-1}}+x_{1_{k-1}}}{2}$$

去分母,得 $x_{1_{k-1}} = x_{3_{k-1}} = \cdots = a$, $x_{n_{k-1}} = x_{2_{k-1}} = x_{4_{k-1}} = \cdots = b$. 由假设,$T_{k-1}(X)$ 中的分量不全相等,所以 $a \neq b$. 若 n 为奇数,则 $x_{1_{k-1}} = x_{2_{k-1}} = \cdots = x_{n_{k-1}}$,与 $a \neq b$ 矛盾. 若 n 为偶数,由于 $x_{i_{k-1}}$ 互异,从而 $X(k-1) \neq X$,即 $k-1 \geqslant 1$.

再考察 $T_{k-2}(X)$,有

$$\frac{x_{1_{k-2}}+x_{2_{k-2}}}{2} = \cdots = \frac{x_{n-1_{k-2}}+x_{n_{k-2}}}{2} = a$$

$$\frac{x_{2_{k-2}}+x_{3_{k-2}}}{2} = \cdots = \frac{x_{n_{k-2}}+x_{1_{k-2}}}{2} = b$$

所以 $a = b$,矛盾,故 $T_k(X)$ 中的分量不全相等. 考察 $T_k(X)$ 特征值 $f_k = M_k - m_k$,其中记 $M_k = \max\{x_{1_k}, x_{2_k}, \cdots, x_{n_k}\}$, $m_k = \min\{x_{1_k}, x_{2_k}, \cdots, x_{n_k}\}$. 若 M_k 在 $T_k(X)$ 中出现 s 次$(s<n)$,那么对 $T_k(X)$ 进行 s 次操作之后,$M_{k+s} < M_k$,这是因为每操作一次,M_k 的个数至

少减少一个(因为各数不全等,知至少有一个 M_k 大于它的相邻项),且操作后不出现比 M_k 大的数.若 m_k 在 $X(k)$ 中出现 t 次($t<n$),类似地,对 $X(k)$ 进行 t 次操作之后,有 $m_{k+t}>m_k$.取 $r=\max(s,t)<n$,那么对 $T_k(X)$ 进行 r 次操作后,$f_{k+r}=M_{k+r}-m_{k+r}<M_k-m_k=f_k$.于是,有限次操作(大操作)后,$f$ 的值减小.如果存在自然数 k,使 $p\geq k$ 时,$X(p)$ 的分量都为整数,则因 $X(p)$ 的分量不全相等,从而 $p\geq k$ 时,$f_p=M_p-m_p$ 为正整数.这样,我们得到序列:$f_p,f_{p+1},f_{p+2},\cdots$.此序列总包含有一个无穷递降的正整数序列,矛盾.

14. 我们给出分配选手的一种算法:记这两间教室分别为 A、B,我们从某一个初始排列开始,通过每次调整一个人从一个教室到另一个教室的操作来达到目标.在上述算法的任何一步,A 和 B 又分别表示教室 A 和教室 B 的选手的集合,并用 $C(A)$、$C(B)$ 分别表示教室 A 和教室 B 的最大团的人数.首先,设 M 是所有参赛选手中的最大团,记 $|M|=2m$,将 M 中的所有成员分配到教室 A 中,然后把另外的所有成员分配到教室 B 中,由 M 的最大性,有 $C(A)=|M|\geq C(B)$.如果 $C(A)>C(B)$,则 A 一定非空,我们从教室 A 中派一人到教室 B 去,每次操作使 $C(A)$ 减少 1,而 $C(B)$ 至多增加 1(因为派去 B 的一个人未必是 B 中最大团的成员).如此反复操作,直至不能操作时为止,此时,有

$$C(A)\leq C(B)\leq C(A)+1 \qquad (*)$$

此外,一定有 $C(A)=|A|\geq m$,否则,M 中至少有 $m+1$ 人在教室 B 中,$C(B)\geq m+1$,而 $C(A)\leq m-1$,所以 $C(B)-C(A)\geq (m+1)-(m-1)=2$,与 $(*)$ 矛盾.设操作结束时,$C(A)=k$,如果同时有 $C(B)=k$,则结论成立,否则有 $C(B)=k+1$.从上面的估计可知,$k=|A|=|A\cap M|\geq m$,$|B\cap M|\leq m$.如果存在一个人 $x\in B\cap M$ 和一个团 $N\subset B$,使得 $|N|=k+1$,但 $x\notin N$,则移动 x 到教室

A,易知此时结论成立. 实际上,移动 x 到教室 A 后,教室 A 中有 M 中的 $k+1$ 人,此时 $C(A) = k+1$. 但 $x \notin N$,移动 x 到教室 A 后,$C(B) = |N|$ 不减少,仍有 $C(B) = k+1$,所以 $C(A) = C(B)$. 如果不存在满足上述条件的选手 x,则教室 B 中的每一个 $k+1$ 元团都包含 $B \cap M$ 的全部元素. 下面反复进行这样的操作:选择 B 中的一个 $k+1$ 元团 N,因为 $|N| = k+1 > m \geq |B \cap M|$,所以 $N \setminus M$ 非空,移动 $N \setminus M$ 中的一个人到教室 A,由于每次操作使 $C(B)$ 至多减少 1,所以当操作不能进行时,有 $C(B) = k$. 考察操作结束的那一时刻,由于 A 中包含有 M 中的 k 个人,从而 $C(A) \geq k$.

下面证明:对 A 中任何团 Q,有 $|Q| \leq k$. 实际上,考虑 Q 中的所有成员,可以分为如下两部分:一部分是原来 A 中属于 M 中的人,因为 M 是一个团,这些成员与 $B \cap M$ 中的人都是朋友. 另一部分是从教室 B 移动到教室 A 中的人,教室 B 中的每一个 $k+1$ 元团都包含 $B \cap M$ 的全部元素,这些人都与 $B \cap M$ 中的人为朋友. 由此可见,Q 中的所有成员都与 $B \cap M$ 中的人为朋友,于是 $Q \cup (B \cap M)$ 也是一个团,所以,$|M| \geq |Q \cup (B \cap M)| = |Q| + |B \cap M| = |Q| + |M| - |A \cap M| = |Q| + |M| - k$,所以 $|Q| \leq k$. 又 $C(A) \geq k$,于是 $C(A) = k$,故 $C(A) = C(B)$,结论成立.

另证:假设结论不成立. 那么当我们把这些人任意分成两组后,两组各自最大团数都不相同. 如果我们考虑先将所有人放入同一组,然后一个一个地移动到另一组,那么在移动的途中,必然存在某个时刻,两边的最大团大小差 1,然后下个时刻,两边的最大团的大小颠倒. 令 A 为全体学生的集合,A 的一个划分 $A = P \cup Q$(其中 P、Q 不交)称为次优的,如果说 P 和 Q 中最大团的成员数相差 1. 下面我们要先证明,存在一个正整数 k,使得 A 的任意"次优"的划分,其两个部分中的最大团的成员数都是 k 和 $k+1$.

反设一个次优划分 $P \cup Q$ 的最大团成员数分别是 k 和 $k+1$,而

2 逐步扩充逼近

另一个次优划分 $R \cup S$ 的最大团成员数分别是 t 和 $t+1$ ($t > k$),我们令 P 最大团成员数是 $k+1$,给 P 中所有人发一顶红帽子,给 Q 中所有人发一顶黄帽子.现在我们按照 R 和 S 来划分,假设 R 最大团成员数是 $t+1$,我们将致力于把 R 集合变成 P 集合,把 S 集合变成 Q 集合.现在如果 R 集合有戴黄帽子的,则移动一个至 S 集合,这时新的 R 和 S 最大团成员数依然只能是 t 和 $t+1$(不能确定哪个是 t 哪个是 $t+1$).总之,每次如果 R 最大团成员数是 $t+1$,则移动 R 中一个黄帽子;如果 S 最大团成员数是 $t+1$,则移动 S 中一个红帽子.如果如此移动下去可以将 R 和 S 变成 P 和 Q,则有 $k=t$.若不然,则一定是有一个集合中已经全是同一色的帽子,而且轮到该集合移动成员,无法移动.但是这样就出现了矛盾,因为同一色帽子中最大团成员数最多是 $k+1$,而需要移动成员的集合需要 $t+1$ 个两两认识的人.

综上所述,存在一个正整数 k,使得 A 的任意"次优"的划分其两个部分中最大团成员数都是 k 和 $k+1$.下面我们要证明,对于 A 的任意划分 $M \cup N$,M、N 中都有一个,其最大团成员数不小于 $k+1$,另一个最大团成员数不多于 k.

如若不然,假设 M 最大团成员数比 N 的多,则从 M 中一个一个移动成员至 N,直到两集合最大团成员数相差 1 为止.如果之前不是一个不小于 $k+1$ 一个不大于 k,那么最后变成的"次优"划分的最大团成员数将不是 k 和 $k+1$.所以,在 A 中任意选出 $k+1$ 个两两认识的人后,剩余的人中最大团成员数将恰为 k.而如果将这 $k+1$ 个人中任意一个移到另一群去,则另一群出现 $k+1$ 人两两认识.由此可见,将这些人任意分成两组,总有一组中存在 $k+1$ 人两两认识,而另一组不存在 $k+1$ 人两两认识,而 k 是一个已定的正整数.接下来我们考虑任何 k 个互相认识的人,如果至少存在一个人,与这 k 个人都认识,设这 k 个人为 $A_1, A_2, \cdots, A_k$,如果把这 k 个人放在同一间

屋子,其他所有人放入另一间屋子,易见另一间屋子存在至少一个"$k+1$ 团". 我们设另一间屋子里所有"$k+1$ 团"的公共元素(人)是 B_1, $B_2, \cdots, B_r$, 我们知道另一间屋子里, 有且仅有 $B_1, B_2, \cdots, B_r$ 与 A_1, $A_2, \cdots, A_k$ 都认识. 事实上, 如果某个 B_i 不认识 $A_1, A_2, \cdots, A_k$ 的所有人, 那么把 B_i 移动到第一间屋子, 两间屋子都不存在"$k+1$ 团"了; 而如果另外一个 C 认识 $A_1, A_2, \cdots, A_k$ 所有人, 而 C 并不是第二间屋子中所有"$k+1$ 团"的公共元素. 那么将 C 移动到第一间屋子, 第一间屋子有了"$k+1$ 团", 而第二间屋子至少还有一个"$k+1$ 团"没有被破坏, 矛盾. 下面, 我们假设人数最多的团有 $k+m$ 个人 ($1 \leqslant m \leqslant k+1$), 并设其中一个"$k+m$ 团"的所有成员是 $A_1, A_2, \cdots, A_{k+m}$, 我们将证明, 所有的"$k+1$ 团"都包含在这个"$k+m$ 团"之中. 如若不然, 则至少存在一个"$k+1$ 团"不包含在这个"$k+m$ 团"之中, 但是显而易见的是, 所有的"$k+1$ 团"都要与这个"$k+m$ 团"有公共的部分, 否则, 将这两个无公共部分的团放入两个房间将导致矛盾. 我们设不包含于此"$k+m$ 团", 但是与此"$k+m$ 团"拥有最多公共成员的"$k+1$ 团"之一是 $A_1, A_2, \cdots, A_x, C_1, C_2, \cdots, C_{k+1-x}$, 它与上面的"$k+m$ 团"拥有 x 个公共成员. 如果 $x = k$, 那么将 $A_1, A_2, \cdots, A_k$ 置于第一个房间, 由刚才的结论, $A_{k+1}, A_{k+2}, \cdots, A_{k+m}$ 与 C_1 都是另一个房间所有"$k+1$ 团"的公共元素, 故他们两两认识. 因此 C 与所有的 A 都认识, 这与人数最多的团有 $k+m$ 人, 矛盾! 如果 $x < k$, 由于 C 中每个人最多认识 A 中的 $k-1$ 个人, 故存在 C_i 和 A_j ($1 \leqslant i \leqslant k+1-x$; $x+1 \leqslant j \leqslant k+1$) 是不认识的, 我们先把 $A_1, A_2, \cdots, A_{k+1}, C_1, C_2, \cdots, C_{k+1-x}$ 这些人放入同一房间, 再将 C_i 和 A_j 移出此房间, 我们期望此房间中没有"$k+1$ 团". 如果此房间中有"$k+1$ 团", 那么这个"$k+1$ 团"将不包含在 A 中, 但是它与 A 至少有 $(k+1)-(k-x) = (x+1)$ 个公共成员, 这与假设矛盾! 于是, 此房间中无"$k+1$ 团", 那么另一个房间里必然有"$k+1$ 团",

且 C_i 与 A_j 都是另一个房间所有"$k+1$ 团"的公共成员,所以 C_i 与 A_j 认识,矛盾! 因此,我们证明了成员数最多的团,包含着所有的"$k+1$ 团". 因此,这个团的成员数必然是 $2k+1$(如果至少是 $2k+2$,则可以对半分出两个"$k+1$ 团"来,如果至多是 $2k$,则对半后将出现没有任意一边有"$k+1$ 团"),但这与题设矛盾! 因此,我们最初的假设不成立,命题得证.

15. $a+c=3b \Leftrightarrow \dfrac{b^2+1}{c}+c=3b \Leftrightarrow b^2+c^2+1=3bc \Leftrightarrow \dfrac{b^2+c^2+1}{bc}=3$. 我们先证 $bc \mid b^2+c^2+1$. 设 $(b,c)=k$,因为 $b^2+1=ac$,所以由 $k\mid b, k\mid c$,得 $k\mid 1$,即 $(b,c)=1$. 又 $c\mid b^2+1$,所以 $c\mid b^2+c^2+1$,同理,$b\mid b^2+c^2+1$,结合 $(b,c)=1$,得 $bc\mid b^2+c^2+1$. 令 $\dfrac{b^2+c^2+1}{bc}=t$,则

$$b^2-(ct)b+c^2+1=0 \qquad (*)$$

于是,(b,c) 是方程 $(*)$ 的解. 不妨设 $b\geqslant c$,若 $b>c$,则将方程 $(*)$ 看作关于 b 的方程,b 是它的一个根,设它的另一个根为 b',则由韦达定理,有

$$b'=tc-b, \quad b'=\dfrac{c^2+1}{b}>0$$

所以,b' 为正整数. 又

$$b'=\dfrac{c^2+1}{b}\leqslant \dfrac{c^2+1}{c+1}\leqslant c<b$$

于是,$c+b'<c+b$,且 (c,b') 亦是方程 $(*)$ 的解. 如果 $c\neq b'$,则继续上述过程,每次操作使 $c+b$ 之值至少减少 1,必定有某个时刻,使 $(c,b)=(x,x)$ 是方程 $(*)$ 的解. 于是,有

$$2x^2+1=x^2 t, \quad t-2=\dfrac{1}{x^2}$$

但 t 为整数,所以 $x=1$,于是 $t=3$,即 $\dfrac{b^2+c^2+1}{bc}=3$. 这样,有

$$a + c = \frac{b^2+1}{c} + c = \frac{b^2+c^2+1}{c}$$

所以

$$\frac{a+c}{b} = \frac{b^2+c^2+1}{bc} = 3$$

$$b + d = b + \frac{c^2+1}{b} = \frac{b^2+c^2+1}{b}$$

所以

$$\frac{b+d}{c} = \frac{b^2+c^2+1}{bc} = 3$$

证毕.

16. 由于 $n|a_1(a_2-1)$,令$(n,a_1)=p$,则 $q=\frac{n}{p}$ 是整数,且 $n=pq$,$p|a_1$,$q|a_2-1$,因此,$(q,a_2)=1$. 由于 $n=pq|a_2(a_3-1)$,有 $q|a_3-1$;如此下去,可得 $q|a_4-1$,$\cdots$,因此,对于任意 $i \geqslant 2$,都有 $q|a_i-1$,特别地,有 $q|a_k-1$. 由于 $p|a_1$,所以

$$n = pq \mid a_1(a_k - 1) \qquad (*)$$

若结论不成立,则 $n=pq|a_k(a_1-1)$,与$(*)$相减,得 $n|(a_k-a_1)$,矛盾. 综上所述,结论成立.

17. 如果正整数 $a \neq b$,使得 $4ab-1|(4a^2-1)^2$,我们称这样的正整数对 (a,b) 为"坏对". 不难发现,坏对具有如下性质:

性质1:如果存在坏对 (a,b),其中 $a<b$,则存在正整数 $c<a$,使 (a,c) 也是坏对. 实际上,设 $\frac{(4a^2-1)^2}{4ab-1} = r$,则 $r \equiv -r \cdot (-1) \equiv -r(4ab-1) = -(4a^2-1)^2 \equiv -1 \pmod{4a}$,所以,存在正整数 c,使得 $r=4ac-1$. 但 $a<b$,我们有 $4ac-1 = \frac{(4a^2-1)^2}{4ab-1} < 4a^2-1$,所以 $c<a$. 又 $4ac-1|(4a^2-1)^2$,所以 (a,c) 也是坏对.

性质2:如果存在坏对 (a,b),则 (b,a) 也是坏对. 实际上,因为

2 逐步扩充逼近

$1 = 1^2 \equiv (4ab)^2 \pmod{4ab-1}$,所以,$(4b^2-1)^2 \equiv [4b^2-(4ab)^2]^2$ $= 16b^4(4a^2-1)^2 \equiv 0 \pmod{4ab-1}$,所以 $4ab-1 | (4b^2-1)^2$,即 (b,a) 也是坏对.

假设存在坏对,在所有坏对中取使 $2a+b$ 最小的一个坏对. 如果 $a<b$,则有性质1,存在正整数 $c<a$,使 (a,c) 也是坏对. 因为 $c<a<b$,于是 $2a+c<2a+b$,与 $2a+b$ 的最小性矛盾. 如果 $b<a$,则有性质2,(b,a) 也是坏对. 因为 $b<a$,于是 $2b+a-(2a+b) = b-a<0$,所以 $2b+a<2a+b$,与 $2a+b$ 的最小性矛盾. 所以坏对不存在,从而必有 $a=b$,证毕.

另证:反设存在 $a \neq b$,使得 $4ab-1 | (4a^2-1)^2$,则 $\dfrac{(4a^2-1)^2}{4ab-1} \in \mathbf{N}$. 因为 $4ab-1 \equiv -1 \pmod{4a}$,$(4a^2-1)^2 \equiv 1 \pmod{4a}$,所以 $\dfrac{(4a^2-1)^2}{4ab-1} \equiv -1 \pmod{4a}$. 设 $\dfrac{(4a^2-1)^2}{4ab-1} = 4ac-1$($c$ 是正整数),则 $(4ab-1)(4ac-1) = (4a^2-1)^2$,化简得

$$b+c-2a = 4a(bc-a^2) \quad (*)$$

因为 $b \neq a$,有 $c \neq a$,由 $(*)$,我们有 $b+c>2a$,否则 $b+c<2a$,$(*)$ 左边将不是 $4a$ 的倍数. 可以假设 $b+c = 2a+k$,那么 $bc-a^2 = 4ak$.

通过上面两式,我们有

$$(b-c)^2 = 4(4a^2k^2 + 4a^2k - k)$$

所以 $4a^2k^2 + 4a^2k - k$ 是一个完全平方数. 由于

$$4a^2k^2 + 4a^2k - k < (2ak+a)^2$$

可以假设

$$4a^2k^2 + 4a^2k - k = (2ak+a-x)^2 \quad (x \text{ 是正整数})$$

化简,得

$$(a-x)^2 = (4ax-1)k$$

取 a 和 x 中较大的一个,把上式化为关于它的二次方程,方程有两个

解,则另一解必定比原来小了,这样无穷递降下去,最终 a 和 x 有一个变成 0,与 a、x 都是正整数矛盾.

18. 假设结果不成立,即存在正整数 a、b 使得 $(36a+b)(a+36b)$ 是 2 的某个幂,则 $(36a+b)$、$(a+36b)$ 分别是 2 的某个幂且次数至少为 37. 于是,a、b 两个整数皆为偶. 令 $a' = \dfrac{a}{2}$,$b' = \dfrac{b}{2}$,则 $(36a'+b')(a'+36b')$ 仍是 2 的某个幂且满足原先的假设. 如此这方法可无限制地继续,但这与 a 和 b 是有限正整数有矛盾. 所以原先的结果成立.

19. 取 $M = 4^{4m}$,记 $S = \{1, 2, \cdots, M\}$,对 $M \times M$ 的二进制方阵 A,考察 A 的第一行,可在 S 中选出 $i_1, i_2, \cdots, i_{\frac{M}{2}}$,使得
$$a_{1,i_1} = a_{1,i_2} = \cdots = a_{1,i_{\frac{M}{2}}} = x_1, \quad x_1 \in \{0,1\}$$
在 $i_1, i_2, \cdots, i_{\frac{M}{2}}$ 中,又可选出 $j_1, j_2, \cdots, j_{\frac{M}{4}}$,使得
$$a_{j_1,1} = a_{j_2,1} = \cdots = a_{j_{\frac{M}{4}},1} = y_1, \quad y_1 \in \{0,1\}$$
显然也有
$$a_{1,j_1} = a_{1,j_2} = \cdots = a_{1,j_{\frac{M}{4}}} = x_1, \quad x_1 \in \{0,1\}$$

记行、列号都取自 $j_1, j_2, \cdots, j_{\frac{M}{4}}$ 的元素组成的主子方阵为 B_1,则 B_1 的第一行全为 x_1,第一列全为 y_1(主对角线上的元素不计,下同). 删去 B_1 的第一行和第一列,同上操作可得 B_2. 类似地,可得方阵列 $B_1, B_2, \cdots, B_{4m}$,其中 B_{i+1} 是 B_i 的主子方阵且 B_i 的阶数是 $\dfrac{M}{4^i}$,B_i 的第一行全为 x_i,第一列全为 y_i($x_i, y_i \in \{0,1\}$,$1 \leqslant i \leqslant 4m$). 在 $4m$ 组 (x_i, y_i) 中,必有 m 组相同(设为 (x, y)),设这 m 组 (x,y) 在原方阵中的行号为 $k_1, k_2, \cdots, k_m$(由取法,列号也是 $k_1, k_2, \cdots, k_m$),从而 $k_1, k_2, \cdots, k_m$ 所在的主子方阵 B 必是好方阵.

20. n^2 个小正三角形共有 $1 + 2 + 3 + \cdots + (n+1) = \dfrac{1}{2}(n+1)$·$(n+2)$ 个顶点,将这些顶点用 A、B、C 三种颜色染色,如图 2.22.

以这些顶点可作出许多正三角形，由染色的对称性，可以看出，任一个这样的正三角形或者三顶点同色，或者三顶点两两异色. 此外，由图可以看出，三顶点两两异色的三角形的边长不小于1，三顶点同色的三角形的边长不小于$\sqrt{3}$. 现在施行一种"稀释"手术，办法是取定一种点最少的颜色，除去染了这种颜色的点. 易知，去掉的点不多于$\frac{1}{6}(n+1)(n+2)$个，因此，剩下

```
A
B C
C A B
A B C A
B C B B C
C A B C A B
A B C A B C A
```

图 2.22

的点不少于$\frac{1}{3}(n+1)(n+2) \geqslant \frac{2}{3} \cdot \frac{n^2}{3}$个. 由前面的讨论可知，以剩下的点为顶点的正三角形的边长不小于$\sqrt{3}$. 再将剩下的点按颜色分为两类，注意到每一类点中边长为$\sqrt{3}$的正三角形构成三角"格点"网，对之分别再施行稀释手术，即分别再用三种颜色去染这样的网点（设想原来的颜色已被去掉），仍如上图，并除去点最少的那种颜色的点，剩下的点不少于$\left(\frac{2}{3}\right)^2 \cdot \frac{n^2}{2}$，以这些点为顶点的正三角形的边长不小于$(\sqrt{3})^2$. 重复这种过程$k$次以后，剩下的点不少于$\left(\frac{2}{3}\right)^k \cdot \frac{n^2}{2}$，以这些点为顶点的正三角形的边长不小于$(\sqrt{3})^k$. 取$n=3^m$，对$n^2$个小正三角形的顶点作$k=2m+1$次稀释之后，依上面的讨论，将剩下不少于$\left(\frac{2}{3}\right)^{2m+1} \cdot \frac{n^2}{2} = \frac{4^m n^2}{3^{2m+1}} = \frac{4^m}{3}$个点，且以这些点为顶点的正三角形的边长不小于$(\sqrt{3})^{2m+1} = \sqrt{3}n > n$. 即经$2m+1$次稀释后，以剩下的点为顶点的正三角形不存在. 由于

$$\frac{4^m}{3} \geqslant 1993n \Leftrightarrow \frac{4^m}{3^m} \geqslant 3 \times 1993 = 5979$$

即

$$m \geqslant \log_{\frac{4}{3}} 5979 = t$$

这表明,取 $n \geqslant 3^t$ 合乎题目要求.

21. 设 A_iA_{i+1} 的中点为 O_i,则由 $|A_iB_i| = \lambda < 1$,知 B_i 在 A_iO_i 上. 又 $|A_iC_i| = \alpha_i \leqslant \lambda$,所以,$C_i$ 在线段 A_iB_i 上(图 2.23).

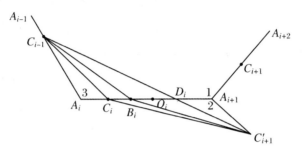

图 2.23

作 $A_{i+1}A_{i+2}$ 关于 A_iA_{i+1} 的对称线段,C_{i+1} 的对称点为 C'_{i+1},连 $C_{i-1}C'_{i+1}$,交 A_iA_{i+1} 于 D_i. 因为 $\angle 2 = \angle 1 = \angle 3$,所以

$$A_iA_{i-1} \parallel A_{i+1}C'_{i+1}$$

$$\frac{A_iD_i}{D_iA_{i+1}} = \frac{A_iC_{i-1}}{A_{i+1}C'_{i+1}} = \frac{2-\alpha_{i-1}}{\alpha_{i+1}} \geqslant \frac{1}{\alpha_{i+1}} \geqslant 1$$

所以 D_i 在线段 O_iA_{i+1} 上,所以

$$C_{i+1}C_i + C_iC_{i-1} = C'_{i+1}C_i + C_iC_{i-1}$$
$$\geqslant C'_{i+1}B_i + B_iC_{i-1} = C_{i+1}B_i + B_iC_{i-1}$$

这表明,将 Z 的顶点 C_i 换作 B_i 后,$P(Z)$ 不增,而且,调整后,Z 仍满足题设条件,继续调整,使所有 $C_i(1 \leqslant i \leqslant n-1)$ 都换作 B_i,命题获证.

22. 我们先探讨一对共轭内切圆所满足的条件,然后将其模式扩展,则由两对共轭内切圆可导致第 3 对内切圆也共轭. 设三个圆的圆心为 I_1、I_2、I_3,半径为 r_1、r_2、r_3,又设 $\triangle ABC$ 的内切圆的半径为 r,半周长为 p,三边长为 a、b、c.

在 $\triangle CAI_1$ 和 $\triangle CBI_2$ 中,设 $I_1D \perp AC$ 于 D,那么,有

$$b = AD + CD = \frac{\cot\dfrac{A}{2} + \cot\dfrac{\alpha}{2}}{r_1}$$

同理

$$a = \frac{\cot\frac{B}{2} + \cot\frac{\beta}{2}}{r_2}$$

其中,α 是过顶点 C 作切 AB、AC 的小圆的切线与 AC 的夹角,β 是过顶点 C 作切 BA、BC 的小圆的切线与 BC 的夹角. 于是

$$\cot\frac{\alpha}{2} = \frac{b}{r_1} - \cot\frac{A}{2} = \frac{b}{r_1} - \frac{p-a}{r}$$

$$\cot\frac{\beta}{2} = \frac{a}{r_2} - \cot\frac{B}{2} = \frac{a}{r_2} - \frac{p-b}{r}$$

由此可知:

圆 I_1 与圆 I_2 共轭 $\Leftrightarrow \alpha = \beta \Leftrightarrow \dfrac{b}{r_1} - \dfrac{p-a}{r} = \dfrac{a}{r_2} - \dfrac{p-b}{r}$

$$\Leftrightarrow \frac{a}{\dfrac{1}{r_1} - \dfrac{1}{r}} = \frac{b}{\dfrac{1}{r_2} - \dfrac{1}{r}}$$

于是,若圆 I_1 与圆 I_2 共轭,圆 I_2 与圆 I_3 共轭,则

$$\frac{a}{\dfrac{1}{r_1} - \dfrac{1}{r}} = \frac{b}{\dfrac{1}{r_2} - \dfrac{1}{r}}, \quad \frac{b}{\dfrac{1}{r_2} - \dfrac{1}{r}} = \frac{c}{\dfrac{1}{r_3} - \dfrac{1}{r}}$$

所以

$$\frac{a}{\dfrac{1}{r_1} - \dfrac{1}{r}} = \frac{c}{\dfrac{1}{r_3} - \dfrac{1}{r}}$$

即圆 I_1 与圆 I_3 共轭.

另证:连 I_1、I_2、I_3,构成 $\triangle I_1 I_2 I_3$,设 AI_1 交 $I_2 I_3$ 于 D,类似得 E、F. 由于圆 I_1 是 $\angle A$ 的外切圆,从而 AI_1 是 $\angle A$ 的角平分线,所以,AD、BE、CF 交于一点,设为 O. 由 Ceva 定理,有

$$\frac{I_1 F}{FI_2} \cdot \frac{I_2 D}{DI_3} \cdot \frac{I_3 E}{EI_1} = 1 \qquad (1)$$

作 $I_2 M \perp AB$ 于 M,$I_3 N \perp AC$ 于 N,则 $\sin \alpha = \dfrac{r_2}{AI_2}$,$\sin \beta = $

$\dfrac{r_3}{AI_3}$. 其中，α 是过顶点 A 作切 AB、BC 的小圆的切线与 AB 的夹角，β 是过顶点 A 作切 AC、BC 的小圆的切线与 AC 的夹角. 于是

$$圆\ I_2\ 与圆\ I_3\ 共轭 \Leftrightarrow \alpha = \beta \Leftrightarrow \dfrac{r_2}{AI_2} = \dfrac{r_3}{AI_3} \Leftrightarrow \dfrac{r_2}{r_3} = \dfrac{AI_2}{AI_3} = \dfrac{DI_2}{DI_3}$$

(2)

于是，若圆 I_1 与圆 I_2 共轭，则

$$\dfrac{r_1}{r_2} = \dfrac{FI_1}{FI_2} \tag{3}$$

将(2)、(3)代入(1)，有 $\dfrac{r_3}{r_1} = \dfrac{EI_3}{EI_1}$. 再注意到结论(2)，知圆 I_3 与圆 I_1 共轭.

23. 因为 j^k 之后的第一个 k 次方为

$$(j+1)^k = j^k + C_k^1 j^{k-1} + \cdots + C_k^{k-1} j + 1$$

对每个 m，必存在 j，使得 $j^k \leqslant m < (j+1)^k$，于是可将 m 表示成 $m = j^k + \alpha j + \beta$. 其中 $j, \alpha, \beta \in \mathbf{Z}$，且

$$0 \leqslant \alpha \leqslant C_k^1 j^{k-2} + \cdots + C_k^{k-1} = t, \quad 0 \leqslant \beta < j$$

这时，不难知道，$[m^{\frac{1}{k}}] = j$，我们称 β 为 m 的"尾数".

(1) 当 $\alpha = 0, 0 < \beta < j$ 时，$m = j^k + \beta$，于是

$$f_1(m) = j^k + \beta + j$$
$$f_2(m) = j^k + j + \beta + j = j^k + 2j + \beta$$
$$\cdots$$

当 $r = C_k^1 j^{k-2} + \cdots + C_k^{k-1} = t$ 时，有

$$f_r(m) = j^k + C_k^1 j^{k-1} + \cdots + C_k^{k-1} j + 1 + (\beta - 1)$$
$$= (j+1)^k + (\beta - 1)$$

所以，$f_r(m)$ 要么是一个 k 次方($\beta = 1$)，要么是比 m 的尾数少 1 的数($\beta > 1$)，继续下去，必定存在一个 s，使得 $f_s(m)$ 为 k 次方.

(2) 当 $0 < \alpha \leqslant t, 0 \leqslant \beta < j$ 时，$m = j^k + \alpha j + \beta$，于是

2 逐步扩充逼近

$$f_1(m) = j^k + \alpha j + \beta + j$$
$$f_2(m) = j^k + (\alpha+1)j + \beta$$

当 $r = C_k^1 j^{k-2} + \cdots + C_k^{k-1} - \alpha = t - \alpha$ 时,有

$$f_r(m) = j^k + C_k^1 j^{k-1} + \cdots + C_k^{k-1} j + \beta$$

若 $\beta = 1$,则

$$f_r(m) = (j+1)^k$$

若 $\beta \geq 2$,则

$$f_r(m) = (j+1)^k + \beta - 1$$

化归为(1).若 $\beta = 0$,则

$$f_{r+1}(m) = f_r(m) + [f_r(m)^{\frac{1}{k}}]$$
$$= (j+1)^k - 1 + [(j^k + C_k^1 j^{k-1} + \cdots + C_k^{k-1} j)^{\frac{1}{k}}]$$
$$= (j+1)^k + (j-1)$$

若 $j=1$,则结论成立;若 $j>1$,则 $f_{r+1}(m) = (j+1)^k + (j-1)$ 是(1)中的"m 型"数,由(1),结论成立.

(3) 当 $\alpha = \beta = 0$ 时,$m = j^k$,$f_1(m) = j^k + j$ 是(1)中的"m 型"数,由(1),结论成立.

另证:对任意正整数 m,不妨设

$$A^k \leq m < (A+1)^k, \quad A \in \mathbf{N}^+$$

令 $m = A^k + b$,则

$$f_1(m) = A^k + b + A$$

若仍有 $A^k \leq f_1(m) < (A+1)^k$,则

$$f_2(m) = A^k + b + 2A$$

所以 $f_2(m) - f_1(m) = A$.由此可见,若正整数 m 满足 $A^k \leq m < (A+1)^k$,则

$$f(f(m)) - f(m) = A \qquad ①$$

反复进行 f 迭代,由于每一次 f 迭代的增量,有

$$f_{i+1}(m) - f_i(m) = A \geq 1$$

所以必存在 $a_1 \in \mathbf{N}^+$，使得 $f_{a_1}(m) \geq (A+1)^k$，且
$$f_{a_1-1}(m) < (A+1)^k$$
即
$$(A+1)^k \leq f_{a_1}(m) < A+(A+1)^k \qquad ②$$
令 $f_{a_1}(m) = (A+1)^k + p, p \in \mathbf{N}$，若 $p=0$，则命题获证.

若 $p \neq 0$，则由②知，$0 < p < A$，且
$$(A+1)^k \leq f_{a_1}(m) < (A+2)^k \qquad ③$$
再对 $f_{a_1}(m)$ 进行 f 迭代，利用结论①可知，在③的限定下每次 f 迭代的增量为 $A+1$，于是必存在 $a_2 \in \mathbf{N}^+$，$a_2 > a_1$，使得 $f_{a_2-1}(m) < (A+2)^k$，且 $f_{a_2}(m) \geq (A+2)^k$. 即
$$(A+2)^k \leq f_{a_2}(m) < (A+1) + (A+2)^k$$
设 $f_{a_2}(m) = (A+2)^k + q, q \in \mathbf{N}$，若 $q=0$，则命题获证.

若 $q \neq 0$，则 $0 < q < A+1$，且注意到 $f_{a_2}(m) \equiv f_{a_1}(m) \pmod{A+1}$（是因每次 f 迭代的增量为 $A+1$），有
$$(A+2)^k + q \equiv (A+1)^k + p$$
所以 $q \equiv p-1 \pmod{A+1}$. 但 $0 < p, q < A+1$，所以 $p-1 = q$，于是
$$f_{a_2}(m) = (A+2)^k + (p-1)$$
上式表明，从 $f_{a_1}(m) = (A+1)^k + p$ 到 $f_{a_2}(m) = (A+2)^k + (p-1)$，使"底" $A+1$ 增加 1（变为 $A+2$），且使"尾" p 减少 1（变为 $p-1$），令 $g(x) = f_{a_2-a_1}(x)$，则

$g_1(f_{a_1}(m)) = (A+2)^k + (p-1)$

$g_2(f_{a_1}(m)) = (A+3)^k + (p-2)$

……

$g_p(f_{a_1}(m)) = (A+p+1)^k + (p-p) = (A+p+1)^k$

证毕.

3 放缩逼近

本章介绍一种逼近策略:放缩逼近.

为了求出某个字母或式子的值(取值范围),我们常常需要"消去"其他的一些字母或式子,得到仅含有目标量的一个不等式.如果题目所给条件中并没有足够的方程供我们进行"消元",这时候,就需要通过放缩的方式去逼近我们的目标:先将有关字母或式子控制在某个范围内,进而求出目标元的值或取值范围.我们称这样一种逼近策略为放缩逼近.

3.1 代入放缩

所谓代入放缩,就是将有关字母(字母团)的存在域的边界值代入题中有关式子中,得到式子范围的估计.它常常需要利用函数的单调性或不等式的基本性质.其变形模式为:将 $a \leqslant c$"代入"某式,得 $f(a) \leqslant f(c)$.它类似于在有关式子中将字母 a"换成"常数 c,只是这里的代入不是恒等变形,而是放缩变形,从而要特别注意"代入"后相关的值是增大还是减小.

代入放缩还包括将常数放缩成有关字母(反向代入),它通常是为了构造相同的结构以便合并或约分化简.

值得指出的是,单独使用代入放缩逼近的情况是很少的,这一放缩逼近方法通常都与其他放缩逼近方法合并使用.

例1(1991年IMO苏联训练题) 求方程:$n!+1=(m!-1)^2$ 的正整数解(m,n).

分析与解 基本想法是,由某个字母的平凡范围,得出另一字母的取值范围,进而改进最初字母的范围.所谓平凡范围是指题中已给出的范围,比如,由题意,有 $n \geqslant 1$,所以由代入放缩,有
$$(m!-1)^2=n!+1 \geqslant 2$$
于是,$m!-1 \geqslant 2$,进而 $m \geqslant 3$.再由代入放缩,有
$$n!=(m!-1)^2-1=(m!-2)\cdot m! \geqslant (3!-2)\cdot m! > m!$$
所以 $n > m \geqslant 3$,于是 $n \geqslant 4$.

为了使方程便于约分化简,作增量代换:$n=m+k$,则方程变为
$$(m+k)(m+k-1)\cdots(m+1)=m!-2 \quad (*)$$

由(*)可知 $k<3$.否则,3整除(*)的左边,但3不整除(*)的右边(因为 $m \geqslant 3$),矛盾.所以 $k=1,2$.

当 $k=1$ 时,$n=m+1$,原方程变为
$$m+1=m!-2$$
所以由反向代入放缩,有
$$m!=m+3 \leqslant 2m(常数3换成字母m)$$
所以 $(m-1)! \leqslant 2$,进而 $m \leqslant 3$.由此得原方程的解为
$$(m,n)=(3,4)$$

当 $k=2$ 时,$n=m+2$.原方程化为
$$(m+2)(m+1)=m!-2$$
所以
$$m!=(m+1)(m+2)+2=m^2+3m+4 \leqslant 4m(m-1)$$
所以 $(m-2)! \leqslant 4$,得 $m \leqslant 4$.

但经检验,$m=3,4$ 都不合乎条件.故原方程的唯一解为(m,n)

$=(3,4)$.

例2(第33届IMO试题) 求出所有的自然数 a、b、c,使 $1<a<b<c$,且 $(a-1)(b-1)(c-1) | abc-1$.

分析与解 先将条件 $(a-1)(b-1)(c-1) | abc-1$ 用我们熟悉的等式表出,得
$$abc - 1 = k(a-1)(b-1)(c-1)$$
注意到方程的解要求 $a>1$,且方程中含有 $a-1$ 等,由此可想到作变量代换,令
$$x = a-1, \quad y = b-1, \quad z = c-1$$
得到
$$xy + yz + zx + x + y + z = kxyz \quad (*)$$
其中,x、y、z 为正整数,且 $x<y<z$. 注意 xyz 与 $xy+yz+zx$ 关系密切,应作除法,这样,方程(*)变为
$$\frac{1}{x} + \frac{1}{y} + \frac{1}{z} + \frac{1}{xy} + \frac{1}{yz} + \frac{1}{zx} = k \quad (**)$$
注意字母的平凡范围 $1<a<b<c$,得 $0<x<y<z$,于是,有
$$1 \leqslant x \leqslant y-1 \leqslant z-2$$
注意到 $k \geqslant 1$,所以方程(**)左边的字母 x、y、z 取值都不能太大. 实际上,若 $x \geqslant 3$(反面估计技巧),则 $y \geqslant 4, z \geqslant 5$,由代入放缩,有
$$k = \frac{1}{x} + \frac{1}{y} + \frac{1}{z} + \frac{1}{xy} + \frac{1}{yz} + \frac{1}{zx}$$
$$\leqslant \frac{1}{3} + \frac{1}{4} + \frac{1}{5} + \frac{1}{6} + \frac{1}{15} + \frac{1}{20} = \frac{59}{60} < 1$$
矛盾. 所以 $x=1$ 或 2.

当 $x=1$ 时,原方程变为
$$2(y+z) + 1 = (k-1)yz$$
此时显然 $k>1$. 再估计 y,有

$$y = \frac{2y+2z+1}{(k-1)z} \leqslant \frac{2y+2z+1}{z}$$

$$\leqslant \frac{2(z-1)+2z+1}{z} = \frac{4z-1}{z} < 4$$

(积化约分,使每个项中都有 z,进而约去 z.)

但 $y > x \geqslant 1$,所以 $y = 2、3$.又由方程 $2(y+z)+1 = (k-1)yz$ 可知,$y、z$ 都为奇数,从而舍去 $y = 2$.

所以 $y = 3$,对应的解为

$$(x,y,z) = (1,3,7)$$

当 $x = 2$ 时,原方程变为

$$2(y+z+1) + yz + y + z = 2kyz$$

显然此时 $y、z$ 都为偶数,所以 $y \geqslant 4$,$z \geqslant 6$(平凡范围).再估计 y,有

$$y = \frac{3y+3z+2}{(2k-1)z} \leqslant \frac{3y+3z+2}{z}$$

$$\leqslant \frac{3(z-1)+3z+2}{z} = \frac{6z-1}{z} < 6$$

又 y 为偶数,$y \geqslant 4$,所以 $y = 4$.于是方程变为

$$7z + 14 = 8kz$$

所以 $z \mid 14$.但 z 为偶数,$z \geqslant 6$,所以 $z = 14$,此时方程的解为

$$(x,y,z) = (2,4,14)$$

最后,代回原变量,得方程的所有解为

$$(a,b,c) = (2,4,8),(3,5,15)$$

 **舍 项 放 缩**

所谓舍项放缩,就是在当前式子中舍弃若干个有确定符号的项,将式子或字母的取值控制在某个范围内.

实际上,舍项放缩逼近就是一种特殊的代入放缩逼近,因为它相当于将若干个项用 0 替换.因此,舍项放缩逼近也通常与其他放缩逼

近方法合并使用.

例(第 19 届 IMO 试题) 设 a、b 为自然数,$a^2 + b^2 = q(a+b) + r(q \in \mathbf{N}, 0 \leqslant r < a+b)$. 求出所有的有序对 (a,b), 使 $q^2 + r = 1977$.

分析与解 本题可以看作求一个混合方程组:
$$a^2 + b^2 = q(a+b) + r$$
$$q^2 + r = 1977$$
$$0 \leqslant r < a+b$$

的非负整数解.其中方程 $q^2 + r = 1977$ 较简单,可由此出发求出 q、r 的范围.

再注意到 q^2 带有指数 2,高于 r 的指数 1,宜先估计 q 的范围: 由舍项放缩,得
$$1977 = q^2 + r \geqslant q^2$$

于是 $q \leqslant 44$.

下面希望还得出 q 的另一个方向的估计:"$q \geqslant ?$",使 q 的范围变得更小,这只需找到函数 f,使
$$1977 = q^2 + r \leqslant f(q)$$

即 $r \leqslant f(q) - q^2$.

注意到题设中 r 有平凡范围:$0 \leqslant r < a+b$,可先将 r "放缩"到 $a+b$,进而将 $a+b$ "放缩"到 q. 于是,由条件有
$$1977 = q^2 + r < q^2 + (a+b) \tag{1}$$

至此,要得出"$q \geqslant ?$",只需找到函数 g,使"$a+b \leqslant g(q)$".

注意,我们还有条件没有派上用场.利用第一个方程,得
$$q(a+b) + r = a^2 + b^2 \geqslant \frac{(a+b)^2}{2}$$

所以
$$\frac{(a+b)^2}{2} \leqslant q(a+b) + r < q(a+b) + (a+b)$$

$$= (q+1)(a+b)$$

所以 $a+b < 2q+2$,即 $a+b \leqslant 2q+1$.将之"代入"(1),得

$$1977 = q^2 + r < q^2 + (a+b) \leqslant q^2 + 2q + 1 = (q+1)^2$$

所以 $q+1 > \sqrt{1977}$,所以

$$q+1 \geqslant [\sqrt{1977}] + 1, \quad q \geqslant [\sqrt{1977}] = 44$$

又 $q \leqslant 44$,所以 $q = 44$,进而 $r = 1977 - q^2 = 41$,于是,方程变为

$$a^2 + b^2 = 44(a+b) + 41$$

$$(a-22)^2 + (b-22)^2 = 1009 = 28^2 + 15^2$$

由对称性,不妨设 $|a-22| \geqslant |b-22|$,则由舍项放缩,得

$$1009 = (a-22)^2 + (b-22)^2 \geqslant (a-22)^2$$

由代入放缩,得

$$1009 = (a-22)^2 + (b-22)^2 \leqslant 2(a-22)^2$$

所以 $23 \leqslant |a-22| \leqslant 31$.

经检验,仅当 $|a-22| = 28$ 时,方程有整数解,此时 $|b-22| = 15$.

故原方程的解为:$(a,b) = (50,7), (50,37), (7,50), (37,50)$.

 3.3 统一放缩

所谓统一放缩,就是将当前式子中所有字母(或项)都"换成"同一个字母(或项),得到某个字母(或项)的取值范围.其基本模式为:$A_k \leqslant c$(常数),$k = 1, 2, \cdots$.

例 1(1989 年苏州市数学竞赛试题) 求方程 $x^x + y^y + z^z + u^u = w^w$ 的正整数解.

分析与解 不妨设 $x \leqslant y \leqslant z \leqslant u$,则每个字母的平凡范围是:$0 < x \leqslant u, 0 < y \leqslant u, 0 < z \leqslant u$.

我们先估计极端字母(最大和最小取值的字母)的范围.

一方面,利用舍项放缩消元,有
$$w^w = x^x + y^y + z^z + u^u > u^u$$
所以 $w > u$,即 $w \geqslant u+1$.由此得
$$w^w \geqslant (u+1)^{u+1} \qquad (1)$$
另一方面,利用统一放缩消元,有
$$w^w = x^x + y^y + z^z + u^u \leqslant 4u^u \qquad (2)$$
综合(1)、(2),得
$$(u+1)^{u+1} \leqslant w^w \leqslant 4u^u < 4(u+1)^u \quad (化同底约分)$$
所以,$u+1 < 4$,$u < 3$.

当 $u=1$ 时,有 $x=y=z=1$,$w=2$.

当 $u=2$ 时,有 $w \geqslant u+1=3$,$w^w \geqslant 3^3 = 27$.

但此时,$x^x + y^y + z^z + u^u \leqslant 4u^u = 16 < w^w$,原方程无解.

故原方程有唯一的解为 $(x,y,z,u,w) = (1,1,1,1,2)$.

例 2(1988 年新加坡数学奥林匹克试题) 求方程 $5(xy+yz+zx) = 4xyz$ 的正整数解.

分析与解 方程中,xyz 与 xy、yz、zx 密切相关,于是 xyz 应"搬到"方程左边,得
$$\frac{4}{5} = \frac{1}{x} + \frac{1}{y} + \frac{1}{z}$$

下面利用放缩消元估计字母范围,先序化:不妨设 $x \leqslant y \leqslant u$,则 $\frac{1}{x}$ 最大,我们先估计 $\frac{1}{x}$ 的范围.

一方面,利用舍项放缩消元,得
$$\frac{4}{5} = \frac{1}{x} + \frac{1}{y} + \frac{1}{z} > \frac{1}{x}$$
所以 $x > \frac{5}{4}$,$x \geqslant 2$.

另一方面,利用统一放缩消元,得

$$\frac{4}{5} = \frac{1}{x} + \frac{1}{y} + \frac{1}{z} \leqslant \frac{3}{x}$$

所以 $x \leqslant \frac{15}{4}$,所以 $x \leqslant 3$. 于是,$2 \leqslant x \leqslant 3$.

(1) 当 $x = 2$ 时,$\frac{1}{y} + \frac{1}{z} = \frac{3}{10}$.

再估计字母 y:

$$\frac{3}{10} = \frac{1}{y} + \frac{1}{z} > \frac{1}{y}, \quad \frac{3}{10} = \frac{1}{y} + \frac{1}{z} \leqslant \frac{2}{y}$$

所以 $4 \leqslant y \leqslant 6$. 此时,方程的解为

$(x, y, z) = (2, 4, 20), (2, 5, 10)$ (其中注意 $y = 6$ 时,z 不为整数)

(2) 当 $x = 3$ 时,$\frac{1}{y} + \frac{1}{z} = \frac{7}{15}$.

再估计字母 y:

$$\frac{7}{15} = \frac{1}{y} + \frac{1}{z} > \frac{1}{y}, \quad \frac{7}{15} = \frac{1}{y} + \frac{1}{z} \leqslant \frac{2}{y}$$

所以 $3 \leqslant y \leqslant 4$. 此时,方程无解.

综上所述,方程的解为

$(x, y, z) = (2, 4, 20), (2, 5, 10)$ (字母可任意排列)

例3(第6届中国数学奥林匹克试题) 求方程 $x^{2n+1} - y^{2n+1} = xyz + 2^{2n+1}$ 的所有正整数解 (x, y, z, n),其中 $n \geqslant 2, z \leqslant 5 \cdot 2^n$.

分析与解 首先,由方程可以看出 $x > y$.

其次,x, y 同奇偶,否则 xyz 为偶,$x^{2n+1} - y^{2n+1}$ 为奇,矛盾. 从而 $x \geqslant y + 2$.

此外,从条件 $z \leqslant 5 \cdot 2^n$ 看,可以尝试用代入放缩消元. 但若在方程中"代入"$z \leqslant 5 \cdot 2^n$,则方程变得更复杂,所以我们先在方程中"代入"$x \geqslant y + 2$. 然后采用反面估计的技巧:若 y 较大,期望得出 $z > 5 \cdot 2^{2n}$,与条件矛盾.

注意方程两边都含有 x,无法直接"代入"不等式:$x \geqslant y + 2$,于

3 放缩逼近

是,先将方程变形为

$$x^{2n} = \frac{y^{2n+1}}{x} + yz + \frac{2^{2n+1}}{x}$$

这样,上式左边的 x 可代入"$x \geqslant y+2$",右边的两个 x 可分别代入"$x>y$""$x>2$"以便约分,于是,由代入放缩,有

$$(y+2)^{2n} \leqslant x^{2n} = \frac{y^{2n+1}}{x} + yz + \frac{2^{2n+1}}{x} < y^{2n} + yz + 2^{2n}$$

现在,上式左边按二项式定理展开,可得到与右边相同的一些项,然后抵消.这样,上式变为

$$C_{2n}^1 2^1 y^{2n-2} + C_{2n}^2 2^2 y^{2n-3} + \cdots + C_{2n}^{2n-1} 2^{2n-1} < z \quad (*)$$

为了得到目标式 $z > 5 \cdot 2^{2n}$,需要"消去"($*$)中的 y,并要构造 2^{2n},观察($*$)每一个项的特征——2的指数与 y 的指数之和为 $2n-1$,于是,只需将其中的 y 都换成 2 即可.这样,我们假定 $y \geqslant 2$,代入($*$),有

$$z > C_{2n}^1 2^{2n-1} + C_{2n}^2 2^{2n-1} + \cdots + C_{2n}^{2n-1} 2^{2n-1}$$

现在,利用统一放缩:$C_{2n}^i \geqslant C_{2n}^1 (1 \leqslant i \leqslant 2n-1)$,有

$$z > (2n-1)C_{2n}^1 2^{2n-1} = n(2n-1)2^{2n} \geqslant 2 \cdot 3 \cdot 2^{2n} = 6 \cdot 2^{2n}$$

这与 $z \leqslant 5 \cdot 2^{2n}$ 矛盾.

这说明我们最初的假定 $y \geqslant 2$ 不成立,所以 $y=1, x \geqslant y+2=3$.且原方程变为

$$x^{2n+1} = 1 + xz + 2^{2n+1}$$

(1) 若 $x=3$,将 $z \leqslant 5 \cdot 2^{2n}$ "代入"方程,有

$$3^{2n+1} = 1 + 3z + 2^{2n+1} \leqslant 1 + 3 \cdot 5 \cdot 2^{2n} + 2^{2n+1}$$
$$= 17 \cdot 2^{2n} + 1$$

$$\left(\frac{3}{2}\right)^{2n} \leqslant \frac{17 + \frac{1}{2^{2n}}}{3} < \frac{17+1}{3} = 6$$

结合 $n \geqslant 2$,有 $n=2$,相应的解为

$$(x,y,z,n) = (3,1,70,2)$$

(2) 若 $x \geqslant 4$，原方程变形为
$$x(x^{2n} - z) = 1 + 2^{2n+1}$$

注意到 $x^{2n} - z \geqslant 4^{2n} - z \geqslant 4^{2n} - 5 \cdot 2^{2n} > 0$，可将 $x \geqslant 4, z \leqslant 5 \cdot 2^{2n}$ 分别代入方程，有
$$1 + 2^{2n+1} = x(x^{2n} - z) \geqslant 4(4^{2n} - 5 \cdot 2^{2n})$$
$$= 2^{2n+2}(2^{2n} - 5) > 2^{2n+2} > 2^{2n+1} + 1$$

矛盾.

综上所述，原方程的解为
$$(x, y, z, n) = (3, 1, 70, 2)$$

另解：显然 x、y 同奇偶，且 $x > y$，所以 $x \geqslant y + 2$. 一方面，有
$$xyz + 2^{2n+1} \leqslant xy \cdot 5 \cdot 2^{2n} + 2^{2n+1}$$

另一方面，有
$$xyz + 2^{2n+1} = x^{2n+1} - y^{2n+1} = (x-y)(x^{2n} + x^{2n-1}y + \cdots + y^{2n})$$
$$= \frac{x-y}{2} \cdot [(x^{2n} + y^{2n}) + (x^{2n-1}y + xy^{2n-1})$$
$$+ \cdots + (y^{2n} + x^{2n})]$$
$$\geqslant (x-y)(\sqrt{x^{2n}y^{2n}} + \sqrt{x^{2n}y^{2n}} + \cdots + \sqrt{x^{2n}y^{2n}})$$
$$= (x-y)x^n y^n (2n+1) \geqslant 2x^n y^n (2n+1)$$

所以
$$2^{2n} \cdot 5 \cdot xy + 2^{2n+1} \geqslant 2x^n y^n (2n+1) \qquad (*)$$

若 $y \geqslant 3$，则 $x \geqslant 5, xy \geqslant 15$. 由 $(*)$，得
$$2^{2n+1} \geqslant 2xy \cdot 15^{n-1}(2n+1) - 2^{2n}5xy$$

所以
$$1 \geqslant \frac{xy(2n+1) \cdot 15^{n-1}}{4^n} - \frac{5xy}{2} = \frac{xy}{2}\left[\frac{2n+1}{2} \cdot \left(\frac{15}{4}\right)^{n-1} - 5\right]$$
$$\geqslant \frac{xy}{2}\left(\frac{5}{2} \cdot \frac{15}{4} - 5\right) > \frac{xy}{2} > 1$$

矛盾. 所以 $y < 3$.

(1) 当 $y=1$ 时, $x \geqslant y+2=3$, 原方程变为

$$1+xz = x^{2n+1} - 2^{2n+1} = (x-2)(x^{2n}+\cdots+2^{2n}) \geqslant x^{2n}+\cdots+2^{2n}$$
$$\geqslant (2n+1)x^n 2^n \geqslant (2n+1)2^n 3^{n-1} x$$

又 $1+xz \leqslant 1+5 \cdot 2^{2n} x$, 于是

$$1 \geqslant 2^n \cdot 3^{n-1}(2n+1)x - 5 \cdot 2^{2n} x = 2^{2n} x\left[\left(\frac{3}{2}\right)^{n-1} \cdot \frac{2n+1}{2} - 5\right]$$

$$(**)$$

由此可知, $n \leqslant 2$(否则($**$)右边>1), 所以 $n=2$. 若 $x \geqslant 5$, ($**$) 右边>1, 矛盾, 从而 $x=3$. 相应的解为

$$(x,y,z,n) = (3,1,70,2)$$

(2) 当 $y=2$ 时, $x \geqslant 4$. 原方程变为

$$2^{2n+2} = x^{2n+1} - 2xz \geqslant 4^{2n}x - 2x \cdot 5 \cdot 2^{2n} = 2^{4n}x - 2x \cdot 5 \cdot 2^{2n}$$

所以 $1 \geqslant x\left(2^{2n-2} - \frac{5}{2}\right) \geqslant \frac{3x}{2} > 1$, 矛盾.

故方程有唯一解:

$$(x,y,z,n) = (3,1,70,2)$$

例 4(第 28 届 IMO 备选题) 设 $p \geqslant 12$, 求证: 方程

$$\sum_{i=1}^{p} x_i^2 - \frac{\left(2\sum_{i=1}^{p} x_i\right)^2}{4p+1} = 1$$

无正整数解.

分析与证明 我们证明更强的结论: 对任何 $p \in \mathbf{N}^+$, 方程

$$\sum_{i=1}^{p} x_i^2 - \frac{\left(2\sum_{i=1}^{p} x_i\right)^2}{4p+1} = 1$$

无正整数解.

若 $p=1$, 则方程变为 $x_1^2 - \frac{4x_1^2}{5} = 1$, 即 $x_1^2 = 5$, 显然无正整数解.

当 $p \geqslant 2$ 时, 反设方程有正整数解: $1 \leqslant x_1 \leqslant x_2 \leqslant \cdots \leqslant x_p$. 方程两

边同乘以 $4p+1$,得

$$4p+1 = (4p+1)\sum_{i=1}^{p} x_i^2 - 4\left(\sum_{i=1}^{p} x_i\right)^2$$

$$= 4\left[p\sum_{i=1}^{p} x_i^2 - \left(\sum_{i=1}^{p} x_i\right)^2\right] + \sum_{i=1}^{p} x_i^2$$

$$= 4\sum_{1\leq i<j\leq p}(x_i - x_j)^2 + \sum_{i=1}^{p} x_i^2 \qquad (1)$$

易知 $x_1, x_2, \cdots, x_p$ 不全等,否则对任何 $1\leq i<j\leq p$,有 $x_i - x_j = 0$,这样,由(1)得

$$4p+1 = px_1^2$$

所以 $p | 4p+1$,矛盾. 所以 $x_j (j = 1, 2, \cdots, p)$ 不全等,从而对任何给定的 $1\leq i\leq p$,有 $x_i - x_j$ 不全为 0,于是

$$\sum_{j=1}^{p}(x_i - x_j)^2 \geq 1 \qquad (2)$$

此外,因为 $1\leq x_1\leq x_2\leq\cdots\leq x_p$,由统一放缩消元:$x_i^2 \geq 1$,有

$$\sum_{i=1}^{p} x_i^2 \geq \sum_{i=1}^{p} 1 = p \qquad (3)$$

在(1)中利用(2)和(3)进行统一放缩消元,得

$$4p+1 \geq 4\sum_{1\leq i<j\leq p}(x_i - x_j)^2 + \sum_{i=1}^{p} 1$$

$$= 4\sum_{1\leq i<j\leq p}(x_i - x_j)^2 + p$$

$$= 4\sum_{i=1}^{p}\sum_{j=1}^{p}(x_i - x_j)^2 + p$$

$$\geq 4\sum_{i=1}^{p} 1 + p \geq 4p + p = 5p$$

其中添加了一些为 0 的项:$\sum_{1\leq i=j\leq p}(x_i - x_j)^2 = 0$,以便利用(2)消元.

所以 $p\leq 1$,与 $p\geq 2$ 矛盾.

综上所述,命题获证.

3 放缩逼近

例 5（原创题） 求最大的正整数 p，使方程

$$\sum_{i=1}^{p} x_i^2 - \frac{(2\sum_{i=1}^{p} x_i)^2}{4p+1} = 1$$

有整数解.

分析与解 首先，当 $p=6$ 时，方程有整数解 $(1,1,1,1,1,0)$.

下面证明 $p>6$ 时方程无整数解.

设 $p>6$，将方程两边同乘以 $4p+1$，得

$$\begin{aligned}
4p+1 &= (4p+1)\sum_{i=1}^{p} x_i^2 - 4\left(\sum_{i=1}^{p} x_i\right)^2 \\
&= 4\left[p\sum_{i=1}^{p} x_i^2 - \left(\sum_{i=1}^{p} x_i\right)^2\right] + \sum_{i=1}^{p} x_i^2 \\
&= 4\sum_{1\leqslant i<j\leqslant p}(x_i - x_j)^2 + \sum_{i=1}^{p} x_i^2 \quad (1)
\end{aligned}$$

设 $x_1, x_2, \cdots, x_p$ 中 m_1 个为 t_1，m_2 个为 t_2，$\cdots$，m_k 个为 t_k，其中 $k \in \mathbf{N}^+$，$k \leqslant p$，$m_1 + m_2 + \cdots + m_k = p$，$t_1, t_2, \cdots, t_k$ 互异，则由 (1)，得

$$4p+1 = 4\sum_{1\leqslant i<j\leqslant k} m_i m_j (t_i - t_j)^2 + \sum_{i=1}^{k} m_i t_i^2 \quad (2)$$

所以

$$\begin{aligned}
4p+1 &\geqslant 4\sum_{1\leqslant i<j\leqslant k} m_i m_j (t_i - t_j)^2 \\
&\geqslant 4\sum_{1\leqslant i<j\leqslant k} m_i m_j \quad (\text{因 } t_i \text{ 互异}) \quad (3)
\end{aligned}$$

$$4p+1 \geqslant 2\left[\left(\sum_{i=1}^{k} m_i\right)^2 - \sum_{i=1}^{k} m_i^2\right] = 2\left(p^2 - \sum_{i=1}^{k} m_i^2\right)$$

$$\sum_{i=1}^{k} m_i^2 \geqslant p^2 - 2p - \frac{1}{2}$$

易知，$\sum_{i=1}^{k} m_i^2$ 在 $(m_1, m_2, \cdots, m_k) = (1, 1, \cdots, 1, p-k+1)$ 时

达到最大值(利用调整法即可),所以
$$\sum_{i=1}^{k} m_i^2 \leqslant k-1+(p-k+1)^2$$
$$p^2-2p-\frac{1}{2} \leqslant \sum_{i=1}^{k} m_i^2 \leqslant k-1+(p-k+1)^2$$

因为 $f(k)=2k^2-(4p+2)k+(8p+1)\geqslant 0$. 但二次函数 $f(k)$ 为凸函数,且
$$f(3)=-4p+13<0 \quad (因为 p>6)$$
$$f(p)=-2p^2+6p+1<0 \quad (因为 p>6)$$
所以 $f(k)<0$(对任何 $k\in[3,p]$).

但 $f(k)\geqslant 0$,且 $k\leqslant p$,所以 $k<3$,于是,$k=1$ 或 2.

当 $k=1$ 时,由(2)得
$$4p+1=m_1 t_1^2=p t_1^2$$
所以 $p|4p+1,p|1$,矛盾.

当 $k=2$ 时,由(3),得
$$4p+1 \geqslant 4\sum_{1\leqslant i<j\leqslant 2} m_i m_j=4m_1 m_2$$
其中 $m_1+m_2=p$.

所以 $m_1 m_2\leqslant p+\frac{1}{4}<2(p-2)$(因为 $p>6$),所以 $\{m_1,m_2\}=\{1,p-1\}$.

不妨设 $m_1=1,m_2=p-1$,则由(2),得
$$4p+1=4\sum_{1\leqslant i<j\leqslant 2} m_i m_j(t_i-t_j)^2+\sum_{i=1}^{2} m_i t_i^2$$
$$=4(p-1)(t_1-t_2)^2+t_1^2+(p-1)t_2^2$$
$$\geqslant 4(p-1)+t_1^2+(p-1)t_2^2$$

所以 $t_1^2+(p-1)t_2^2\leqslant 5<p-1$(因为 $p>6$),所以 $t_2=0$,于是
$$4p+1=4(p-1)t_1^2+t_1^2=(4p-3)t_1^2$$

所以 $4p-3 \mid 4p+1, 4p-3 \mid 4, 4p-3 \leqslant 4$, 与 $p > 6$ 矛盾.

综上所述, p 的最大值为 6.

例 6(1987 年 IMO 中国国家队选拔考试试题) 设方程 $x^3 + y^3 + z^3 = nx^2y^2z^2$ 有正整数解, 求自然数 n.

分析与解 不妨设 $0 < x \leqslant y \leqslant z$, 方程变形为

$$n = \frac{x}{y^2z^2} + \frac{y}{x^2z^2} + \frac{z}{x^2y^2} \tag{1}$$

由此, 利用统一放缩: 将(1)中各项的分母都换作 x^2y^2, 有

$$n = \frac{x}{y^2z^2} + \frac{y}{x^2z^2} + \frac{z}{x^2y^2}$$

$$\leqslant \frac{x}{x^2y^2} + \frac{y}{x^2y^2} + \frac{z}{x^2y^2} = \frac{x+y+z}{x^2y^2} \tag{2}$$

至此,(2) 右边分子含有 z, 为了消去 z, 还应建立关系:

$$z \leqslant f(x, y)$$

为此, 将原方程变为

$$x^3 + y^3 = n^2x^2y^2z^2 - z^3 = z^2(nx^2y^2 - z) \geqslant z^2$$

(其中注意到等式本身隐含 $nx^2y^2 - z > 0$, 从而 $nx^2y^2 - z \geqslant 1$.)
所以 $z \leqslant \sqrt{x^3 + y^3}$. 将之代入(2), 得

$$n \leqslant \frac{x + y + \sqrt{x^3 + y^3}}{x^2y^2}$$

$$= \frac{1}{xy^2} + \frac{1}{x^2y} + \sqrt{\frac{1}{x^4y} + \frac{1}{xy^4}} \quad (\text{关于 } x \text{、} y \text{ 递减}) \tag{3}$$

从反面估计, 若 $x \geqslant 2$, 则 $y \geqslant 2$, 代入放缩, 得

$$n \leqslant \frac{1}{xy^2} + \frac{1}{x^2y} + \sqrt{\frac{1}{x^4y} + \frac{1}{xy^4}} \leqslant \frac{1}{2^3} + \frac{1}{2^3} + \sqrt{\frac{1}{2^5} + \frac{1}{2^5}} = \frac{1}{2}$$

矛盾. 所以 $x = 1$, 这样,(3) 变为

$$n \leqslant \frac{1}{y^2} + \frac{1}{y} + \sqrt{\frac{1}{y} + \frac{1}{y^4}}$$

当 $y \geqslant 2$ 时, 代入放缩, 得

$$n \leqslant \frac{1}{y^2} + \frac{1}{y} + \sqrt{\frac{1}{y} + \frac{1}{y^4}} \leqslant \frac{1}{4} + \frac{1}{2} + \sqrt{\frac{1}{2} + \frac{1}{16}} = \frac{3}{2}$$

从而 $n=1$,得相应的解为 $(z,y,x,n)=(3,2,1,1)$.

当 $y=1$ 时,$n \leqslant \frac{1}{1} + \frac{1}{1} + \sqrt{\frac{1}{1} + \frac{1}{1}} = 2 + \sqrt{2} < 4$.

由于 $y=x=1$,方程变为 $2+z^3=nz^2$,即 $2=(n-z)z^2$,所以 $z^2 | 2$,有 $z^2 \leqslant 2$,所以 $z=y=x=1$,$n=3$.

综上所述,$n=1、3$.

习 题 3

1. 设 $\overline{a12345b}$ 被 11 整除,求 $|a-b|$.

2. (1983 年加拿大数学奥林匹克试题) 求方程 $x!+y!+z!=w!$ 的正整数解.

3. 求方程 $\frac{1}{x} + \frac{1}{x+1} + \frac{1}{x+2} = \frac{107}{210}$ 的正整数解.

4. (1992 年 IMO 加拿大训练题) 求方程 $x^2 = 1 + 4y^3(y+2)$ 的整数解.

5. (原创题) 求所有的正整数 m,使存在正整数 $a、b、c、d$,满足:
$$a^4 + b^4 + c^4 + d^4 = 2011, \quad a^2 + b^2 + c^2 + d^2 = m^2.$$

6. 求正整数 x,y,z,使 $\overline{xyz} \cdot \overline{zyx} = \overline{xzyyx}$.

7. (原创题) 已知数列 $\{a_n\}$ 中,$a_1=1$,对一切正整数 n,有 $a_{n+2} \geqslant a_n+2$,$a_{n+3} \leqslant a_n+3$,求集合 $A = \{n | a_n \neq n, n \in \mathbf{N}^+\}$ 中的元素个数.

8. (1994 年中国数学集训队选拔考试试题) 求所有的集合 $\{a,b,c,d\}$,其中 $a、b、c、d$ 为自然数,且其中任意三个的积除以剩下一个数的余数都是 1.

9. 已知正整数 n 是一个可以写成某正整数的 k 次幂的数(其中

$k \in \mathbf{N}^+, k \geqslant 2)$,且 n 具有如下性质:其末尾 k 个数字不全为 0;当划去它的末尾 k 个数字后所得到的数仍是一个正整数的 k 次幂.试求所有符合题意的正整数 n 的个数.

10. 有 4 个不同的三位数,其百位数字相同,4 个数中的某 3 个数分别都是这 4 个数之和的约数,求所有满足条件的 4-数组.

11. 已知 x、y、z 是自然数,且 $x^2 + y^2 + z^2 = 1993$,求证:$x + y + z$ 不是完全平方数.

12. 对 $n \in \mathbf{N}^+$,定义 $d(n)$ 是整除 n 的不同正整数的个数,求使 $n = 3d(n)$ 的所有自然数 n.

13. (2007 年全国高中数学联赛广西赛区预赛试题) 已知 $\triangle ABC$ 的三边长分别为 a、b、c,且满足
$$abc = 2(a-1)(b-1)(c-1)$$

(1) 是否存在边长均为整数的 $\triangle ABC$?若存在,求出三边长;若不存在,说明理由.

(2) 若 $a > 1, b > 1, c > 1$,求出 $\triangle ABC$ 周长的最小值.

14. (2005 年全国高中数学联赛试题) 对每个正整数 n,定义
$$f(n) = \begin{cases} 0 & n \text{ 为平方数} \\ \left[\dfrac{1}{\{\sqrt{x}\}}\right] & n \text{ 不为平方数} \end{cases}, \text{其中} \{x\} = x - [x]. \text{求} \sum_{k=1}^{240} f(k).$$

15. 设正数 $x_1 \geqslant x_2 \geqslant \cdots \geqslant x_n \geqslant \cdots$.求证:若对一切自然数 m,有 $\sum_{k=1}^{m} \dfrac{x_{k^2}}{k} < 1$,则对一切自然数 n,有 $\sum_{k=1}^{n} \dfrac{x_k}{k} < 3$.

习题 3 解答

1. 易知,$11 \mid a+b-3$.于是 $a+b-3 = 11k (k \in \mathbf{Z})$.因为 $1 \leqslant a \leqslant 9, 0 \leqslant b \leqslant 9$,可用之估计 $k: 11k = a+b-3 \leqslant 9+9-3 = 15$,所以

$k \leqslant 1.11k = a + b - 3 \geqslant 1 + 0 - 3 = -2$,所以 $k \geqslant 0$.

(1) 当 $k = 0$ 时,$a + b = 3$,$(a, b) = (1, 2), (2, 1), (3, 0)$,此时 $|a - b| = 1$.

(2) 当 $k = 1$ 时,$a + b = 14$,$(a, b) = (5, 9), (6, 8), (7, 7), (8, 6), (9, 5)$.此时 $|a - b| = 4, 2, 0$.所以 $|a - b| = 0, 1, 2, 3, 4$.

2. 不妨设 $x \leqslant y \leqslant z$,则 $w! = x! + y! + z! > z!$,所以
$$w > z, \quad w \geqslant z + 1 \qquad (1)$$
另一方面,$w! = x! + y! + z! \leqslant 3z!$.结合(1),有 $3z! \geqslant w! \geqslant (z+1)!$,由此得 $z < 3$.故原方程的解为
$$(x, y, z, w) = (2, 2, 2, 3).$$

3. 一方面,$\frac{107}{210} = \frac{1}{x} + \frac{1}{x+1} + \frac{1}{x+2} < \frac{3}{x}$,得 $x \leqslant 5$.另一方面,$\frac{107}{210} = \frac{1}{x} + \frac{1}{x+1} + \frac{1}{x+2} > \frac{1}{x}$,得 $x \geqslant 2$.直接验证 $x = 2, 3, 4$ 不合题意,得方程的解为 $x = 5$.

或者利用平均值,显然有 $\frac{1}{x+2} < \frac{1}{x+1} < \frac{1}{x}$,所以
$$\frac{1}{x} > \frac{1}{3} \cdot \left(\frac{1}{x} + \frac{1}{x+1} + \frac{1}{x+2}\right) = \frac{1}{3} \cdot \frac{107}{210}$$
$$\frac{1}{x+2} < \frac{1}{3} \cdot \left(\frac{1}{x} + \frac{1}{x+1} + \frac{1}{x+2}\right) = \frac{1}{3} \cdot \frac{107}{210}$$
所以 $3 < x < 6$,由此得方程的解为 $x = 5$($x = 4$ 不合乎方程).

4. $4y^3(y+2) = x^2 - 1 \geqslant -1$,即 $y^3(y+2) \geqslant -\frac{1}{4}$.又 y 为整数,所以 $y^3(y+2) \geqslant 0$,所以 $y \geqslant 0$ 或 $y \leqslant -2$.

(1) 当 $y = 0$ 或 -2 时,得 $(x, y) = (1, 0), (-1, 0), (1, -2), (-1, -2)$.

(2) 当 $y > 0$ 时,注意到 $4y^4 + 8y^3 + 1 = x^2$ 为平方数,考察
$$(2y^2 + 2y)^2 = 4y^4 + 8y^3 + 4y^2$$

$$(2y^2 + 2y - 1)^2 = 4y^2 + 8y^3 - 4y + 1$$

由于 $1 - 4y < 1 < 4y^2$,从而

$$(2y^2 + 2y - 1)^2 < x^2 < (2y^2 + 2y)^2$$

与 x^2 为平方数矛盾.

(3) 当 $y < -2$ 时,考察

$$(2y^2 + 2y - 2)^2 = 4y^4 + 8y^3 - 4y^2 - 8y - 4$$
$$(2y^2 + 2y - 1)^2 = 4y^4 + 8y^3 - 4y + 1$$

由于

$$4[1 - y(y+2)] < 1 < 1 - 4y$$

从而

$$2y^2 + 2y - 2 < x < 2y^2 + 2y - 1$$

与 x 为整数矛盾.

综上所述,$(x, y) = (1, 0), (-1, 0), (1, -2), (-1, -2)$.

5. 由 Cauchy 不等式,有

$$m^4 = (\sum a^2)^2 \leqslant \sum 1 \sum a^4 = 4 \cdot 2011$$

所以 $m \leqslant 9$.

又 $m^4 = (\sum a^2)^2 > \sum a^4 = 2011$,所以 $m \geqslant 7$. 再注意到

$$m^4 = (\sum a^2)^2 = \sum a^4 + 2\sum a^2 b^2 = 2011 + 2\sum a^2 b^2$$

有 m 为奇数,所以 $m = 7, 9$,$\sum a^2 = m^2 \equiv 1 \pmod 4$.

而平方数 a^2、b^2、c^2、$d^2 \equiv 0, 1 \pmod 4$,从而 a、b、c、d 中 3 个为偶,1 个为奇,不妨设 a、b、c 为偶,d 为奇. 令 $a = 2p, b = 2q, c = 2r, d = 2s - 1$,则

$$2011 = a^4 + b^4 + c^4 + d^4$$
$$= 16p^4 + 16q^4 + 16r^4 + 16s^4 - 32s^3 + 16s^2 + 8s(s-1) + 1$$

所以

$$2010 = 16p^4 + 16q^4 + 16r^4 + 16s^4 - 32s^3 + 16s^2 + 8s(s-1)$$

所以$8|2010$,矛盾,故不存在合乎条件的正整数m.

6. 方程化为
$$(100x + 10y + z)(100z + 10y + x)$$
$$= 10000x + 1000z + 100y + 10y + x$$
其中,$1 \leq x, z \leq 9, 0 \leq y \leq 9$.

由首位相乘可知,$100x \cdot 100z \leq 10000x$,所以$z \leq 1$,于是$z=1$. 方程变为
$$101xy + 10x^2 + 90y + 10y^2 = 90$$
注意x、y的平凡范围:$x \geq 1, y \geq 0$,若代入$y \geq 0$,则
$$90 = 101xy + 10x^2 + 90y + 10y^2 \geq 10x^2$$
所以$x \leq 3$.若代入$x \geq 1$,则结果更好,此时
$$90 = 101xy + 10x^2 + 90y + 10y^2$$
$$\geq 101y + 10 + 90y + 10y = 201y + 10$$
所以$201y \leq 80$,所以$y=0$.故所求正整数$x=3, y=0, z=1$.

7. 由$a_{n+2} \geq a_n + 2$,得
$$a_3 \geq a_1 + 2 = 1 + 2 = 3$$
$$a_4 \geq a_2 + 2$$
$$a_5 \geq a_3 + 2 \geq 3 + 2 = 5$$
由$a_{n+3} \leq a_n + 3$,得
$$a_4 \leq a_1 + 3 = 1 + 3 = 4, \quad a_5 \leq a_2 + 3$$
所以
$$a_2 + 2 \leq a_4 \leq 4, \quad 5 \leq a_5 \leq a_2 + 3$$
所以$a_2 \leq 2 \leq a_2, a_2 = 2$.所以$a_5 \leq a_2 + 3 = 5$,若$a_3 > 3$,则
$$a_5 \geq a_3 + 2 > 3 + 2 = 5$$
矛盾,所以$a_3 \leq 3$,又$a_3 \geq 3$,所以$a_3 = 3$.

当n为奇数时,令$n = 2k+1$.由$a_{n+2} \geq a_n + 2$,得
$$a_n = a_{2k+1} \geq a_{2k-1} + 2 \geq a_{2k-3} + 2 \times 2 \geq a_{2k-5} + 2 \times 3 \geq \cdots$$

3 放缩逼近

$$\geqslant a_1 + 2k = 2k + 1 = n$$

当 n 为偶数时,令 $n = 2k$. 由 $a_{n+2} \geqslant a_n + 2$,得

$$a_n = a_{2k} \geqslant a_{2k-2} + 2 \geqslant a_{2k-4} + 2 \times 2 \geqslant a_{2k-6} + 2 \times 3 \geqslant \cdots$$
$$\geqslant a_2 + 2k - 2 = 2 + 2k - 2 = n$$

所以对一切正整数 n,恒有 $a_n \geqslant n$.

当 $n \equiv 0 \pmod{3}$ 时,令 $n = 3k$,由 $a_{n+3} \leqslant a_n + 3$,得

$$a_n = a_{3k} \leqslant a_{3k-3} + 3 \leqslant a_{3k-6} + 2 \times 3 \leqslant a_{3k-9} + 3 \times 3 \leqslant \cdots$$
$$\leqslant a_3 + 3(k-1) = 3 + 3k - 3 = 3k = n$$

当 $n \equiv 1 \pmod{3}$ 时,令 $n = 3k + 1$,由 $a_{n+3} \leqslant a_n + 3$,得

$$a_n = a_{3k+1} \leqslant a_{3k-2} + 3 \leqslant a_{3k-5} + 2 \times 3 \leqslant a_{3k-8} + 3 \times 3 \leqslant \cdots$$
$$\leqslant a_1 + 3k = 1 + 3k = n$$

当 $n \equiv 2 \pmod{3}$ 时,令 $n = 3k + 2$,由 $a_{n+3} \leqslant a_n + 3$,得

$$a_n = a_{3k+2} \leqslant a_{3k-1} + 3 \leqslant a_{3k-4} + 2 \times 3 \leqslant a_{3k-7} + 3 \times 3 \leqslant \cdots$$
$$\leqslant a_2 + 3k = 2 + 3k = n$$

所以对一切正整数 n,恒有 $a_n \leqslant n$.

综上所述,对一切正整数 n,恒有 $a_n = n$,故 $A = \{n \mid a_n \neq n, n \in \mathbf{N}^+\}$ 中的元素个数为 0.

另解:用数学归纳法证明对一切正整数 n,恒有 $a_n = n$. 当 $n = 1$ 时,$a_1 = 1$,结论成立;设 $n = k$ 时结论成立,即 $a_k = k$. 当 $n = k + 1$ 时,有

$$a_k + 6 \geqslant a_{k+3} + 3 \geqslant a_{k+6} \geqslant a_{k+4} + 2 \geqslant a_{k+2} + 4 \geqslant a_k + 6$$

所以所有不等式等号都成立,结合归纳假设,有 $a_{k+3} + 3 = a_k + 6 = k + 6$,所以 $a_{k+3} = k + 3$,同理,$a_{k+4} = k + 4$,于是

$$a_{k+1} \leqslant a_{k+3} - 2 = (k+3) - 2 = k + 1 = a_{k+4} - 3 \leqslant a_{k+1}$$

此不等式等号成立,所以 $a_{k+1} = k + 1$,结论成立.

综上所述,对一切正整数 n,恒有 $a_n = n$,故 $A = \{n \mid a_n \neq n, n \in \mathbf{N}^+\}$ 中的元素个数为 0.

8. 因为 $a \mid bcd - 1$,所以 $(a,b) = 1$,由此可知,a、b、c 两两互质. 又 $a \mid cda + dab + abc$,所以 $a \mid cda + dab + abc + bcd - 1$,同样 b、c、d 都整除 $cda + dab + abc + bcd - 1$. 又 a、b、c、d 两两互质,所以

$$abcd \mid cda + dab + abc + bcd - 1 \qquad (1)$$

所以 $abcd < bcd + cda + dab + abc$,即

$$\sum \frac{1}{a} > 1 \qquad (2)$$

不妨设 $a > b > c > d > 1$,则 $d \geqslant 2, c \geqslant 3, b \geqslant 4, a \geqslant 5$. 若 $d \geqslant 3$,则 $\sum \frac{1}{a} \leqslant \frac{1}{3} + \frac{1}{4} + \frac{1}{5} + \frac{1}{6} < 1$,与(2)矛盾,所以 $d = 2$. 代入(2),得

$$\frac{1}{a} + \frac{1}{b} + \frac{1}{c} > \frac{1}{2} \qquad (3)$$

又 d 与 a、b、c 互质,所以 a、b、c 都是奇数. 若 $c \geqslant 5$,则

$$\frac{1}{a} + \frac{1}{b} + \frac{1}{c} \leqslant \frac{1}{5} + \frac{1}{7} + \frac{1}{9} < \frac{1}{2}$$

与(3)矛盾,所以 $c = 3$. 由(1),$\sum \frac{1}{a} - \frac{1}{abcd} \in \mathbf{N}$. 又

$$\sum \frac{1}{a} - \frac{1}{abcd} = \frac{1}{a} + \frac{1}{b} - \frac{1}{6ab} + \frac{5}{6} < \frac{1}{2} + \frac{1}{2} + \frac{5}{6} < 2$$

所以

$$\frac{1}{a} + \frac{1}{b} - \frac{1}{6ab} + \frac{5}{6} = 1$$

即 $(a-6)(b-6) = 35$. 因为 $a > b > c = 3$,且 a、b 为奇数,所以 $b \geqslant 5, a \geqslant 7$,所以 $a - 6 \geqslant 1$. 又 $a - 6 > b - 6$,所以 $a - 6 = 35, b - 6 = 1$ 或 $a - 6 = 7, b - 6 = 5$. 所以 $(a,b,c,d) = (41,7,3,2),(13,11,3,2)$.

9. 设

$$n = c^k = (10a)^k + b \quad (a,b,c,k \in \mathbf{N}^+, 1 \leqslant b < 10^k, k \geqslant 2)$$

3 放缩逼近

则
$$b = c^k - (10a)^k$$
$$= (c - 10a)[c^{k-1} + c^{k-2} \cdot 10a + c^{k-3} \cdot (10a)^2 + \cdots + (10a)^{k-1}]$$

因为 $b > 0$,所以
$$c > 10a \qquad \qquad ①$$

于是
$$b = (c - 10a)[c^{k-1} + c^{k-2} \cdot 10a + c^{k-3} \cdot (10a)^2 + \cdots + (10a)^{k-1}]$$
$$\geqslant c^{k-1} + c^{k-2} \cdot 10a + c^{k-3} \cdot (10a)^2 + \cdots + (10a)^{k-1}$$
$$> (10a)^{k-1} + (10a)^{k-1} + \cdots + (10a)^{k-1}$$
$$= k \cdot (10a)^{k-1} \quad (统一放缩,c \text{ 全部换成 } 10a)$$

所以
$$k \cdot (10a)^{k-1} < b < 10^k \Rightarrow a^{k-1} \cdot k < 10 \qquad ②$$

因为 $k \geqslant 2$,所以由②知 $1 \leqslant a \leqslant 4$.

(1) 当 $a = 1$ 时,由①②,得 $c > 10, k \leqslant 9$,下面穷举 c 和 k.

(ⅰ) 若 $c = 11$,则可验证 $k = 2, 3, \cdots, 7$ 都合乎条件:$11^2 = 121 \to 1$;$11^3 = 1331 \to 1$;$11^4 = 14641 \to 1$;$11^5 = 161051 \to 1$;$11^6 = 1771561 \to 1$;$11^7 = 19487171 \to 1$.

而 $k = 8, 9$ 都不合乎条件. 实际上,$k = 8$ 时,$b = c^8 - 10^8 \geqslant 11^8 - 10^8 > 10^8$,$k = 9$ 时,$b = c^9 - 10^9 \geqslant 11^9 - 10^9 > 10^9$,都与 $b < 10^k$ 矛盾.

(ⅱ) 若 $c = 12$,则可验证,仅有 $k = 2, 3$ 合乎条件:$12^2 = 144 \to 1$;$12^3 = 1728 \to 1$;$12^4 = 20736 \to 2$;$\cdots$.

(ⅲ) 若 $c = 13$,则可验证,仅有 $k = 2$ 合乎条件:$13^2 = 169 \to 1$;$13^3 = 2197 \to 2$;$\cdots$.

(ⅳ) 若 $c \geqslant 14$,则可验证,没有 k 合乎条件:$13^2 = 169 \to 1$;$13^3 = 2197 \to 2$;$\cdots$.

(2) 当 $a = 2$ 时,由①②,得 $c > 20, k \leqslant 2$,所以 $k = 2$. 此时,$10^2 \leqslant b = c^2 - (10a)^2 = c^2 - 20^2$,得 $c < 23$,所以 $c = 21, 22$. 又 $21^2 = 441 \to$

4;$22^2=484\to 4$ 都合乎条件.

(3) 当 $a=3$ 时,由①②,得 $c>30$,$k\leqslant 2$,所以 $k=2$. 此时,$10^2>b=c^2-(10a)^2=c^2-30^2$,得 $c<32$,所以 $c=31$. 又 $31^2=961\to 9$ 合乎条件.

(4) 当 $a=4$ 时,由①②,得 $c>40$,$k\leqslant 2$,所以 $k=2$. 此时,$10^2>b=c^2-(10a)^2=c^2-40^2$,得 $c<42$,所以 $c=41$. 又 $41^2=1681\to 16$ 合乎条件.

(5) 当 $a\geqslant 5$ 时,由①②,得 $k\leqslant 1$,矛盾.

所以,符合题意的正整数 n 有 $6+2+1+2+1+1=13$ 个.

10. 设 4 个三位数分别为 a、b、c、d,$a+b+c+d=n$. 不妨设 a、b、c 是 n 的约数,且 $a<b<c$,则 $n=ax=by=cz$,$x>y>z$. 设它们的百位数字为 h,则 $\overline{h00}\leqslant a$、$b$、$c$、$d\leqslant \overline{h99}$,即

$$100h\leqslant a、b、c、d\leqslant 100h+99$$

于是(四式相加),得

$$400h<n<400(h+1)$$

又

$$100h\leqslant a<b<c<d<100h+100$$

两式相除,得

$$\frac{400h}{100(h+1)}<z<y<x<\frac{400(h+1)}{100h} \qquad (*)$$

当 $h\geqslant 3$ 时,$(*)$ 不成立. 实际上,若 $h\geqslant 3$,则

$$\frac{400h}{100(h+1)}=\frac{400(h+1)-400}{100(h+1)}=4-\frac{4}{h+1}\geqslant 3$$

且 $\frac{400(h+1)}{100h}=4+\frac{4}{h}<6$,所以由 $(*)$ 得,$3<z<y<x<6$,矛盾. 于是 $h=1$、2. 当 $h=1$ 时,由 $(*)$ 得,$2<z<y<x<8$. 我们证明 $x\neq 7$. 否则

$$n=a+b+c+d<200\times 4=800$$

即 $7a<800$,所以 $a<\dfrac{800}{7}$,所以 $a\leqslant 114$.于是

$$n\leqslant 114+b+c+d<114+200\times 3=714$$

此外,a 是三位数,$a\geqslant 100$,$n=7a\geqslant 700$,所以 $700\leqslant n<714$.而 n 是 7 的倍数,所以 $n=700$、707.当 $n=707$ 时,因为 707 不能被 3、4、5、6 整除,而 y、$z\in\{3,4,5,6\}$,与 $n=ax=by=cz$ 矛盾.当 $n=700$ 时,求得 $d=285$,也不合题意.

再证明 $x\neq 6$,否则由 $a\geqslant 100$ 得 $n=6a\geqslant 600$.由 $200>c=\dfrac{n}{z}\geqslant\dfrac{600}{z}$,得 $z>3$,从而 $z=4$,$y=5$,n 是 4、5、6 的公倍数,从而是 60 的倍数,$n=60k(10\leqslant k\leqslant 13)$,$a=10k$,$b=12k$,$c=15k$,$d=23k\geqslant 230$,与百位数 $h=1$ 矛盾.所以,$x=5$,$y=4$,$z=3$,$n=60k$,$a=12k$,$b=15k$,$c=20k$,$d=13k$.由 $12k=a\geqslant 100$ 及 $20k=c<200$,得 $k=9$,于是 $(a,b,c,d)=(108,135,180,117)$.当 $h=2$ 时,由(*)得,$2<z<y<x<6$,所以,$x=5$,$y=4$,$z=3$,n 是 60 的倍数,但 $800<n<1200$,所以 $n=840,900,960,1020,1080,1140$.当 $n\leqslant 960$ 时,$a\leqslant\dfrac{960}{x}=\dfrac{960}{5}=192$,与 $h=2$ 矛盾.当 $a\geqslant 1020$ 时,$c\geqslant\dfrac{1020}{z}=\dfrac{1020}{3}=340$,与 $h=2$ 矛盾.

综上所述,只有唯一的合乎条件的 4-数组 $(108,135,180,117)$.

11. 不妨设 $0\leqslant x\leqslant y\leqslant z$,则 $3z^2\geqslant x^2+y^2+z^2=1993$,所以 $z\geqslant 26$.又因为 $z^2\leqslant 1993$,所以 $z\leqslant 44$,于是 $26\leqslant z\leqslant 44$.反设 $x+y+z$ 是完全平方数,令 $x+y+z=k^2$,其中 k 为自然数,那么

$$k^4=(x+y+z)^2\leqslant(1^2+1^2+1^2)(x^2+y^2+z^2)=5979$$

所以 $k\leqslant 8$.

又 $k^4=(x+y+z)^2\geqslant x^2+y^2+z^2=1993$,所以 $k\geqslant 7$,所以 $7\leqslant k\leqslant 8$.因为 $x^2+y^2+z^2=1993$ 为奇数,所以 $x+y+z$ 为奇数,从而

k 为奇数,于是 $k=7, x+y+z=49$.

令 $z = 28 + d, 0 \leqslant d \leqslant 18$,则 $x+y = 23 - d$,所以 $y \leqslant 23 - d$,所以
$$x^2 + y^2 \leqslant 2y^2 \leqslant 2(23-d)^2 = 1058 - 92d + 2d^2$$
另一方面,有
$$x^2 + y^2 = 1993 - z^2 = 1993 - (26+d)^2 = 1317 - 52d - d^2$$
所以
$$1317 - 52d - d^2 = x^2 + y^2 \leqslant 1058 - 92d + 2d^2$$
即 $3d^2 - 40d \geqslant 259$. 但
$$3d^2 - 40d = d(3d - 40) \leqslant 18 \times 14 = 252$$
矛盾.

12. 设 $n = p_1^{t_1} p_2^{t_2} \cdots p_k^{t_k}$(其中 $p_1, p_2, \cdots, p_k$ 是互异的质数,$t_1, t_2, \cdots, t_k$ 为自然数),则 $d(n) = \prod\limits_{i=1}^{k}(1+t_i)$. 依题意,有
$$\prod_{i=1}^{k} \frac{1+t_i}{p_i^{t_i}} = \frac{1}{3} \qquad \qquad ①$$

注意到对 $i = 1, 2, \cdots, k$,有 $\dfrac{1+t_i}{p_i^{t_i}} \leqslant \dfrac{1+t_i}{2^{t_i}} \leqslant 1$,从而由①,有 $\dfrac{1+t_i}{p_i^{t_i}} \geqslant \dfrac{1}{3}$.

这样,(p_i, t_i) 只有 6 个可能取值:$(5,1), (3,1), (3,2), (2,1), (2,2), (2,3)$. 由此可知,$k \leqslant 3$. 又 $3 | n$,不妨设 $p_1 = 3$.

(1) 若 $t_1 = 1$,则 $\dfrac{1+t_1}{p_1^{t_1}} = \dfrac{1+1}{p_1} = \dfrac{2}{3}$. 代入①,有
$$\prod_{i=2}^{k} \frac{1+t_1}{p_i^{t_1}} = \frac{1}{2} \qquad \qquad ②$$

由②同样可知,$i \geqslant 2$ 时,$\dfrac{1+t_1}{p_i^{t_1}} \geqslant \dfrac{1}{2}$. 由于 $\dfrac{1+1}{5} < \dfrac{1}{2}$,从而 $(p_i, t_i) \neq (5,1)$,所以 $k = 2$. 所以,$p_2 = 2$,此时 $t_2 = 1, 2, 3$,但只有 $t_2 = 3$

合乎条件:$\frac{1+t_2}{2^{t_2}}=\frac{1}{2}$,所以 $n=3\cdot 2^2=24$.

(2) 若 $t_1=2$,则 $\frac{1+t_1}{p_1^{t_1}}=\frac{1+2}{p_1^{t_1}}=\frac{1}{3}$.代入①,有 $\prod_{i=2}^{k}\frac{1+t_i}{p_i^{t_i}}=1$,所以

$$\frac{1+t_i}{p_i^{t_i}}=1 \quad (i\geqslant 2) \qquad ③$$

若 $k=1$,则 $n=3^2=9$.若 $k\geqslant 2$,则由于满足③的 (p_i,t_i) 只有唯一一组:$(2,1)$,从而 $k=2,n=3^2\cdot 2=18$.

(3) 若 $t_1\geqslant 3$,则

$$\frac{1+t_1}{p_1^{t_1}}\leqslant \frac{1+3}{p_1^3}\leqslant \frac{1+3}{3^3}=\frac{4}{27}<\frac{1}{3}$$

矛盾$\left(\text{其中利用了}\frac{1+x}{3^x}\text{是减函数}\right)$.综上所述,$n=24,18,9$.经检验,它们都合乎条件.

另解:设 $n=p_1^{t_1}p_2^{t_2}\cdots p_k^{t_k}$(其中 $p_1,p_2,\cdots,p_k$ 是互异的质数,$t_1,t_2,\cdots,t_k$ 为自然数),则 $d(n)=\prod_{i=1}^{n}(1+t_i)$.所以

$$p_1^{t_1}p_2^{t_2}\cdots p_k^{t_k}=3(t_1+1)(t_2+1)\cdots(t_k+1)$$

若存在 $p_i\geqslant 7$,则

$$p_i^{t_i}\geqslant 7^{t_i}>(2+4)^{t_i}$$
$$\geqslant 2+4^{t_i}=2+(1+3)^{t_i}\geqslant 2+(1+3t_i)=3(1+t_i)$$

又对 $j\neq i,p_j^{t_j}\geqslant 2^{t_j}=(1+1)^{t_j}\geqslant 1+t_j$.由此导出 $n>3d(n)$,矛盾.所以,对任何 $i=1,2,\cdots,k$,有 $p_i\leqslant 5$,从而 $k\leqslant 3$.令 $n=2^{t_1}3^{t_2}5^{t_3}$,其中 t_1,t_2,t_3 为非负整数,则

$$2^{t_1}3^{t_2}5^{t_3}=3(t_1+1)(t_2+1)(t_3+1)$$

因为 $3|n$,所以 $t_2\geqslant 1$.若 $t_3=1$,则 $2^{t_1}3^{t_2}\cdot 5=6(t_1+1)(t_2+1)$.但

$$5\cdot 3^{t_2}=5\cdot(1+2)^{t_2}\geqslant 5(1+2t_2)>6(t_2+1)$$

所以 $n>3d(n)$,矛盾.若 $t_3\geqslant 2$,则 $5^{t_3}>3(t_3+1)$,所以 $n>3d(n)$,矛盾.所以 $t_3=0$,所以 $n=2^{t_1}3^{t_2}$,其中 t_1、t_2 为非负整数.于是 $2^{t_1}3^{t_2}=3(t_1+1)(t_2+1)$.若 $t_2\geqslant 2$,则

$$3^{t_2-1}=(1+2)^{t_2-1}\geqslant 1+2(t_1-1)>t_2+1$$

所以 $n>3d(n)$,矛盾.若 $t_2=1$,则 $2^{t_1}=2(t_1+1)$,有唯一解:$t_1=3$,此时,$n=2^2\cdot 3=24$.$t_2=2$,则 $2^{t_1}=t_1+1$,此时有两个解:$t_1=0$ 或 1,对应的 $n=3^2$ 或 $3^2\cdot 2=18$.综上所述,$n=24、18、9$.经检验,它们都合乎条件.

13. (1) 不妨设整数 $a\geqslant b\geqslant c$,显然 $c\geqslant 2$.若 $c\geqslant 5$,这时 $\dfrac{1}{a}\leqslant\dfrac{1}{b}\leqslant\dfrac{1}{c}\leqslant\dfrac{1}{5}$.由

$$abc=2(a-1)(b-1)(c-1)$$

可得

$$\dfrac{1}{2}=\left(1-\dfrac{1}{a}\right)\left(1-\dfrac{1}{b}\right)\left(1-\dfrac{1}{c}\right)\geqslant\left(\dfrac{4}{5}\right)^3$$

矛盾.故 c 只可能取 $2,3,4$.当 $c=2$ 时,$ab=(a-1)(b-1)$,有 $a+b=1$.又 $a\geqslant b\geqslant 2$,此时无解.当 $c=3$ 时,$3ab=4(a-1)(b-1)$,即 $(a-4)(b-4)=12$.又 $a\geqslant b\geqslant 3$,所以

$$\begin{cases}a-4=12\\b-4=1\end{cases} \text{或} \begin{cases}a-4=6\\b-4=2\end{cases} \text{或} \begin{cases}a-4=4\\b-4=3\end{cases}$$

解得

$$\begin{cases}a=16\\b=5\end{cases} \text{或} \begin{cases}a=10\\b=6\end{cases} \text{或} \begin{cases}a=8\\b=7\end{cases}$$

其中能构成三角形的只有 $a=8,b=7,c=3$.当 $c=4$ 时,同理解得 $a=9,b=4$ 或 $a=6,b=5$.其中能构成三角形的只有 $a=6,b=5,c=4$.故存在三边长均为整数的 $\triangle ABC$,其三边长分别为 $4,5,6$ 或 $3,7,8$.

(2) 由 $abc = 2(a-1)(b-1)(c-1)$,可得

$$\frac{1}{2} = \left(1 - \frac{1}{a}\right)\left(1 - \frac{1}{b}\right)\left(1 - \frac{1}{c}\right)$$

$$\leqslant \left[\frac{\left(1 - \frac{1}{a}\right) + \left(1 - \frac{1}{b}\right) + \left(1 - \frac{1}{c}\right)}{3}\right]^3$$

所以

$$\frac{1}{a} + \frac{1}{b} + \frac{1}{c} \leqslant 3 - \frac{2}{\sqrt[3]{2}}$$

又

$$(a+b+c)\left(\frac{1}{a} + \frac{1}{b} + \frac{1}{c}\right) \geqslant 9$$

则有

$$a + b + c \geqslant \frac{9}{\frac{1}{a} + \frac{1}{b} + \frac{1}{c}} \geqslant \frac{9}{3 - \frac{2}{\sqrt[3]{2}}} = \frac{3\sqrt[3]{2}}{\sqrt[3]{2} - 1}$$

故 $\triangle ABC$ 的周长最小值为 $\frac{3\sqrt[3]{2}}{\sqrt[3]{2}-1}$,当且仅当 $a = b = c = \frac{\sqrt[3]{2}}{\sqrt[3]{2}-1}$ 时,取得此最小值.

14. 对非平方数 n,设 $k^2 < n < (k+1)^2$,即 $k < \sqrt{n} < k+1$. 令

$$n = k^2 + r \quad (1 \leqslant r \leqslant 2k)$$

则

$$f(n) = \left[\frac{1}{\sqrt{n} - [\sqrt{n}]}\right] = \left[\frac{1}{\sqrt{n} - k}\right] = \left[\frac{\sqrt{n} + k}{n - k^2}\right] = \left[\frac{\sqrt{n} + k}{r}\right]$$

因为 $k < \sqrt{n} < k+1$,所以

$$\frac{k+k}{r} < \frac{\sqrt{n} + k}{r} < \frac{(k+1) + k}{r}$$

于是

$$\frac{2k}{r} < \frac{\sqrt{n} + k}{r} < \frac{2k}{r} + \frac{1}{r} \leqslant \frac{2k}{r} + 1$$

所以，$\left[\dfrac{\sqrt{n}+k}{r}\right]=\left[\dfrac{2k}{r}\right]$. 所以

$$f(n)=\left[\dfrac{2k}{r}\right] \quad (n=k^2+r,1\leqslant r\leqslant 2k)$$

由此即可逐一列表，求出 $\sum\limits_{n=1}^{240}f(n)=768$.

15. 为了利用条件，对目标式适当分组，使每一组第一个项的下标为平方数，再注意到 $\sum\limits_{k=1}^{n}\dfrac{x_k}{k}$ 中有 n 个项，可适当补充若干个后续项，使其可分为 n 组，然后对每一组分别进行"统一放缩"。实际上，对任何 $n\in\mathbf{N}$，有 $n\leqslant(n+1)^2-1$，于是

$$\sum_{k=1}^{n}\dfrac{x_k}{k}\leqslant\sum_{k=1}^{(n+1)^2-1}\dfrac{x_k}{k}=\left(\dfrac{x_1}{1}+\dfrac{x_2}{2}+\dfrac{x_3}{3}\right)+\left(\dfrac{x_4}{2^2}+\dfrac{x_5}{5}+\cdots+\dfrac{x_8}{8}\right)+\cdots$$

$$+\left(\dfrac{x_{n^2}}{n^2}+\dfrac{x_{n^2+1}}{n^2+1}+\cdots+\dfrac{x_{(n+1)^2-1}}{(n+1)^2-1}\right)$$

$$\leqslant\left(\dfrac{x_1}{1}+\dfrac{x_1}{1}+\dfrac{x_1}{1}\right)+\left(\dfrac{x_4}{4}+\dfrac{x_4}{4}+\cdots+\dfrac{x_4}{4}\right)+\cdots$$

$$+\left(\dfrac{x_{n^2}}{n^2}+\dfrac{x_{n^2}}{n^2}+\cdots+\dfrac{x_{n^2}}{n^2}\right)=3\cdot\dfrac{x_1}{1}+5\cdot\dfrac{x_4}{4}+\cdots$$

$$+(2n+1)\dfrac{x_{n^2}}{n^2}=\sum_{k=1}^{n}\left(\dfrac{2k+1}{k}\right)\dfrac{x_{k^2}}{k}$$

$$\leqslant\sum_{k=1}^{n}\left(\dfrac{2k+k}{k}\right)\dfrac{x_{k^2}}{k}=\sum_{k=1}^{n}\left(3\cdot\dfrac{x_{k^2}}{k}\right)=3\sum_{k=1}^{n}\dfrac{x_{k^2}}{k}<3$$

4 合力逼近

本章介绍一种逼近策略:合力逼近.

解题中,往往难以直接实现解题目标,甚至不知道走怎样的路线去实现目标,这时候,我们需要深入剖析题中的条件,尽可能多地搜集与对象相关的一些信息,由此探索题中有关对象的某些性质.尽管这些性质可能与解题目标相距甚远,但综合利用各种信息,便能逼近解题目标.我们称这样一种逼近策略为合力逼近.

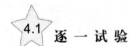

4.1 逐一试验

为了求得合乎条件的数学对象,可对若干对象逐一试验,从中找到合乎要求的对象.当题目给出的对象较少时,可将题中的对象一个一个地试验即可.但当题目给出的对象较多甚至有无数个时,则需要对一些对象"成批"地进行试验.

例1 求一个四位正整数,使它为完全平方数,并且前两位数字相同,后两位数字也相同.

分析与解 如果对所有四位数逐一进行试验,则要试验 9000 次,虽然能够解决问题,但谁也不会这样做.若注意到这样的四位数可以表示为

$$N = 1000a + 100a + 10b + b$$

则 $1 \leqslant a \leqslant 9, 0 \leqslant b \leqslant 9$,逐一验证 a、b,只需要试验 90 次,但我们还希望试验次数再减少. 为此,需要利用 N 为平方数,想到将 N "分解":

$$N = 1100a + 11b = 11(100a + b)$$

所以 $11 \mid N$. 而 11 为质数,由平方数的特征:每个质因数在 N 中的指数为偶数,从而 $11 \mid 100a + b$.

又 $100a + b = 99a + (a + b)$,所以 $11 \mid a + b$,得 $a + b = 11$.

至此,逐一试验 $a = 1, 2, \cdots, 9$,可知只有 $a = 7, b = 4$ 合乎条件,故所求的四位数为 7744.

例 2(原创题) 求出所有正整数 n,使 $\sin \dfrac{2\left[\dfrac{n+1}{4}\right]\pi}{n} \geqslant \dfrac{n-1}{n}$.

分析与解 最直接了当的方法,是逐一试验 n 的值. 当 $n = 1$ 时,有

$$\sin \dfrac{2\left[\dfrac{n+1}{4}\right]\pi}{n} = 0 = \dfrac{n-1}{n}$$

所以 $n = 1$ 合乎条件. 当 $n = 2$ 时,有

$$\sin \dfrac{2\left[\dfrac{n+1}{4}\right]\pi}{n} = 0 < \dfrac{n-1}{n}$$

所以 $n = 2$ 不合乎条件. 当 $n = 3$ 时,有

$$\sin \dfrac{2\left[\dfrac{n+1}{4}\right]\pi}{n} = \sin \dfrac{2\pi}{3} = \dfrac{\sqrt{3}}{2} > \dfrac{2}{3} = \dfrac{n-1}{n}$$

所以 $n = 3$ 合乎条件.

当 $n = 4$ 时,有

$$\sin \dfrac{2\left[\dfrac{n+1}{4}\right]\pi}{n} = \sin \dfrac{\pi}{2} = 1 > \dfrac{3}{4} = \dfrac{n-1}{n}$$

所以 $n=4$ 合乎条件.

当 $n=5$ 时,由琴生不等式可知:

$$\sin\frac{2\left[\frac{n+1}{4}\right]\pi}{n} = \sin\frac{2\pi}{5} = \sin\frac{4\times\frac{\pi}{2}+1\times 0}{5}$$

$$> \frac{1}{5}\left(4\times\sin\frac{\pi}{2}+1\times\sin 0\right) = \frac{4}{5} = \frac{n-1}{n}$$

所以 $n=5$ 合乎条件.

当 $n\geqslant 6$ 时,若 $m\equiv -1(\bmod 4)$,则设 $n=4k-1(k\in\mathbf{N}^+)$,由琴生不等式可知:

$$\sin\frac{2\left[\frac{n+1}{4}\right]\pi}{n} = \sin\frac{2k\pi}{4k-1} = \sin\frac{(4k-2)\times\frac{\pi}{2}+1\times\pi}{4k-1}$$

$$\geqslant \frac{1}{4k-1}\left[(4k-2)\times\sin\frac{\pi}{2}+1\times\sin\pi\right]$$

$$= \frac{4k-2}{4k-1} = \frac{n-1}{n}$$

所以 n 合乎条件.

若 $m\not\equiv -1(\bmod 4)$,则

$$\frac{n-2}{4}\leqslant\left[\frac{n+1}{4}\right]\leqslant\frac{n}{4}$$

此时,$0<\dfrac{2\left[\frac{n+1}{4}\right]\pi}{n}\leqslant\dfrac{\pi}{2}$.

而 $\sin x$ 在 $\left[0,\dfrac{\pi}{2}\right]$ 单调递增,所以由琴生不等式可知:

$$\sin\frac{2\left[\frac{n+1}{4}\right]\pi}{n}\geqslant\sin\frac{(n-2)\pi}{n} = \sin\frac{(n-6)\times\frac{\pi}{2}+6\times\frac{\pi}{3}}{n}$$

$$\geqslant\frac{1}{n}\left[(n-6)\times\sin\frac{\pi}{2}+6\times\sin\frac{\pi}{3}\right]$$

$$= \frac{n-6+3\sqrt{3}}{n} > \frac{n-1}{n}$$

所以 n 合乎条件.

综上所述,合乎条件的正整数 n 为一切不等于 2 的正整数.

例 3(原创题) 若一个三角形的边长与面积都是整数,则称之为海伦三角形.三边长互素的海伦三角形称为本原海伦三角形.边长都不是 3 的倍数的本原海伦三角形称为奇异三角形.求奇异三角形的最小边长的最小值.

分析与解 (1) 设 a、b、c 是一个奇异三角形的三边长,其中 $a \leqslant b \leqslant c$,$S_\triangle$ 为其面积,则由题意义,a、b、c 及 $S_\triangle$ 都是整数.

由海伦公式知:

$$16S_\triangle^2 = (a+b+c)(a+b-c)(a-b+c)(-a+b+c)$$

$$(*)$$

因为 $(a,b,c)=1$,所以 a、b、c 中至少有一个为奇数.

如果 a、b、c 中有奇数个奇数,则 $a+b+c$、$a+b-c$、$a-b+c$、$-a+b+c$ 都是奇数,与 $(*)$ 矛盾.

所以

$$a、b、c \text{ 中恰有两个为奇数} \quad (**)$$

以下逐一试验 a 的取值.

(ⅰ) 若 $a=1$,由 $c<a+b=1+b$,知 $c \leqslant b$. 又 $c \geqslant b$,所以 $b=c$,此时,a、b、c 中有奇数个奇数,与 $(**)$ 矛盾.所以 $a \neq 1$.

(ⅱ) 若 $a=2$,由 $c<a+b=2+b$,知 $c \leqslant b+1$.

又 $c \geqslant b$,所以 $c=b$ 或 $c=b+1$.

当 $c=b$ 时,有

$$p = \frac{1}{2}(a+b+c) = b+1$$

$$S_\triangle^2 = p(p-a)(p-b)(p-c)$$

4 合力逼近

$$= (b+1)(b-1) \cdot 1 \cdot 1 = b^2 - 1$$

所以
$$1 = (b + S_\triangle)(b - S_\triangle)$$

但 $b + S_\triangle > 1$,矛盾.

当 $c = b + 1$ 时,b、c 一奇一偶,所以 a、b、c 中恰有一个奇数,与 (**)矛盾. 所以 $a \neq 2$.

(ⅲ) 若 $a = 4$,则 b、c 都是奇数.由 $c < a + b = 4 + b$,知 $c \leqslant b + 3$.又 $c \geqslant b$,所以 $c = b$ 或 $c = b + 2$.当 $c = b$ 时,有

$$p = \frac{1}{2}(a + b + c) = b + 2$$

$$S_\triangle^2 = p(p-a)(p-b)(p-c)$$
$$= (b+2)(b-2) \cdot 2 \cdot 2 = 4(b^2 - 4)$$

所以 $S_\triangle$ 为偶数. 令 $S_\triangle = 2 S_{\triangle_1}$,则

$$S_{\triangle_1}^2 = b^2 - 4$$

$$4 = (b + S_{\triangle_1})(b - S_{\triangle_1})$$

但 $b + S_{\triangle_1} > b - S_{\triangle_1}$,所以 $b + S_{\triangle_1} = 4, b - S_{\triangle_1} = 1$,所以 $2b = 5$,矛盾.

当 $c = b + 2$ 时,有

$$p = \frac{1}{2}(a + b + c) = b + 3$$

$$S_\triangle^2 = (b+3)(b-1) \cdot 3 \cdot 1$$

所以 $3 | S_\triangle$. 令 $S_\triangle = 3 S_{\triangle_1}$,则

$$3 S_{\triangle_1}^2 = (b+3)(b-1)$$

所以 $3 | (b+3)(b-1)$.

若 $3 | b + 3$,则 $3 | b$,与奇异三角形矛盾.

若 $3 | b - 1$,则 $3 | b + 2 = c$,也与奇异三角形矛盾.

所以 $a \neq 4$.

又由题意,a 不是 3 的倍数,从而 $a \neq 3$.

综上所述,恒有 $a \geq 5$.

又 $(5,5,8)$ 是奇异三角形,故奇异三角形的最小边长的最小值为 5.

例 4(2005 年全国高中数学联赛江苏赛区预赛试题) (1) 若 $n(n \in \mathbf{N}^+)$ 个立方数之和等于 2005,求 n 的最小值,并说明理由.

(2) 若 $n(n \in \mathbf{N}^+)$ 个立方数之和等于 2002^{2005},求 n 的最小值,并说明理由.

分析与解 (1) 逐一试验 n 的值.显然 2005 不是立方数,所以 $n > 1$.

若 $n = 2$,设 $a^3 + b^3 = 2005$,不妨设 $a \leq b$,则
$$2005 = a^3 + b^3 \geq b^3, \quad 2005 = a^3 + b^3 \leq 2b^3$$
所以 $11 \leq b \leq 12$,得 $b = 11$ 或 12.于是,$a^3 = 2005 - b^3 = 674$ 或 277,而 674 与 277 均不是完全立方数,矛盾.所以 $n \neq 2$.

若 $n = 3$,设 $a^3 + b^3 + c^3 = 2005$,不妨设 $a \leq b \leq c$,则
$$2005 = a^3 + b^3 + c^3 \geq c^3, \quad 2005 = a^3 + b^3 + c^3 \leq 3c^3$$
所以 $c = 9, 10, 11$ 或 12.

当 $c = 9$ 时,有
$$a^3 + b^3 = 2005 - c^3 = 2005 - 729 = 1236$$
由 $1236 = a^3 + b^3 \leq 2b^3$,得 $b \geq 8$,所以 $b = 8$ 或 9.于是,有
$$a^3 = 1236 - b^3 = 724 \text{ 或 } 507$$
而 724 与 507 均不是完全立方数,矛盾.

当 $c = 10$ 时,有
$$a^3 + b^3 = 2005 - c^3 = 2005 - 1000 = 1005$$
由 $1005 = a^3 + b^3 \leq 2b^3$,$1005 = a^3 + b^3 \geq b^3$,得 $7 \leq b \leq 9$,所以 $b = 7, 8$ 或 9.逐一代入方程可知,a^3 均不是完全立方数,矛盾.

4 合力逼近

当 $c = 11$ 时,有
$$a^3 + b^3 = 2005 - c^3 = 2005 - 1331 = 674$$
由 $674 = a^3 + b^3 \leqslant 2b^3$, $674 = a^3 + b^3 \geqslant b^3$,得 $6 \leqslant b \leqslant 8$,所以 $b = 6, 7$ 或 8.逐一代入方程可知,a^3 均不是完全立方数,矛盾.

当 $c = 12$ 时,有
$$a^3 + b^3 = 2005 - c^3 = 2005 - 1728 = 237$$
由 $237 = a^3 + b^3 \leqslant 2b^3$, $237 = a^3 + b^3 \geqslant b^3$,得 $5 \leqslant b \leqslant 6$,所以 $b = 5$ 或 6.逐一代入方程可知,a^3 均不是完全立方数,矛盾.所以 $n \neq 3$.

当 $n = 4$ 时,因为 $2005 = 3^3 + 5^3 + 5^3 + 12^3$,所以 $n = 4$ 合乎要求.

综上所述,n 的最小值为 4.

(2) 设
$$x_1^3 + x_2^3 + \cdots + x_n^3 = 2002^{2005}$$
由 $2002 \equiv 4 \pmod{9}$, $4^3 \equiv 1 \pmod 9$,得
$$x_1^3 + x_2^3 + \cdots + x_n^3 = 2002^{2005} \equiv 4^{2005} \equiv 4^{668 \times 3 + 1}$$
$$\equiv 4 \cdot (4^3)^{668} \equiv 4 \pmod 9 \qquad (*)$$

另一方面,当 $x \in \mathbf{N}^+$ 时,$x^3 \equiv 0, \pm 1 \pmod 9$,所以 $x_1^3 \not\equiv 4 \pmod 9$, $x_1^3 + x_2^3 \not\equiv 4 \pmod 9$, $x_1^3 + x_2^3 + x_3^3 \not\equiv 4 \pmod 9$ 所以 $n = 1, 2, 3$ 时均与 $(*)$ 矛盾,所以 $n \geqslant 4$.

当 $n = 4$ 时,我们注意这样的事实:

如果 $A = a^3 \cdot b$,而 b 可表示为 n 个数的立方和,不妨设 $b = b_1^3 + b_2^3 + \cdots + b_n^3$,则 A 可表示为 n 个数的立方和:
$$A = a^3 \cdot b = a^3 \cdot (b_1^3 + b_2^3 + \cdots + b_n^3)$$
$$= (a^3 b_1^3 + a^3 b_2^3 + \cdots + a^3 b_n^3)$$
$$= (ab_1)^3 + (ab_2)^3 + \cdots + (ab_n)^3$$

因为
$$2002^{2005} = 2002^{2004} \cdot 2002 = (2002^{668})^3 \cdot 2002$$

而 2002 可表示为 4 个数的立方和：$2002 = 10^3 + 10^3 + 1^3 + 1^3$，所以 2002^{2005} 可表示为 4 个数的立方和：

$$2002^{2005} = (2002^{668})^3 \cdot (10^3 + 10^3 + 1^3 + 1^3)$$
$$= (2002^{668} \times 10)^3 + (2002^{668} \times 10)^3 + (2002^{668} \times 1)^3$$
$$+ (2002^{668} \times 1)^3$$

综上所述，n 的最小值为 4.

4.2 寻找多个"拟结论"

我们称与解题目标相关或相近的结论为"拟结论"。通过寻找多个"拟结论"，逐步逼近解题目标，是一种常用的思考方法。

拟结论也并不一定与解题目标中有关对象的表现形式一致或相近，它时常表现为有关对象的一些特征或性质，而这些性质与解题目标密切相关。

例1 设 $x_i^2 = 1(i = 1,2,\cdots,n)$，且 $\dfrac{x_1 x_2 x_3}{x_4} + \dfrac{x_2 x_3 x_4}{x_5} + \cdots + \dfrac{x_{n-3} x_{n-2} x_{n-1}}{x_n} + \dfrac{x_{n-2} x_{n-1} x_n}{x_1} + \dfrac{x_{n-1} x_n x_1}{x_2} + \dfrac{x_n x_1 x_2}{x_3} = 0$. 求证：$4 \mid n$.

分析与证明 采用合力逼近策略，先证明"拟结论"：n 为偶数，继而证明 $\dfrac{n}{2}$ 为偶数.

注意到 $x_i = \pm 1$，所以 $\dfrac{x_i x_{i+1} x_{i+2}}{x_{i+3}} = \pm 1(i = 1,2,\cdots,n$，规定 $x_{n+i} = x_i)$.

引入容量参数：设 $\dfrac{x_1 x_2 x_3}{x_4}, \dfrac{x_2 x_3 x_4}{x_5}, \cdots, \dfrac{x_{n-3} x_{n-2} x_{n-1}}{x_n}, \dfrac{x_{n-2} x_{n-1} x_n}{x_1}, \dfrac{x_{n-1} x_n x_1}{x_2}, \dfrac{x_n x_1 x_2}{x_3}$ 中有 a 个 1，b 个 -1，其中 $a + b = n$，则由

4 合力逼近

$$0 = \frac{x_1 x_2 x_3}{x_4} + \frac{x_2 x_3 x_4}{x_5} + \cdots + \frac{x_{n-3} x_{n-2} x_{n-1}}{x_n} + \frac{x_{n-2} x_{n-1} x_n}{x_1}$$

$$+ \frac{x_{n-1} x_n x_1}{x_2} + \frac{x_n x_1 x_2}{x_3} = a - b$$

得 $a = b$,于是 $n = a + b = 2a$.

下面只需证明 a 为偶数.实际上,有

$$\frac{x_1 x_2 x_3}{x_4} \cdot \frac{x_2 x_3 x_4}{x_5} \cdot \cdots \cdot \frac{x_{n-3} x_{n-2} x_{n-1}}{x_n} \cdot \frac{x_{n-2} x_{n-1} x_n}{x_1} \cdot \frac{x_{n-1} x_n x_1}{x_2} \cdot \frac{x_n x_1 x_2}{x_3}$$

$$= 1^a (-1)^b = (-1)^b = (-1)^a$$

$$\frac{x_1 x_2 x_3}{x_4} \cdot \frac{x_2 x_3 x_4}{x_5} \cdot \cdots \cdot \frac{x_{n-3} x_{n-2} x_{n-1}}{x_n} \cdot \frac{x_{n-2} x_{n-1} x_n}{x_1} \cdot \frac{x_{n-1} x_n x_1}{x_2} \cdot \frac{x_n x_1 x_2}{x_3}$$

$$= (x_1 x_2 \cdots x_n)^2 = 1$$

所以 $(-1)^a = 1$, a 为偶数.

令 $a = 2k$,则 $n = 2a = 4k$,故 $4 \mid n$.

例 2 有 12 位同学围成一圈,其中有些同学手中持有鲜花,鲜花总数为 13 束.他们进行分花游戏,每次分花按如下规则进行:其中一位手中至少持有两束鲜花的同学,拿出两束鲜花分给与其相邻的左右两位同学,每人分一束.证明:在持续进行这种分花游戏的过程中,一定会出现至少有 7 位同学手中持有鲜花的情况.

分析与证明 目标是证明 12 个人中存在 7 个人有花,先证明拟结论:一定有 6 个人有花.

为此,根据游戏规则的特征,想到将 12 个人分成 6 组,每相邻两人为一组,这样,我们只需证明每组中至少一人有花.

再将其分解为以下两个性质(拟结论)来逼近:

性质 1 任何一位同学不可能永远手中无鲜花.

用反证法.按逆时针方向,将 12 位同学依次记为 $a_1, a_2, \cdots, a_{12}$,不妨设 a_1 手中始终没有鲜花,这表明 a_2 始终没有作为分花者(否则必分花给 a_1,矛盾),从而 a_2 手中的鲜花数任何时刻不会减少.

由于总共只有 13 束鲜花,从而 a_2 手中的鲜花数不无限次增加,再注意到 a_3 分花时必分给 a_2,从而 a_3 只能作为有限次分花者,操作到一定时刻,a_3 不再作为分花者.

如此下去,操作到一定时刻,a_4 不再作为分花者,a_5 不再作为分花者,$\cdots$,a_{12} 不再作为分花者,此时任何人都不再分花,操作结束,这表明每个人手中至多一束鲜花,但有 13 束鲜花,只有 12 个人,矛盾.

性质 2 对于任何两位相邻的同学 a、b,如果在某时刻,他们中至少一人手中有鲜花,则在以后任何时刻,他们中也至少一人手中有鲜花.

实际上,对任何一次操作,如果拿出花的同学不是 a、b 中任何一位,那么 a、b 手中的鲜花数不会减少,从而 a、b 中仍至少一人手中有鲜花.如果拿出花的同学是 a、b 中某一位,设为 a,那么 a 必给 b 一束鲜花,此时 b 手中有鲜花,从而 a、b 中至少一人手中有鲜花.

利用以上两条性质即可完成证明.

实际上,将 12 个同学依次分为 6 组:(a_1, a_2),(a_3, a_4),$\cdots$,(a_{11}, a_{12}),由性质 1,一定有某个时刻 t_1,a_1 手中有花,此时第一组中至少 1 人有花.再由性质 2,时刻 t_1 以后,第一组中永远至少 1 人有花.

同理,存在时刻 $t_i (1 \leqslant i \leqslant 6)$,时刻 t_i 以后,第 i 组中永远至少 1 人有花.

令 $t = \max t_i (1 \leqslant i \leqslant 6)$,那么,时刻 t 以后每组都至少 1 人有花,此时至少有 6 人有花.

如果已有 7 位同学手中持有鲜花,则结论成立.

若恰有 6 个人有花,继续操作是否能导致 7 个人有花? 此时,再分析 6 个人有花的状态特征. 因为共有 13 束花,分布在 6 个人手中,则由抽屉原理,至少有一个人有 3 朵花,他分一次花之后,使他所在组的两人都有花,而另外 5 组中都至少一人有花,此时至少有 7 千人

4 合力逼近

手中有花,结论成立.

例 3 如果对所有整数 m、n,都能找到整数 x、y,使 $ax+by=m$,$cx+dy=n$,求证:$|ad-bc|=1$.

分析与证明 为了证明 $|ad-bc|=1$,显然不可能通过求出 a、b、c、d 之值来达到目的. 由于我们一时还难以确定应走怎样的路线去实现目标,可先考虑如何利用题中的条件.

题目条件告诉我们,对所有整数 m、n,相应的方程组都有整数解. 由此想到,取一些适当的 m、n 值来解相应的方程组,看能否得到有用的信息.

如何"适当"选取 m、n 的值?首先应考虑取最简单的数或者题中已有的数. 最简单的数莫过于 0,于是,先尝试取 $(m,n)=(0,0)$,但代入方程组,得 $(x,y)=(0,0)$ 是方程组的解,由它得不到关于 a、b、c、d 的相关信息.

再取 $(m,n)=(0,1)$,代入方程组,得
$$ax+by=0,\quad cx+dy=1$$
为了便于求解,先限定 $ad-bc\neq 0$,则解得
$$x_1=\frac{-b}{ad-bc},\quad y_1=\frac{a}{ad-bc} \qquad (*)$$
至此,我们发现了有用的信息:$ad-bc\mid b$,$ad-bc\mid a$. 尽管这还不足以推出 $|ad-bc|=1$,但由此使我们想到走怎样的道路去实现目标:期望证明 $ad-bc\mid 1$.

仅由 $(*)$ 还不能实现上述目标,我们再找一个与 $(*)$ 类似的拟结论. 令 $(m,n)=(1,0)$,代入方程组,得
$$ax+by=1,\quad cx+dy=0$$
解得
$$x_2=\frac{d}{ad-bc},\quad y_2=\frac{-c}{ad-bc}$$

注意到 x_1、y_1、x_2、y_2 都是整数,则关于 x_1、y_1、x_2、y_2 的整系数

的多项式的值都是整数,于是,我们期望找到这样的多项式,使其值为 $\dfrac{1}{ad-bc}$,因为这样便有 $ad-bc \mid 1$.

关键是如何由 x_1、y_1、x_2、y_2 的表达式的各个分子凑成分母中的 $ad-bc$,以便"约分"后分子变成 1,于是,我们有

$$x_2 y_1 - x_1 y_2 = \dfrac{ad-bc}{(ad-bc)^2} = \dfrac{1}{ad-bc}$$

所以 $ad-bc \mid 1$,故 $\mid ad-bc \mid = 1$,结论成立.

下面解决遗留问题:$ad-bc=0$ 的情形,这种情形相当于在原方程组中增添了一个条件,此时可利用 $ad-bc=0$ 进行消元,将方程组化简.

先将方程组变为

$$adx + bdy = md, \quad bcx + bdy = nb$$

两式相减,消去 x、y,得 $md=nb$(对任何 m、n 成立).取 $m=0, n=1$ 得 $b=0$;取 $m=1, n=0$ 得 $d=0$,所以 $b=d=0$.

由对称,可得 $a=c=0$,从而方程组变为 $0=m, 0=n$,显然此方程组不能对任何 m、n 都有整数解,矛盾.

综上所述,命题获证.

例 4(原创题) 若自然数 n 满足这样的条件:存在由 n 个实数组成的数列,使得任何连续 17 个项之和为正,而任何连续 10 个项之和为负,求 n 的最大值.

分析与解 假设存在这样的 n 个实数组成的实数列:$a_1, a_2, \cdots, a_n$,当 n 足够大时,我们来发掘数列隐含的各种性质(拟结论),由此导出矛盾.

该数列有如下一些性质:

(1) 若数列中每连续 17 个之和为正,连续 10 个之和为负,则数列中每连续 7 个之和为正.

实际上,考察任意连续 7 个之和:$a_{i+1} + a_{i+2} + \cdots + a_{i+7}(i=0,$

$1, 2, \cdots, n-7$).

如果 $i \geqslant 10$,则在前面添加连续 10 个之和,有
$$(a_{i-9} + a_{i-8} + \cdots + a_i) + (a_{i+1} + a_{i+2} + \cdots + a_{i+7}) > 0$$
而 $a_{i-9} + a_{i-8} + \cdots + a_i < 0$,所以 $a_{i+1} + a_{i+2} + \cdots + a_{i+7} > 0$,结论成立.

若 $i \leqslant 9$,则在前面添加连续 10 个之和,有
$$(a_{i+1} + a_{i+2} + \cdots + a_{i+7}) + (a_{i+8} + a_{i+9} + \cdots + a_{i+17}) > 0$$
而 $a_{i+8} + a_{i+9} + \cdots + a_{i+17} < 0$,所以 $a_{i+1} + a_{i+2} + \cdots + a_{i+7} > 0$,结论成立.

注意,上述证明中,在"$i \geqslant 10$"这个类中,只要求 a_{i+7} 存在,由于 $i = 0, 1, 2, \cdots, n-7$,从而 a_{i+7} 确实存在.

在"$i \leqslant 9$"这个类中,只要求 a_{i+17} 存在,此时,由于 $i \leqslant 9$,有 $i + 17 \leqslant 9 + 17 = 26$,由此可见,只要 $n \geqslant 26$,则上述结论成立.

(2) 若数列中每连续 7 个之和为正,连续 10 个之和为负,则数列中每连续 3 个之和为负.

实际上,考察连续 3 个之和 $a_{i+1} + a_{i+2} + a_{i+3}$($i = 0, 1, 2, \cdots, 47$).

如果 $i \geqslant 7$,则因为
$$(a_{i-6} + a_{i-5} + \cdots + a_i) + (a_{i+1} + a_{i+2} + a_{i+3}) < 0$$
而 $a_{i-6} + a_{i-5} + \cdots + a_i > 0$,所以 $a_{i+1} + a_{i+2} + a_{i+3} < 0$,结论成立.

若 $i \leqslant 6$,则因为
$$(a_{i+1} + a_{i+2} + a_{i+3}) + (a_{i+4} + a_{i+5} + \cdots + a_{i+10}) < 0$$
而 $a_{i+4} + a_{i+5} + \cdots + a_{i+10} > 0$,所以 $a_{i+1} + a_{i+2} + a_{i+3} < 0$,结论成立.

注意,上述证明中,在"$i \geqslant 7$"这个类中,只要求 a_{i+3} 存在,由于 $i = 0, 1, 2, \cdots, n-7$,从而 a_{i+3} 确实存在.

在"$i \leqslant 6$"这个类中,只要求 a_{i+10} 存在,此时,由于 $i \leqslant 6$,有

$i+10 \leqslant 6+10=16$,由此可见,只要 $n \geqslant 16$,则上述结论成立.

(3) 若数列中每连续 7 个之和为正,连续 3 个之和为负,则数列中每连续 4 个之和为正.

实际上,考察连续 4 个之和 $a_{i+1}+a_{i+2}+a_{i+3}+a_{i+4}(i=0,1,2,\cdots,46)$.

如果 $i \geqslant 3$,则因为
$$(a_{i-2}+a_{i-1}+a_i)+(a_{i+1}+a_{i+2}+a_{i+3}+a_{i+4})>0$$
而 $a_{i-2}+a_{i-1}+a_i<0$,所以 $a_{i+1}+a_{i+2}+a_{i+3}+a_{i+4}>0$,结论成立.

若 $i \leqslant 2$,则因为
$$(a_{i+1}+a_{i+2}+a_{i+3}+a_{i+4})+(a_{i+5}+a_{i+6}+a_{i+7})>0$$
而 $a_{i+5}+a_{i+6}+a_{i+7}<0$,所以 $a_{i+1}+a_{i+2}+a_{i+3}+a_{i+4}>0$,结论成立.

注意,上述证明中,在"$i \geqslant 3$"这个类中,只要求 a_{i+4} 存在,由于 $i=0,1,2,\cdots,n-7$,从而 a_{i+4} 确实存在.

在"$i \leqslant 2$"这个类中,只要求 a_{i+7} 存在,此时,由于 $i \leqslant 2$,有 $i+7 \leqslant 2+7=9$,由此可见,只要 $n \geqslant 9$,则上述结论成立.

(4) 若数列中每连续 4 个之和为正,连续 3 个之和为负,则数列中每个数都为正.

实际上,考察任意一个数 $a_i(i=1,2,\cdots,50)$.

如果 $i \geqslant 4$,则因为 $(a_{i-3}+a_{i-2}+a_{i-1})+a_i>0$,而 $a_{i-3}+a_{i-2}+a_{i-1}<0$,所以 $a_i>0$,结论成立.

若 $i \leqslant 3$,则因为 $a_i+(a_{i+1}+a_{i+2}+a_{i+3})>0$,而 $a_{i+1}+a_{i+2}+a_{i+3}<0$,所以 $a_i>0$,结论成立.

注意,上述证明中,在"$i \geqslant 4$"这个类中,只要求 a_i 存在,由于 $i=0,1,2,\cdots,n-7$,从而 a_i 确实存在.

在"$i \leqslant 3$"这个类中,只要求 a_{i+3} 存在,此时,由于 $i \leqslant 3$,有 $i+3$

$\leqslant 3+3=6$，由此可见，只要 $n\geqslant 6$，则上述结论成立.

综上所述，只要 $n\geqslant 26$，则上述结论都成立. 而由结论(4)可知，合乎条件的 n 个实数不存在，矛盾.

所以 $n\leqslant 25$.

此外，$n=25$ 时，我们可以构造出这样的 25 个实数.

设 25 个合乎条件的实数为 $a_1,a_2,\cdots,a_{25}$，我们先研究它应满足的若干必要条件.

从前面的论证可知，数列中，除 $A=a_{10}+a_{11}+\cdots+a_{16}$ 外，每连续 7 个之和为正，这是因为 $a_{10}+a_{11}+\cdots+a_{16}$ 无法扩充到连续 17 个之和(左右两侧都只有 9 个项).

注意到 $a_{10}+a_{11}+\cdots+a_{16}$ 恰好是位于整个序列 $a_1,a_2,\cdots,a_{25}$ 中间的一段数之和. 由此可见，我们构造的序列也许关于其中心项对称，即距首尾两端等距离的两项相等(图 4.1).

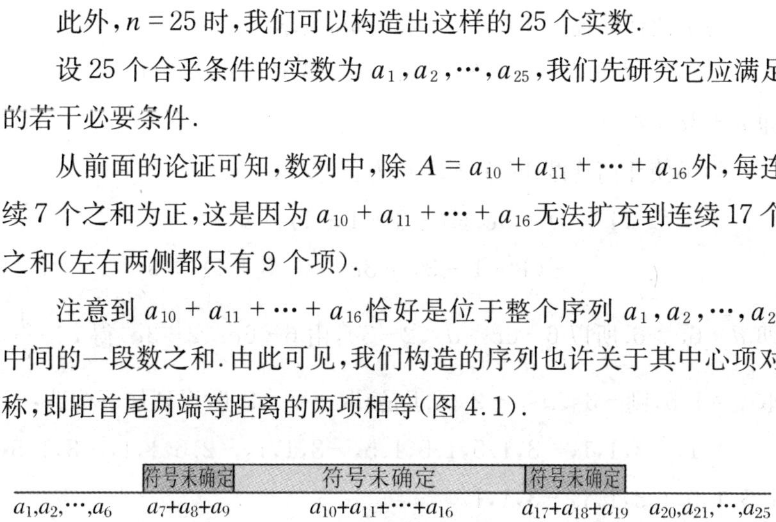

$a_1,a_2,\cdots,a_6$	符号未确定 $a_7+a_8+a_9$	符号未确定 $a_{10}+a_{11}+\cdots+a_{16}$	符号未确定 $a_{17}+a_{18}+a_{19}$	$a_{20},a_{21},\cdots,a_{25}$

图 4.1

进一步，除 $a_7+a_8+a_9$ 及 $a_{17}+a_{18}+a_{19}$ 外，任意连续 3 个项之和为负，这是因为 $a_7+a_8+a_9$ 及 $a_{17}+a_{18}+a_{19}$ 无法不包含 $A=a_{10}+a_{11}+\cdots+a_{16}$ 而扩充到连续 10 个之和 ($a_7+a_8+a_9$ 的左侧、$a_{17}+a_{18}+a_{19}$ 的右侧都只有 6 个项).

注意到 $a_7+a_8+a_9$ 及 $a_{17}+a_{18}+a_{19}$ 恰好是位于整个序列 a_1, $a_2,\cdots,a_{25}$ 关于中心项对称的 2 段数之和，这再一次验证了我们构造的序列也许关于中间项对称.

为了使构造简单，我们可综合考虑对称构造和周期构造和待定参数构造技巧，设 25 个实数为

$a,a,b,a,a,b,c,c,c,b,a,a,d,a,a,b,c,c,c,b,a,a,b,a,a$.

其中 a、b、c、d 为待定参数,满足 $a+a+b<0$,取 $a=1,b=-3$ 试验,则数列变为

$1,1,-3,1,1,-3,c,c,c,-3,1,1,d,1,1,-3,c,c,c,-3,1,1,-3,1,1.$

为了使任何连续 10 个项之和为负,要求
$$d+(1+1-3)+3c+(-3+1+1)<0$$
即 $d+3c<2$.

为了使任何连续 17 个项之和为正,要求
$$(1-3)+3c+(-3+1+1)+d$$
$$+(1+1-3)+3c+(-3+1)>0$$

即 $d+6c>6$. 所以 $6-6c<d<2-3c$,由 $6-6c<2-3c$,得 $c>\dfrac{4}{3}$,取 $c=1.5$,则 $-3<d<-2.5$,于是,取 $d=-2.6$,得到如下构造:

$1,1,-3,1,1,-3,1.5,1.5,1.5,-3,1,1,-2.6,1,1,-3,1.5,$
$1.5,1.5,-3,1,1,-3,1,1.$

为了得到各项绝对值较小的整数序列,取 $d=-2.75$,构造变为

$1,1,-3,1,1,-3,1.5,1.5,1.5,-3,1,1,-2.75,1,1,-3,$
$1.5,1.5,1.5,-3,1,1,-3,1,1.$

再将每个数乘以 4,得到如下构造:

$4,4,-12,4,4,-12,6,6,6,-12,4,4,-11,4,4,-12,6,6,6,$
$-12,4,4,-12,4,4.$

注 在上述构造中,如果令 $a=c,b=d$,则所构造的数列为

$a,a,b,a,a,b,a,a,b,a,a,b,a,a,b,a,a,b,a,a,b,$
a,a(周期为 10).

其中 a、b 为待定参数,满足
$$a+a+b<0,\quad 2(a+a+b)+3a+b<0,$$
$$6(a+a+b)-b>0$$

取 $a=8, b=-19$ 即可.

于是,得到的另一个合乎条件的数列为

$8,8,-19,8,8,-19,8,8,8,-19,8,8,-19,8,8,-19,8,8,8,$
$-19,8,8,-19,8,8.$

读者还可尝试构造其他的合乎条件的数列.

我们可将问题推广,题中的常数 10、17 分别换成任意大于 1 的正整数 p、q,则得到如下的问题:

给定正整数 p、$q(p>1, q>1)$,若自然数 n 满足这样的条件:存在由 n 个实数组成的数列,使得任何连续 p 个项之和为正,而任何连续 q 个项之和为负,求 n 的最大值.

此题有相当的难度,但我们知道,当 $p=q$ 时,n 的最大值为 $p-1$;当 $p \neq q$ 时,$n \leqslant p+q-2$. 也就是说,我们有下面的结论:

对给定的正整数 p、$q(p>1, q>1)$,不存在由 $p+q-1$ 个实数组成的数列,使得任何连续 p 个项之和为正,而任何连续 q 个项之和为负.

实际上,假设可以写出这样的 $p+q-1$ 个实数构成的数列 a_1, $a_2, \cdots, a_{p+q-1}$,考察数表(横向 p 个项,纵向连续 q 个项):

$$a_1, a_2, \cdots, a_p,$$
$$a_2, a_3, \cdots, a_{p+1},$$
$$a_3, a_3, \cdots, a_{p+2},$$
$$\cdots\cdots\cdots\cdots,$$
$$a_q, a_{q+1}, \cdots, a_{p+q-1}$$

设表中各数的和为 S,则一方面,从每一个行求和,得

$$S = (a_1 + a_2 + \cdots + a_p) + (a_2 + a_3 + \cdots + a_{p+1}) + \cdots$$
$$+ (a_q + a_{q+1} + \cdots + a_{p+q-1}) < 0$$

另一方面,从每一个列求和,得

$$S = (a_1 + a_2 + \cdots + a_q) + (a_2 + a_3 + \cdots + a_{q+1}) + \cdots$$

$$+ (a_p + a_{p+1} + \cdots + a_{p+q-1}) > 0$$

矛盾.

遗留的问题:对给定的正整数 p、q($p>1$,$q>1$),是否存在由 $p+q-2$ 个实数组成的数列,使得任何连续 p 个项之和为正,而任何连续 q 个项之和为负?

显然,即使够证明这样的数列存在,但要将其构造出来,恐怕是相当困难的.

例 5(原创题) 给定正整数 $S \geqslant 5$,将 N 分拆成若干个互异正整数的和,这些正整数的乘积记为 F,对所有不同的分法,求 F 的最大值.

分析与解 设 S 分拆成 $a_1 + a_2 + \cdots + a_t$ ($a_1 < a_2 < \cdots < a_t$)时,$F = a_1 a_2 \cdots a_t$ 达到最大值,我们证明 $a_1, a_2, \cdots, a_t$ 具有以下 4 条性质:

(1) $a_i \neq 1$;

(2) $a_{i+1} - a_i \leqslant 2$;

(3) 最多有一个 i,使 $a_{i+1} - a_i = 2$;

(4) $a_1 \leqslant 3$.

实际上,若有某个 $a_i = 1$,必定是 $a_1 = 1$,令

$$S' = a_2 + a_3 + \cdots + (a_t + 1)$$

则

$$F' = a_2 a_3 \cdots a_{t-1}(a_t + 1) > 1 \cdot a_2 a_3 \cdots a_{t-1} a_t = F$$

矛盾.

若有某个 i,使得 $a_{i+1} - a_i > 2$,则令

$$a'_i = a_i + 1, \quad a'_{i+1} = a_{i+1} - 1$$

则由

$$a'_{i+1} a'_i - a_{i+1} a_i = a_{i+1} - a_i - 1 \geqslant 3 - 1 = 2 > 0$$

知 $F' > F$,矛盾.

4 合力逼近

若有某个 $i<j$,使得
$$a_{i+1} - a_i = 2, \quad a_{j+1} - a_j = 2$$
则令 $a'_i = a_i + 1, a'_{j+1} = a_{j+1} - 1$,由
$$\begin{aligned}a'_i a'_{j+1} - a_i a_{j+1} &= a_{j+1} - a_i - 1 = a_{j+1} - a_j + a_j - a_i - 1 \\ &= 2 + a_j - a_i - 1 \geqslant 2 + a_{i+1} - a_i - 1 \\ &= 4 - 1 = 1 > 0\end{aligned}$$
知 $F'>F$,矛盾.

若 $a_1=4$,则由 $S\geqslant 5$ 知,a_2 存在,且由前面的讨论有,$a_2=5$ 或 6.

当 $a_2=5$ 时,将 $a_1+a_2=9$ 分拆成 $2+3+4$,由 $2\times 3\times 4>4\times 5$,知 $F'>F$,矛盾.

当 $a_2=6$ 时,将 $a_1+a_2=10$ 分拆成 $2+3+5$,由 $2\times 3\times 5>4\times 6$,知 $F'>F$,矛盾.

综上所述,当 F 达到最大时,S 的分拆只有两种形式:

(i) $S=2+3+\cdots+m-p(2\leqslant p\leqslant m)$.

(ii) $S=3+4+\cdots+n-q(3\leqslant q\leqslant n)$.

若 S 同时存在上述两种类型的分拆,即
$$2+3+\cdots+m-p=S=3+4+\cdots+n-q$$
其中,$2\leqslant p\leqslant m, 3\leqslant q\leqslant n$.我们证明必有 $m=n, p=q+2$.

实际上,若 $m>n$,则移项得
$$2+(n+1)+(n+2)+\cdots+m = p-q \leqslant m-q \leqslant m$$
矛盾.

同样可知,$m<n$ 亦矛盾.于是 $m=n$,从而 $2=p-q$,即 $p=q+2$.此时,对应的 F 值之比:
$$\frac{F_{\mathrm{I}}}{F_{\mathrm{II}}} = \frac{\dfrac{m!}{p}}{\dfrac{n!}{2q}} = \frac{\dfrac{m!}{q+2}}{\dfrac{m!}{2q}} = \frac{2q}{q+2} > 1 \quad (q\geqslant 3)$$

因此,当 S 同时存在两种分拆时,(ⅰ)型分拆使 F 达到最大.

下面求 F 的最大值.

令 $a_k = 2 + 3 + \cdots + k$,则对给定的正整数 S,总存在确定的整数 k,使 $a_{k-1} \leqslant S < a_k$. 令 $S = a_{k-r}$,则
$$a_{k-1} \leqslant a_{k-r} < a_k$$
解得 $0 < r \leqslant k$,即 $1 \leqslant r \leqslant k$. 于是,对给定的正整数 S,总存在确定的整数 k、r,使
$$S = 2 + 3 + \cdots + k - r \quad (1 \leqslant r \leqslant k)$$

(1) 当 $r = 1$ 时,有
$$S = 2 + 3 + \cdots + k - 1$$
$$= 3 + 4 + \cdots + (k-1) + (k+1)$$
$$= 3 + 4 + \cdots + (k+1) - k$$

这是(ⅱ)型分拆,其中 $n = k + 1, q = k$.

若 S 存在(ⅰ)型分拆,则由上面讨论,必有
$$m = n = n + 1, \quad p = q + 2 = k + 2$$
$$S = 2 + 3 + \cdots + (k+1) - (k+2)$$

这与 $p \leqslant m = k + 1$ 矛盾. 于是 S 只存在(ⅱ)型分拆,此时 $F_{\max}$
$$= \frac{(k+1)!}{2k}.$$

(2) 当 $2 \leqslant r \leqslant k$ 时,有
$$S = 2 + 3 + \cdots + k - r \quad (2 \leqslant r \leqslant k)$$

这是(ⅰ)型分拆,其中 $m = k, p = r$. 此时 $F_{\max} = \dfrac{k!}{r}$.

综上所述,设 $S = 2 + 3 + \cdots + k - r (1 \leqslant r \leqslant k)$,有
$$F_{\max} = \begin{cases} \dfrac{(k+1)!}{2k} & (r = 1) \\[2mm] \dfrac{k!}{r} & (2 \leqslant r \leqslant k) \end{cases}$$

4 合力逼近

例6(第4届中国数学奥林匹克试题) 空间有1989个点,无3点共线,将其分成点数互异的30组,在任何3个不同的组中各取一点,以这3个点为顶点作三角形.问:要使这种三角形的总数最大,各组的点数应为多少?

分析与解 直觉告诉我们,各组点数相等时,三角形总数最大.但题中分组要求各组点数互异,于是想到各组点数应当充分接近.

先看10点分为3组的情形.当各组点数分别为1、2、7时,三角形总数$S=14$,简记为$S(1,2,7)=14$.类似地,$S(1,3,6)=18$,$S(1,4,5)=20$,$S(2,3,5)=30$.其中以$S(2,3,5)=30$最大.对一般情形,可猜想:各组点数n_i彼此接近时S最大.所谓各n_i彼此接近,是指任意相邻两个n_t、n_{t+1}相差尽可能小.显然,n_t、n_{t+1}至少相差1,但能否对所有n_t、n_{t+1},都有$n_{t+1}-n_t=1$?由此可发现各组点数具有的若干性质.

设各组的点数分别为
$$n_1 < n_2 < \cdots < n_{30}$$
则三角形的总数为
$$S = \sum_{1 \leqslant i < j < k \leqslant 30} n_i n_j n_k$$
其中$n_1+n_2+\cdots+n_{30}=1989$.

由于分组的方法是有限的,从而S存在最大值.若$n_1, n_2, \cdots, n_{30}$使S达到最大值,不妨设$n_1<n_2<\cdots<n_{30}$,则$n_1, n_2, \cdots, n_{30}$具有以下一些性质:

(1) 对任何$t=1,2,\cdots,29$,都有$n_{t+1}-n_t \leqslant 2$.

实际上,假定存在$1 \leqslant t \leqslant 29$,使$n_{t+1}-n_t \geqslant 3$(也可以不妨设$n_2-n_1 \geqslant 3$),令$n'_t = n_t+1$, $n'_{t+1} = n_{t+1}-1$,则各组点数仍互异.考察:

$$S = \sum_{1 \leqslant i < j < k \leqslant 30} n_i n_j n_k$$

$$= n_t n_{t+1} \cdot \sum_{\substack{k \neq t, t+1 \\ 1 \leqslant k \leqslant 30}} n_k + (n_t + n_{t+1}) \cdot \sum_{\substack{j, k \neq t, t+1 \\ 1 \leqslant j < k \leqslant 30}} n_j n_k + \sum_{\substack{i, j, k \neq t, t+1 \\ 1 \leqslant i < j < k \leqslant 30}} n_i n_j n_k$$

$$S' = \sum_{1 \leqslant i < j < k \leqslant 30} n_i n_j n_k$$

$$= n'_t n'_{t+1} \cdot \sum_{\substack{k \neq t, t+1 \\ 1 \leqslant k \leqslant 30}} n_k + (n'_t + n'_{t+1}) \cdot \sum_{\substack{j, k \neq t, t+1 \\ 1 \leqslant j < k \leqslant 30}} n_j n_k + \sum_{\substack{i, j, k \neq t, t+1 \\ 1 \leqslant i < j < k \leqslant 30}} n_i n_j n_k$$

因为 $n'_t + n'_{t+1} = n_t + n_{t+1}$,而 $n'_t n'_{t+1} = n_t n_{t+1} - n_t + n_{t+1} - 1 >$ $n_t n_{t+1}$,所以 $S' > S$,矛盾.

所以 $n_{t+1} - n_t = 1$ 或 2.

(2) 至少有一个 $t (1 \leqslant t \leqslant 29)$,使 $n_{t+1} - n_t = 2$.

实际上,若对所有 t,都有 $n_{t+1} - n_t \neq 2$,而由(1),有 $n_{t+1} - n_t \leqslant 2$,所以 $n_{t+1} - n_t = 1$,即 $n_1, n_2, \cdots, n_{30}$ 是30个连续正整数,它们的和为15的倍数,但 $\sum_{t=1}^{30} n_t = 1989$ 不是15的倍数,矛盾.

(3) 最多有一个 $t (1 \leqslant t \leqslant 29)$,使 $n_{t+1} - n_t = 2$.

实际上,若有 s、$t (1 \leqslant s < t \leqslant 29)$,使 $n_{t+1} - n_t = n_{s+1} - n_s = 2$,则令 $n'_s = n_s + 1, n'_{t+1} = n_{t+1} - 1$(最大的减小,最小的增大),代换后各组的点数仍互异. 考察:

$$S = \sum_{1 \leqslant i < j < k \leqslant 30} n_i n_j n_k$$

$$= n_s n_{t+1} \cdot \sum_{\substack{k \neq s, t+1 \\ 1 \leqslant k \leqslant 30}} n_k + (n_s + n_{t+1}) \cdot \sum_{\substack{j, k \neq s, t+1 \\ 1 \leqslant j < k \leqslant 30}} n_j n_k + \sum_{\substack{i, j, k \neq s, t+1 \\ 1 \leqslant i < j < k \leqslant 30}} n_i n_j n_k$$

$$S' = \sum_{1 \leqslant i < j < k \leqslant 30} n_i n_j n_k$$

$$= n'_s n'_{t+1} \cdot \sum_{\substack{k \neq t, t+1 \\ 1 \leqslant k \leqslant 30}} n_k + (n'_s + n'_{t+1}) \cdot \sum_{\substack{j, k \neq t, t+1 \\ 1 \leqslant j < k \leqslant 30}} n_j n_k + \sum_{\substack{i, j, k \neq t, t+1 \\ 1 \leqslant i < j < k \leqslant 30}} n_i n_j n_k$$

因为 $n'_s + n'_{t+1} = n_s + n_{t+1}$. 但 $n'_s n'_{t+1} = n_s n_{t+1} - n_s + n_{t+1} - 1 >$

$n_s n_{t+1}$,所以 $S' > S$,矛盾.

由(2)和(3)可知,恰有一个 $t(1 \leqslant t \leqslant 29)$,使 $n_{t+1} - n_t = 2$.

最后证明:同时满足(1)、(2)和(3)的数组 $n_1, \cdots, n_{30}$ 是唯一的. 实际上,不妨设 30 个数为

$n_1, n_1+1, n_1+2, \cdots, n_1+t-1, n_1+t+1, n_1+t+2, \cdots, n_1+30$

则

$n_1 + (n_1+1) + (n_1+2) + \cdots + (n_1+t-1) + (n_1+t+1)$
$+ (n_1+t+2) + \cdots + (n_1+30) = 1989$

$(n_1+t) + (n_1+1) + (n_1+2) + \cdots + (n_1+t-1)$
$+ (n_1+t+1) + (n_1+t+2) + \cdots + (n_1+30) = 1989 + t$

$1989 + t = 30n_1 + (1+2+\cdots+30) = 30n_1 + 15 \times 31$

$1974 + t = 30n_1 + 15 \times 30$(右边凑 30 的倍数)

所以 $30 \mid 1974+t, 30 \mid 24+t$,但 $1 \leqslant t \leqslant 29$,所以 $t=6$.

综上所述,所求的各组的点数为 $51, 52, \cdots, 56, 58, 59, \cdots, 81$.

例 7(原创题) 设 r 是给定的正整数,如果正整数 n 满足:在任意 n 个整数中(可以有相等的数),一定可以选出 r 个数,它们的和为 r 的倍数,求 n 的最小值.

分析与解 首先,考虑 $r-1$ 个 1 和 $r-1$ 个 2 构成的 $2r-2$ 个数,对于其中任何 r 个数,设含有 i 个 1 和 j 个 2$(i+j=r, 1 \leqslant j \leqslant r-1)$,则这 r 个数的和为

$$i + 2j = r + j \equiv j \pmod{r}$$

因为 $1 \leqslant j \leqslant r-1$,所以这 r 个数的和不是 r 的倍数,故 $n \geqslant 2r-1$.

下面证明:任意 $2r-1$ 个整数中,一定可以选出 r 个,使它们的和为 r 的倍数.

为叙述问题方便,如果任意 $2n-1$ 个整数中,一定可以选出 n 个,使它们的和为 n 的倍数,则称 n 是奇异的.

我们只需证明:所有正整数都是奇异的.

我们将其分解为如下两个拟结论.

命题 1 所有质数都是奇异的.

为证明命题 1,先证如下的引理.

引理 对任意质数 p 和任何正整数 n,有

$$C_n^p \equiv \left[\frac{n}{p}\right] \pmod{p} \tag{1}$$

实际上,因为 $0,1,2,\cdots,p-1$ 是模 p 的完系,必有一个 i ($0 \leqslant i \leqslant p-1$)与 n 关于模 p 同余,即 $p \mid (n-i)$,此时

$$\left[\frac{n}{p}\right] = \frac{n-i}{p}$$

且

$$n(n-1)\cdots(n-i+1)(n-i-1)\cdots(n-p+1)$$
$$\equiv i(i-1)\cdots 2 \cdot 1 \cdot (p-1)(p-2)\cdots(i+1)$$
$$\equiv (p-1)! \pmod{p}$$

因为 p 是质数,p 与 $(p-1)!$ 互质,上式两边约去 $(p-1)!$,得

$$\frac{n(n-1)\cdots(n-i+1)(n-i-1)\cdots(n-p+1)}{(p-1)!} \equiv 1 \pmod{p}$$

所以

$$C_n^p = \frac{n(n-1)\cdots(n-i+1)(n-i-1)\cdots(n-p+1)}{(p-1)!} \cdot \frac{n-i}{p}$$
$$\equiv \frac{n-i}{p} = \left[\frac{n}{p}\right] \pmod{p}$$

引理获证.

现在证明命题 1. 设 p 为质数,任取 $2p-1$ 个正整数: $a_1 < a_2 < \cdots < a_{2p-1}$.

反设从中选出的任 p 个数 $a_{i_1}, a_{i_2}, \cdots, a_{i_p}$ 的和都不被 p 整除,由于 p 是质数,由费马小定理,有

$$(a_{i_1} + a_{i_2} + \cdots + a_{i_p})^{p-1} \equiv 1 \pmod{p} \tag{2}$$

从 $2p-1$ 个数中选出 p 元数组有 C_{2p-1}^p 个,相应有 C_{2p-1}^p 个形如

(2)的同余式,对这 C_{2p-1}^p 个同余式求和,得

$$\sum (a_{i_1} + a_{i_2} + \cdots + a_{i_p})^{p-1} \equiv C_{2p-1}^p \pmod{p} \tag{3}$$

再由(1),有

$$\sum (a_{i_1} + a_{i_2} + \cdots + a_{i_p})^{p-1} \equiv C_{2p-1}^p \equiv \left[\frac{2p-1}{p}\right] = 1 \pmod{p} \tag{4}$$

另一方面,对给定的正整数 $r(1 \leqslant r \leqslant p-1)$ 及给定的数组 $(j_1, j_2, \cdots, j_r)$ 与 $(t_1, t_2, \cdots, t_r)$,其中 $1 \leqslant j_1 < j_2 < \cdots < j_r \leqslant 2p-1$,$t_1 + t_2 + \cdots + t_r = p-1$,考察(3)式左端展开后形如 $a_{j_1}^{t_1} a_{j_2}^{t_2} \cdots a_{j_r}^{t_r}$ 的同类项,这些项只能在形如 $(a_{j_1} + a_{j_2} + \cdots + a_{j_r} + a_{j_{r+1}} + \cdots + a_{j_p})^{p-1}$ 的展开式中产生,由于 $a_{j_1}, a_{j_2}, \cdots, a_{j_r}$ 已确定,而 $a_{j_{r+1}}, \cdots, a_{j_p}$ 可在除 $a_{j_1}, a_{j_2}, \cdots, a_{j_r}$ 外的 $2p-1-r$ 个数中选取 $p-r$ 个,有 C_{2p-1-r}^{p-r} 种选法,而对每一种选法,$a_{j_1}^{t_1} a_{j_2}^{t_2} \cdots a_{j_r}^{t_r}$ 的系数是相同的,所以(3)式左边 $a_{j_1}^{t_1} a_{j_2}^{t_2} \cdots a_{j_r}^{t_r}$ 的系数是 C_{2p-1-r}^{p-r} 的倍数.

再注意到

$$C_{2p-1-r}^{p-r} = \frac{(2p-1-r)(2p-2-r) \cdots (p+1)p}{(p-1)!}$$

被 p 整除,于是(3)式左边 $a_{j_1}^{t_1} a_{j_2}^{t_2} \cdots a_{j_r}^{t_r}$ 的系数都是 p 的倍数,故

$$\sum (a_{i_1} + a_{i_2} + \cdots + a_{i_p})^{p-1} \equiv 0 \pmod{p}$$

这与(4)矛盾,命题1获证.

命题2 两个奇异正整数的乘积仍是奇异的.

证明 设正整数 k、p 都是奇异的,我们证明 kp 是奇异的.

考察任 $2kp-1$ 个整数,由于 k 是奇异的,所以可在其中取出 k 个整数,使它们的和 S_1 为 k 的倍数.

再考察在剩下的 $(2p-1)k-1$ 个整数,同理,可在其中取出 k 个整数,使它们的和 S_2 为 k 的倍数,如此下去,一共可以取出 $2p-1$ 个 k 数组,使它们的和 $S_1, S_2, \cdots, S_{2p-1}$ 都是 k 的倍数.

不妨设 $S_1 = a_1 k, S_2 = a_2 k, \cdots, S_{2p-1} = a_{2p-1} k$.

考察 $a_1, a_2, \cdots, a_{2p-1}$,由于 p 是奇异的,必可从中取出 p 个数,设为 $a_1, a_2, \cdots, a_p$,它们的和为 p 的倍数.

设 $a_1 + a_2 + \cdots + a_p = pm$,那么
$$S_1 + S_2 + \cdots + S_p = k(a_1 + a_2 + \cdots + a_p) = kpm$$
为 kp 的倍数,命题获证.

由命题 1、2 可知,所有正整数 n 都是奇异的.

这是因为,当 n 是质数时,由命题 1 可知,n 是奇异的;当 n 是合数时,设 $n = p_1 p_2 \cdots p_r$,其中 $p_1, p_2, \cdots, p_r$ 是质数(但可以相等),由命题 1 可知,$p_1, p_2, \cdots, p_r$ 是奇异的.

再由命题 2 和数学归纳法可知,$p_1 p_2 \cdots p_r$ 是奇异的.

综上所述,n 的最小值为 $2r - 1$.

例8 一个正 n 边形的中心为 M,将 M 与各顶点连接,使正 n 边形分成 n 个全等的三角形.在这些三角形中共有 $n+1$ 只青蛙,在每一秒钟都恰有两只在同一个三角形中的青蛙分别跳入与两侧相邻的两个三角形中.证明:从某个时刻起,至少有 $\left[\dfrac{n+1}{2}\right]$ 个三角形中有青蛙.

分析与证明 我们分别证明如下两个拟结论:

命题 1 每个三角形都跳过青蛙.

命题 2 时刻 T 以后,每两个相邻三角形中至少一个有青蛙$\left(\text{从而至少}\left[\dfrac{n+1}{2}\right]\text{个三角形有青蛙}\right).$

先证命题 1.假设存在一个三角形,其中从来没有青蛙跳入,将此三角形编号 1,其余三角形按顺时针方向依次编号为 $2、3、\cdots、n$,第 i 个三角形中的青蛙叫作 i 号青蛙.

记 S 是每个时刻各青蛙的号码的平方和,由于有 $n+1$ 只青蛙,所以 $S \leqslant (n+1)n^2$.

4 合力逼近

考察任意一次跳动,它是由两只 i 号青蛙变为 $i-1$ 和 $i+1$ 号青蛙,由于 1 号三角形中永远没有青蛙,所以 $3 \leqslant i \leqslant n-1$,这样 $i+1 \leqslant n$,$i-1 \geqslant 2$,所以 $i+1$ 无需模 n 理解. 于是

$$S' - S = (i+1)^2 + (i-1)^2 - (i^2 + i^2) = 2$$

当跳动 $(n+1)n^2$ 次以后,$S \geqslant 2n^2(n+1) > n^2(n+1)$,矛盾,命题 1 获证.

再证命题 2:考察任意两个相邻三角形 1 和 2,由命题 1 可知,存在时刻 t_1,使得这两个三角形中至少有一个三角形中有青蛙.

又由跳动法则可知,时刻 t 以后,1 和 2 号三角形中都至少有一个三角形中有青蛙.

同样,对于任何两个相邻三角形 i 和 $i+1$,必存在时刻 t_i,使得 t_i 以后这两个三角形中至少有一个三角形中有青蛙 $(i=1,2,\cdots,n)$.

令 $T = \max\{t_1, t_2, \cdots, t_n\}$,则时刻 T 以后,任何两个相邻三角形中都至少有一个三角形中有青蛙,命题 2 获证.

由命题 2,存在时刻 T,使得时刻 T 以后,任何两个相邻三角形中都至少有一个三角形中有青蛙,从而时刻 T 以后,至少有 $\left[\dfrac{n+1}{2}\right]$ 个三角形中有青蛙.

例 9 数列 $a_0, a_1, a_2, \cdots, a_n$ 称为奇妙的,若对所有 $0 \leqslant i \leqslant n$,$a_i$ 是数列中 i 的个数,例如:1,2,1,0 是 $n=3$ 时的奇妙数列. 对任给的 $n \in \mathbf{N}$,求出所有的奇妙数列.

分析与解 本题选自《美国数学杂志》(Mathematics Magazine),解题的关键是发现奇妙的若干性质(拟结论).

首先,由 a_i 的意义,有 $\sum\limits_{i=0}^{n} a_i = n+1$.

其次,显然 $a_0 \neq 0$,否则自相矛盾. 设 $a_0 = k (k \in \mathbf{N}^+)$,则 $(a_1, a_2, \cdots, a_n)$(称为尾数列)具有如下一些性质:

(ⅰ)尾数列中恰有 k 个 0,其余 $n-k$ 个数非 0,其和为 $(n+1)$

$-k$,这是因为 $a_0 = k$.

（ⅱ）尾数列中的数都小于 3. 否则，$\sum_{i=1}^{n} \geqslant 3 + (n-k-1) = n + 2 - k > (n+1) - k$，矛盾.

（ⅲ）尾数列中恰有一个数为 2.

实际上设有 t 个为 2，则 $\sum_{i=1}^{n} a_i = 2t + (n-k-t) = n + t - k = n + 1 - k(t=1)$.

于是，尾数列中有 k 个 0，1 个 2，$n-k-1$ 个 1，从而奇妙数列中只有如下一些数：$k, 0, 1, 2$.

当 $k=1$ 时，$a_0 = 1$，数列只含有 0, 1, 2 这三种数，又由（ⅱ），$a_2 = 1$，由（ⅰ），知 $a_1 = 2$. 于是，数列中有 1 个 0，1 个 2，2 个 1，即数列为 1, 2, 1, 0.

当 $k=2$ 时，$a_0 = 2$，数列中只有 0, 1, 2 三种数，又由（ⅱ）知，$a_2 = 2$.

若 $a_1 = 0$，则数列中有 2 个 0 和 2 个 2，数列为 2, 0, 2, 0.

若 $a_1 = 1$，则数列中有 2 个 0 和 1 个 1，2 个 2，数列为 2, 1, 2, 0, 0.

若 $a_1 = 2$，则 $a_2 = 5$，与（ⅱ）矛盾.

当 $k \geqslant 3$ 时，数列中含有 0, 1, 2, k 这四种数，且有 1 个 2 和 1 个 k，从而 $a_2 = 1$，$a_k = 1$，又 $a_1 \leqslant 2$，有 $a_1 = 2$，由于 $a_0 = k$，从而数列中有 k 个 0，2 个 1，1 个 2，1 个 k，数列为 $k, 2, 1, \cdots, 0, 1, 0, \cdots, 0$.

再注意到 $n + 1 = \sum_{i=0}^{n} a_i = k + 2 + 1 + 1$，有 $k = n - 3$.

于是，$k \geqslant 3$，得 $n \geqslant 6$，且数列为 $n-3, 2, 1, \cdots, 0, 1, 0, \cdots, 0$.

综上所述，$n = 1, 2, 5$ 时，无奇妙数列；

$n = 3$ 时，有两个奇妙数列：1, 2, 1, 0 和 2, 0, 2, 0；

$n = 4$ 时，有一个奇妙数列 2, 1, 2, 0, 0；

$n \geqslant 6$ 时,有唯一的奇妙数列 $n-3, 2, 1, 0, \cdots, 0, 1, 0, \cdots, 0$.

例 10 平面上 $2n+1$ 条直线,每两条不平行,每 3 条不共点,求证:可以在每一线段上($2n+1$ 条直线所交成的)标一个整数,使所有数不全为 0,且每条直线上各数的和为 0,每条直线的同一侧半平面内所有标数之和也为 0.

分析与证明 我们只需构造一种合乎要求的标数,为此,按如下几个步骤进行:

(1) 标出 $2n+1$ 条直线交成的 $4n+2$ 条"边射线"(与其他任何直线都没有公共点的射线),这是因为每条直线两头各被截出一条"边射线".

(2) 想象一个充分大的圆,它包含由这些直线交成的所有交点,此圆与各条"边射线"相交所得交点按逆时针方向依次为 A_1, $A_2, \cdots, A_{4n+2}$,在 A_{2i-1} 所在的射线上标数 1,在 A_{2i} 所在的射线上标数 $-1(1 \leqslant i \leqslant 2n+1)$.

(3) 将其他线段都标数 0.

则上述标数合乎要求.

首先,任何一条直线的同侧有偶数条"边射线",这是因为每条直线都与其他 $2n$ 条直线相交,从而每条直线的任何一侧所有标数之和为 0.

其次证明,每条直线上恰有 1 个 1 和 1 个 -1.

实际上,对某条直线 l,它的一侧有 $2n$ 条"边射线",于是 l 上的两条"边射线"被分别标数 1 和 -1. 于是,每条直线上各数的和为 0.

综上所述,命题获证.

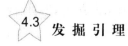
4.3 发掘引理

为了实现解题目标,我们需要借助于一些基本结论,这些结论常

被称作"引理".

引理通常有3种形式:一是实现解题目标的关键结论;二是解题过程中反复运用的结论;三是由解题目标分解得到的结论.

例1(原创题) 设 $X = \bigcup_{k=0}^{28} A_k$,其中 $A_k = \{6k+1, 6k+2, 6k+3\}$ $(0 \leqslant k \leqslant 28)$,求所有的互质的正整数对 p、q,其中 $p < q$,使存在集合 A、B,同时满足如下条件:

(1) $A \bigcup B = X$;

(2) $A \bigcap B = \varnothing$;

(3) $pS(A) = qS(B)$,其中 $S(M)$ 表示集合 M 中所有元素的和.

分析与解 本题最关键的条件是 $pS(A) = qS(B)$,由此可得

$$S(A) = \frac{q}{p+q} S(X)$$

注意到 $\frac{q}{p+q} S(X) < S(X)$,于是,一个充分条件是,对 $[1, S(X)]$ 中的任何整数 x,都可用 X 中若干个不同数的和表示.

为了便于利用数学归纳法,再将其加强为对任何满足 $x \leqslant a_1 + a_2 + \cdots + a_t$(其中 $t \leqslant n$)的正整数 x,都可用 $a_1, a_2, \cdots, a_t$ 中若干个的和表示.

这样便得到如下的引理.

引理 设 $n \geqslant 2, a_1, a_2, \cdots, a_n$ 是正整数,满足:$a_1 = 1, a_{k+1} \leqslant 1 + a_1 + a_2 + \cdots + a_k (1 \leqslant k \leqslant n-1)$.则对任何满足 $x \leqslant a_1 + a_2 + \cdots + a_t$(其中 $t \leqslant n$)的正整数 x,都可用 $a_1, a_2, \cdots, a_t$ 中若干个的和表示.即存在 $1 \leqslant i_1 \leqslant i_2 \leqslant \cdots \leqslant i_r \leqslant t$,使 $x = a_{i_1} + a_{i_2} + \cdots + a_{i_r}$.

引理的证明 对 t 使用数学归纳法.

当 $t = 1$ 时,由 $a_1 = 1$,知结论成立.设 $t = k$ 时结论成立,即对任何满足 $x \leqslant a_1 + a_2 + \cdots + a_k$ 的正整数 x,存在 $1 \leqslant i_1 \leqslant i_2 \leqslant \cdots \leqslant i_r \leqslant k$,使 $x = a_{i_1} + a_{i_2} + \cdots + a_{i_r}$.

当 $t=k+1$ 时,对任何满足 $x \leqslant a_1+a_2+\cdots+a_k+a_{k+1}$ 的正整数 x:

(1) 若 $x=a_{k+1}$,则结论显然成立.

(2) 若 $x<a_{k+1}$,则 $x<a_{k+1} \leqslant 1+a_1+a_2+\cdots+a_k$,所以 $x \leqslant a_1+a_2+\cdots+a_k$,由归纳假设,结论成立.

(3) 若 $x>a_{k+1}$,则 $x-a_{k+1} \geqslant 1$,由 $x \leqslant a_1+a_2+\cdots+a_k+a_{k+1}$,得 $x-a_{k+1} \leqslant a_1+a_2+\cdots+a_k$,由归纳假设,存在 $1 \leqslant i_1 \leqslant i_2 \leqslant \cdots \leqslant i_r \leqslant k$,使 $x-a_{k+1}=a_{i_1}+a_{i_2}+\cdots+a_{i_r}$.于是,$x=a_{i_1}+a_{i_2}+\cdots+a_{i_r}+a_{k+1}$,结论成立.

解答原题 因为 $pS(A)=qS(B)$,所以
$$pS(A)+qS(A)=qS(B)+qS(A)=qS(X)$$
所以 $S(A)=\dfrac{q}{p+q}S(X)$,所以 $p+q \mid qS(X)$.

又 $(p+q,q)=(p,q)=1$,所以 $p+q \mid S(X)$.

反之,若 $p+q \mid S(X)$,则 $\dfrac{q}{p+q}S(X) \in \mathbf{N}^+$,令 $x=\dfrac{q}{p+q}S(X)$,则 $x \in \mathbf{N}^+, x \leqslant S(X)$.

将 X 中的数由小到大排列得到的数列记为 $\{a_n\}$ $(1 \leqslant n \leqslant 57)$,则易知:
$$a_1=1, \quad a_{k+1} \leqslant 1+a_1+a_2+\cdots+a_k \quad (1 \leqslant k \leqslant 56)$$

实际上,当 $k=1,2,3,4$ 时,直接验证,可知结论成立.

设结论对自然数 $k(k \geqslant 4)$ 成立,考察 $k+1$ 的情形.由数列的特征,有 $a_{k+1}>5, a_{k+2} \leqslant 4+a_{k+1}$.

又由归纳假设,有 $a_{k+1} \leqslant 1+a_1+a_2+\cdots+a_k$,所以
$$a_{k+2} \leqslant 4+a_{k+1} \leqslant 4+(1+a_1+a_2+\cdots+a_k)$$
$$=5+a_1+a_2+\cdots+a_k < a_1+a_2+\cdots+a_k+a_{k+1}$$
结论成立.

因为 $x \in \mathbf{N}^+, x \leqslant S(X)$,由引理,存在 $1 \leqslant i_1 \leqslant i_2 \leqslant \cdots \leqslant i_r \leqslant t$,

使 $x = a_{i_1} + a_{i_2} + \cdots + a_{i_r}$.

令 $A = \{a_{i_1}, a_{i_2}, \cdots, a_{i_r}\}$，则 $x = S(A)$，即 $\dfrac{q}{p+q} S(X) = S(A)$，所以

$$qS(X) = (p+q)S(A)$$

令 $B = X \backslash A$，则

$$q[S(A) + S(B)] = (p+q)S(A)$$

故 $qS(B) = pS(A)$.

由上可知，当且仅当 $p + q \mid S(X)$ 时，p、q 同时满足条件(1)、(2)、(3).

当 $p + q = 2$ 时，$p = q = 1$ 合乎条件.

设 $p + q = t (t > 2)$，则由 $(p, t) = (p, p+q) = (p, q) = 1$，知满足 p、q 互质的数对的个数，就是与 t 互质且小于 t 的数 p 的个数 $\varphi(t)$，从而满足 $p + q = t(t > 2)$，$p < q$，且 p、q 互质的数对的个数为 $\dfrac{1}{2}\varphi(t)$. 因为

$$S(X) = \sum_{k=0}^{28} S(A_k) = \sum_{k=0}^{28}(18k+6) = 2 \times 3 \times 29 \times 43$$

所以 $p + q \mid 2 \times 3 \times 29 \times 43$. 所以合乎条件的数对 p、q 的个数为

$1 + \dfrac{1}{2}[\varphi(3) + \varphi(29) + \varphi(43) + \varphi(2 \times 3) + \varphi(2 \times 29) + \varphi(2 \times 43) + \varphi(3 \times 29) + \varphi(3 \times 43) + \varphi(29 \times 43) + \varphi(2 \times 3 \times 29) + \varphi(2 \times 3 \times 43) + \varphi(2 \times 29 \times 43) + \varphi(3 \times 29 \times 43) + \varphi(2 \times 3 \times 29 \times 43)] =$
$1 + \dfrac{1}{2}(2 + 28 + 42 + 1 \times 2 + 1 \times 28 + 1 \times 42 + 2 \times 28 + 2 \times 42 + 28 \times 42 + 1 \times 2 \times 28 + 1 \times 2 \times 42 + 1 \times 28 \times 42 + 2 \times 28 \times 42 + 1 \times 2 \times 28 \times 42) = 3741$

其中注意 m、n 互质时，$\varphi(mn) = \varphi(m)\varphi(n)$.

例 2（2007 年韩国数学奥林匹克试题） 设一个有色 4×4 方

格棋盘的每个格的颜色互不相同,今在每个方格中都填上数 0 或 1,使任何两个相邻格中的数的积都为 0,问有多少不同的填数方法?

分析与解 首先注意这样一个事实:当某个方格填数为 1,则它的所有邻格填的数都是 0,这样一来,由一个填有 1 的方格可得到许多格的填数,从而解题可以从填 1 的格开始.

再注意到位于中间的格邻格最多,从而可讨论 4 个中间格填有多少个 1. 显然, 4 个中间格至多填两个 1(否则至少有两个 1 相邻,矛盾),所以要分三种情况讨论.

如果 4 个中间格中没有 1,则周围 12 个格构成一个圈,其任何相邻两个格中至少一个 0. 由此可见,要先证明如下引理.

引理 2 如果 n 个方格构成一个圈,在每个方格中都填上数 0 或 1,使任何两个相邻格中的数的积都为 0,则不同的填数方法数为 $b_n = F_{n+1} + F_{n-1}$.

采用递归方法. 取定其中一个方格,如果这个方格填数 0,则剩下 $n-1$ 个方格,但这 $n-1$ 个方格并不构成一个圈(被已填 0 的方格隔开),而是构成一个列,所以,要解决引理 1,需要先证明如下引理.

引理 1 如果 n 个方格构成一个列,在每个方格中都填上数 0 或 1,使任何两个相邻格中的数的积都为 0,则不同的填数方法数 $a_n = F_{n+2}$,其中 $F_1 = F_2 = 1, F_n = F_{n-1} + F_{n-2}$ 为斐波那契数列.

引理 1 的证明 采用递归方法. 考察第一个方格,如果这个方格填数 0,则剩下的 $n-1$ 个方格有 a_{n-1} 种填数方法. 如果这个方格填数 1,则它的邻格必定填数 0,剩下的 $n-2$ 个方格有 a_{n-2} 种填数方法. 所以 $a_n = a_{n-1} + a_{n-2}$. 又 $a_1 = 2 = a_3, a_2 = 3 = a_5$,故 $a_n = F_{n+2}$.

引理 2 的证明 采用递归方法. 取定其中一个方

格填数 0，则剩下的 $n-1$ 个方格构成一个列，有 a_{n-1} 种填数方法. 如果这个方格填数 1，则它的两个邻格都填数 0，剩下的 $n-3$ 个方格构成一个列，有 a_{n-3} 种填数方法. 所以 $b_n = a_{n-1} + a_{n-3} = F_{n+1} + F_{n-1}$.

解答原题：

(1) 如果 4 个中间格中没有 1，则周围 12 个格构成一个圈，其任何相邻格中至少一个 0，由引理 2，有 $b_{12} = F_{13} + F_{11} = 233 + 89 = 322$ 种填法.

(2) 如果 4 个中间格中有 1 个 1，3 个 0，则 1 个 1 有 4 种填法，对其中任意一种填法，填 1 的格有 2 个邻格未填数，这 2 个邻格只能填 0，这 2 个新填入的 0 夹着的公共邻格可填 0 或 1，有 2 种填法，周围其余 9 个格构成一个列，其任何相邻 2 个格中至少一个 0，由引理 1，有 $a_9 = F_{11} = 89$ 种填法，于是此时共有 $2 \cdot 89 \cdot 4 = 712$ 种填法.

(3) 如果 4 个中间格中有 2 个 1，2 个 0，则 2 个 1 有 2 种填法（填入对角），对其中任意一种填法，填 1 的 2 个格各有 2 个邻格未填数，这 2 个邻格只能填 0，这 2 个新填入的 0 夹着的公共邻格可填 0 或 1，有 2 种填法，周围其余 6 个格构成 2 个长为 3 的列，其任何相邻 2 个格中至少一个 0，由引理 1，每个列有 $a_3 = F_5 = 5$ 种填法，于是此时共有 $2^2 \cdot 5^2 \cdot 2 = 200$ 种填法.

综上所述，共有 $322 + 712 + 200 = 1234$ 种填法.

探索 $n \times n$ 方格棋盘有多少种填数方法？

例 3（2002 年越南数学奥林匹克试题） 设 m、n 为正整数，$m < 2001$，$n < 2002$，有 2001×2002 个不同的实数，将这些数填入 2001×2002 的棋盘的方格，使得每个方格内恰有一个数. 如果某个方格内的数小于其所在列的至少 m 个数，也小于其所在行的至少 n 个数，则将此方格称为"坏格"，对每种填数方法，求坏格个数 S 的最小值.

分析与解 考察一种特殊情形：将 $1, 2, 3, \cdots, 2001 \times 2002$ 按自

然顺序填入 2001×2002 的棋盘的方格(图 4.2),此时坏格个数 $S = (2001-m)(2002-n)$.

1	2	$\cdots$	2002
2003	2004	$\cdots$	4004
$\cdots$	$\cdots$	$\cdots$	$\cdots$
$2000\times 2002+1$	$2000\times 2002+2$	$\cdots$	2001×2002

图 4.2

我们猜想,S 的最小值为 $(2001-m)(2002-n)$.

一般地,对 $p\times q(m<p,n<q)$ 棋盘,S 的最小值为 $(p-m)(q-n)$.

下面用数学归纳法证明,对 $p+q$ 归纳:假定结论对 $p\times q$ 棋盘成立,考虑 $(p+1)\times q$ 棋盘,为了利用归纳假设,应去掉一行,此行应有至少 $(p+1-m)(q-n)-(p-m)(q-n)=q-n$ 个坏格,但一行中至多 $q-n$ 个坏格,因为只有由小到大的前 $q-n$ 个数才能小于该行中的 n 个数.

为叙述问题方便,如果一个格所填的数小于它所在的行至少 n 个数,则称这个格是"行坏的",否则称为"行好的",类似定义"列坏的""列好的".这样,坏格就是行坏列坏的格.

显然,对 $(p+1)\times q$ 棋盘,每一个行都恰有 $q-n$ 个行坏的格,于是,该行有 $q-n$ 个坏格,等价于该行所有行坏的格都是列坏的格.

由此可见,我们需要有那样一行,它不含有行坏列好的格.由对称性,也只需要有那样一列,它不含有列坏行好的格.

引理 $p\times q(m<p,n<q)$ 棋盘中要么存在这样一行,其中行坏的格都是列坏的;要么存在这样一列,其中列坏的格都是行坏的.

引理的证明 如果没有行合乎要求,则取一个行坏列好的格 A,我们期望 A 所在的列合乎要求,即该列中没有列坏行好的格 B.

如果该列存在列坏行好的格 B,设 A、B 中填数分别为 x、y,由于 A、B 同列,且 A 列好,B 列坏,从而 $x>y$.

下面取适当的 A,使 $x<y$,则可导出矛盾.

极端假设:在所有行坏列好的格及列坏行好的格中,设 A 是填数最小的一个格,不妨设它是行坏列好的,则 $x<y$,矛盾,所以 A 所在的列合乎要求,引理获证.

下面证明:对任意 $p\times q(m<p,n<q)$ 棋盘,坏格的个数不少于 $(p-m)(q-n)$.

对 $p+q$ 归纳.

当 $p+q=m+n+2$ 时,$p=m+1,q=n+1$.

由于所有数中最小者所在格必为坏格,故坏格个数 $\geqslant 1=(p-m)(q-n)$.

假设 $p+q=t$ 时成立,考虑 $p+q=t+1$ 时的情况,由引理不妨设存在一行,它不含行坏列好的格.

将这一行去掉,则成为一个 $p-1$ 行 q 列的棋盘,由于 $p-1+q=t$,故此棋盘中坏格不少于 $(p-1-m)(q-n)$ 个.

添上去掉的一行,原来的坏格仍是坏格,而此行中的行坏格必是列坏格(由于此行不含行坏列好的格),从而也必是坏格.

又此行中行坏格有 $q-n$ 个,故坏格总数不少于 $(p-1-m)(q-n)+q-n=(p-m)(q-n)$.

对原题,坏格的个数不少于 $(2001-m)(2002-n)$,结合前面的构造可知,坏格个数最小值为 $(2001-m)(2002-n)$.

例 4 某乒乓球俱乐部组织交流活动,安排符合以下规则的双打赛程表,规则为

(ⅰ)每名参加者至多属于两个对子;

(ⅱ)任意两个不同对子之间至多进行一次双打;

(ⅲ)凡表中同属一对的两人就不在任何双打中作为对手相遇.

4 合力逼近

统计各人参加双打的次数,约定将所有不同的次数组成的集合称为"赛次集",给定由不同的正整数组成的集合 $A = \{a_1, a_2, \cdots, a_k\}$,其中每个数都被 6 整除.试问至少要有多少个人参加活动,才可以安排符合上述规则的赛程表,使相应的"赛次集"恰为 A?请证明你的结论.

分析与解 我们的目标是:$f(n, a_1, \cdots, a_k) \geqslant 0$,能否建立不等式:$g(n, a_i) \geqslant 0$?

我们从反面估计 a_i,即某人 x_0 的比赛次数.

因为 x_0 的比赛是对子之间进行的,需要知道 x_0 属于多少个对子,从而引入参数:设 x_0 属于 m 个对子($m = 1, 2$,若 $m = 0$,则 $a_i = 0$,矛盾),又设有 n 人参加比赛,并用 n 个点表示这 n 个人,如果两个点构成一个对子,则在这两点间连一条虚边;如果两个对子之间进行了比赛,则在这两个对子间连一条实边(图 4.3).

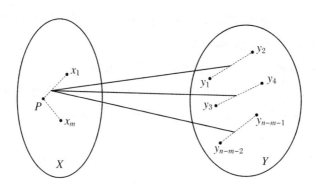

图 4.3

设 x_0 与 $x_1, x_2, \cdots, x_m$ 连虚边(为对子),令 $X = \{x_0, x_1, x_2, \cdots, x_m\}$,则 $|X| = m + 1$,设 X 外的 $n - m - 1$ 个人的集合为 Y,则由(ⅲ)知,x_0 所在的对子连的边只可能是 X 中对子与 Y 中对子之间的边.

显然,X 中有两个对子,下面估计 Y 中有多少个对子.

假定 Y 中有 p 个对子,则有 $2p$ 个人(按重数计算),又由(1),每个人至多算两次,所以 $n-m-1 = Y$ 中人数 $\geq \frac{2p}{2} = p$,所以 Y 中有 $p \leq n-m-1$ 个对子.

于是,a_i(X、Y 之间的边数)$\leq m(n-m-1)$,所以 $n \geq \frac{a_i}{m} + m + 1$(显然 $m \neq 0$).

若 $m=1$,则 $n \geq a_i + 2 > \frac{a_i}{2} + 3$(因 $a_i \geq 6$);若 $m=2$,则 $n \geq \frac{a_i}{2} + 3$.

所以恒有 $n \geq \frac{a_i}{2} + 3$,从而 $n \geq \frac{N}{2} + 3$,其中 $N = \max\{a_1, \cdots, a_k\}$.

下面证明 $n = \frac{N}{2} + 3$ 满足要求,为此先证明如下引理.

引理 设 $\{q\} \subseteq B \subseteq \{1, 2, \cdots, q\}$,则存在一个 $q+1$ 阶图 G,使得 G 的各顶点的度的集合为 B.

另一种表述,对 N 的任何非空有限子集 B,存在一个 $q+1$ 阶图 G,使得 G 的各顶点的度的集合为 B,其中 q 是 B 中的最大元素.

引理的证明 当 $q=1$ 时结论显然成立,设 $q < l (l \geq 2)$ 时结论成立,当 $q = l$ 时分三种情况:

(1) 若 1 不属于 B,设 $C = \{x - 1 \mid x \in B\}$,则 $\{l-1\} \subseteq C \subseteq \{1, 2, \cdots, l-1\}$,由归纳假设知存在一个 l 阶图 G_0,使各顶点的度的集合为 C.

现在 G_0 中添加一点,它和其他所有顶点都相邻,得到 $l+1$ 阶图 G,易知 G 满足要求.

(2) 若 $B = \{1, l\}$,令 G 为 $l+1$ 个顶点和由一个顶点出发的所有边组成的图,则 G 满足要求.

(3) 若 $1 \in B$,且不是(2)的情况,则有一个最大的 $t, 2 \leq t < l$,使

得 $t \in B$.

设 $C = \{x-1 \mid x \in B, x \neq 1, l\}$，则 C 中的最大元素为 $t-1$，故 $\{t-1\} \subseteq C \subseteq \{1, 2, \cdots, t-1\}$，由归纳假设，存在一个 t 阶图 G_0，使各顶点的度的集合为 C.

现在 G_0 中添加 $l-t$ 个孤立点，再添加一个点，它和其他所有点都相邻，得到一个 $l+1$ 阶图 G.

显然 G 的顶点的度，除 $1, l$（均属于 B）外，都是 G_0 的顶点的度（即 C 中元素）加 1，故属于 B；反过来，对 B 中元素 x，若 $x \neq 1, n$，则 $x-1$ 是 G_0 顶点的度，从而 x 是 G 的顶点的度；$1, n$ 显然是 G 的顶点的度，从而各顶点的度的集合为 B，故引理成立.

现设 $a_i = 6b_i (i = 1, 2, \cdots, k), \max\{b_1, \cdots, b_k\} = q$，将 $\dfrac{N}{2} + 3 = 3(q+1)$ 个人排成 $3 \times (q+1)$ 表，第 $j (j = 1, 2, \cdots, q+1)$ 列的人为 x_{1j}, x_{2j}, x_{3j}，令 $A_j = \{x_{1j}, x_{2j}, x_{3j}\}$，$A_j$ 中每两个人为一个对子，共有 $3(q+1)$ 个对子，每个人恰好属于两个对子.

将 A_j 看作点，共有 $q+1$ 个点，对于 $B = \{b_1, \cdots, b_k\}$，有 $\{q\} \subseteq B \subseteq \{1, 2, \cdots, q\}$，由引理，存在一个以 A_j 为顶点的 $q+1$ 阶图 G，使得各顶点的度分别为 $b_1, \cdots, b_k$，安排赛程时，使得当 A_i 和 A_j 相邻时，令 A_i 中的对子与 A_j 中的对子都进行双打，其余对子之间不进行双打.

此时容易验证对每个 $j = 1, 2, \cdots, q+1$，A_j 中的人比赛的场数为 $t = 6d(A_j)$，实际上，A_j 中的人属于两个对子，如果 A_j 与 A 相邻，这两个对子与 A 中 3 个对子比赛，共有 6 场，从而"赛次集"为 $\{6d(A_i) \mid 1 \leqslant i \leqslant q+1\} = 6B = A$.

综上，至少需要 $\left(\dfrac{N}{2} + 3\right)$ 人，其中 $N = \max\{a_1, \cdots, a_k\}$.

例 5（原创题） 如果自然数 n 使 $C_n^0, C_n^1, C_n^2, \cdots, C_n^n$ 都是奇数，则称 n 是好数，问 $[1, 2015]$ 中共有多少个好数？

分析与解 先给出如下定义：

对于整系数多项式 $f(x)$ 与 $g(x)$，如果它们同次项的系数同奇偶，则记为

$$f(x) \equiv g(x) \pmod{2}$$

显然，若

$$f_1(x) \equiv g_1(x) \pmod{2}, \quad f_2(x) \equiv g_2(x) \pmod{2}$$

则

$$f_1(x)f_2(x) \equiv g_1(x)g_2(x) \pmod{2}$$

特别地，若

$$f(x) \equiv g(x) \pmod{2}$$

则

$$f(x)^2 \equiv g(x)^2 \pmod{2}$$

引理 对一切自然数 k，有 $(1+x)^{2^k} \equiv 1 + x^{2^k} \pmod{2}$。

当 $k=0$ 时，$(1+x)^{2^0} = 1+x = 1+x^{2^0} \equiv 1+x^{2^0} \pmod{2}$，结论成立.

当 $k=1$ 时，$(1+x)^{2^1} = (1+x)^2 = 1+2x+x^2 \equiv 1+x^2 = 1+x^{2^1} \pmod{2}$，结论成立.

设 $(1+x)^{2^k} \equiv 1+x^{2^k} \pmod{2}$，那么

$$(1+x)^{2^{k+1}} = [(1+x)^{2^k}]^2 \equiv (1+x^{2^k})^2$$
$$= 1 + 2x^{2^k} + x^{2^{k+1}} \equiv 1 + x^{2^{k+1}} \pmod{2}$$

结论成立，引理获证.

解答原题 设 $n = 2^{k_1} + 2^{k_2} + \cdots + 2^{k_t}\ (0 \leqslant k_1 < k_2 < \cdots < k_t)$（即 n 的二进制表示中有 t 个 1），那么，由引理，有

$$(1+x)^n = (1+x)^{2^{k_1}+2^{k_2}+\cdots+2^{k_t}}$$
$$= (1+x)^{2^{k_1}}(1+x)^{2^{k_2}}\cdots(1+x)^{2^{k_t}}$$
$$\equiv (1+x^{2^{k_1}})(1+x^{2^{k_2}})\cdots(1+x^{2^{k_t}})$$
$$= x^0 + x^{r_1} + x^{r_2} + \cdots + x^{r_{2^t-1}} \pmod{2}$$

其中注意展开式共有 2^t 个项,系数都是 1,根据二进制表示的唯一性,没有同类项.

又
$$(1+x)^n = C_n^0 x^0 + C_n^1 x^1 + C_n^2 x^2 + \cdots + C_n^n x^n$$
所以
$$C_n^0 x^0 + C_n^1 x^1 + C_n^2 x^2 + \cdots + C_n^n x^n$$
$$\equiv x^0 + x^{r_1} + x^{r_2} + \cdots + x^{r_{2^t-1}} \pmod{2}$$
即
$$C_n^0, C_n^1, C_n^2, \cdots, C_n^n \text{ 中共有 } 2^t \text{ 个奇数} \qquad (*)$$
其中 t 是 n 的二进制表示中"1"的个数.

因为 n 是好的,所以 $C_n^0, C_n^1, C_n^2, \cdots, C_n^n$ 都是奇数,有 $n+1$ 个奇数.

于是,由($*$),有 $n+1 = 2^t$(其中 t 是 n 的二进制表示中"1"的个数),这表明,好数只能是形如 $2^t - 1$ 的形式.

反之,设 $n = 2^t - 1$,则
$$n = 2^t - 1 = (\underbrace{100\cdots0}_{t\text{个}0})_2 - 1 = (\underbrace{11\cdots1}_{t\text{个}1})_2$$
于是 n 的二进制表示中共有 t 个"1". 由($*$),$C_n^0, C_n^1, C_n^2, \cdots, C_n^n$ 中共有 $2^t = n+1$ 个奇数,所以 $C_n^0, C_n^1, C_n^2, \cdots, C_n^n$ 都是奇数,即 n 是好数.

综上所述,当且仅当 $n = 2^t - 1 (t \in \mathbf{N}^+)$ 时,n 是好数.

注意到 $2^{10} - 1 < 2015 < 2^{11} - 1$,从而当 $t = 1, 2, \cdots, 10$ 时,$2^t - 1$ 都是 $[1, 2015]$ 中的好数,故 $[1, 2015]$ 中共有 10 个好数.

例 6(原创题) 任意 n 个整数中,一定可以选出 2015 个,它们的和为 2015 的倍数,求 n 的最小值.

分析与解 我们证明如下一个更一般的结论:

对给定的正整数 r,任意 n 个整数中,一定可以选出 r 个,它们的和为 r 的倍数,则 n 的最小值为 $2r - 1$.

首先,考虑 $r-1$ 个 1 和 $r-1$ 个 2 构成的 $2r-2$ 个数,对于其中任何 r 个数,设含有 i 个 1 和 j 个 2($i+j=r, 1\leqslant j\leqslant r-1$),则这 r 个数的和为 $i+2j = r+j \equiv j \pmod{r}$.

因为 $1\leqslant j\leqslant r-1$,所以这 r 个数的和不是 r 的倍数,故 $n\geqslant 2r-1$.

下面证明:任意 $2r-1$ 个整数中,一定可以选出 r 个,使它们的和为 r 的倍数.

为叙述问题方便,如果任意 $2n-1$ 个整数中,一定可以选出 n 个,使它们的和为 n 的倍数,则称 n 是奇异的.

我们把问题分解为如下几个引理:

引理 1 对质数 p,有

$$C_n^p \equiv \left[\frac{n}{p}\right] \pmod{p} \tag{1}$$

其中 $[x]$ 表示 x 的整数部分.

证明 因为 $0,1,2,\cdots,p-1$ 中必有一个 i 与 n 关于模 p 同余,即 $p\mid(n-i)$.

此时 $\left[\dfrac{n}{p}\right] = \dfrac{n-i}{p}$,且

$$n(n-1)\cdots(n-i+1)(n-i-1)\cdots(n-p+1)$$
$$\equiv i(i-1)\cdots 2\cdot 1\cdot(p-1)(p-2)\cdots(i+1)$$
$$\equiv (p-1)! \pmod{p}$$

因为 p 是质数,p 与 $(p-1)!$ 互质,上式两边约去 $(p-1)!$,得

$$\frac{n(n-1)\cdots(n-i+1)(n-i-1)\cdots(n-p+1)}{(p-1)!} \equiv 1 \pmod{p}$$

所以

$$C_n^p = \frac{n(n-1)\cdots(n-i+1)(n-i-1)\cdots(n-p+1)}{(p-1)!} \cdot \frac{n-i}{p}$$
$$\equiv \frac{n-i}{p} = \left[\frac{n}{p}\right] \pmod{p}$$

4 合力逼近

引理 2 所有质数都是奇异的.

证明 设 p 为质数,任取 $2p-1$ 个正整数:$a_1 < a_2 < \cdots < a_{2p-1}$.

反设从中选出的任 p 个数 $a_{i_1}, a_{i_2}, \cdots, a_{i_p}$ 的和都不被 p 整除,由于 p 是质数,由费马小定理,有

$$(a_{i_1} + a_{i_2} + \cdots + a_{i_p})^{p-1} \equiv 1 \pmod{p} \tag{2}$$

从 $2p-1$ 个数中选出 p 元数组有 C_{2p-1}^p 个,相应有 C_{2p-1}^p 个形如(2)的同余式,对这 C_{2p-1}^p 个同余式求和,得

$$\sum (a_{i_1} + a_{i_2} + \cdots + a_{i_p})^{p-1} \equiv C_{2p-1}^p \pmod{p} \tag{3}$$

再由(1),有

$$\sum (a_{i_1} + a_{i_2} + \cdots + a_{i_p})^{p-1} \equiv C_{2p-1}^p \equiv \left[\frac{2p-1}{p}\right] = 1 \pmod{p} \tag{4}$$

另一方面,对给定的正整数 $r(1 \leqslant r \leqslant p-1)$ 及给定的数组 $(j_1, j_2, \cdots, j_r)$ 与 $(t_1, t_2, \cdots, t_r)$,其中 $1 \leqslant j_1 < j_2 < \cdots < j_r \leqslant 2p-1$,$t_1 + t_2 + \cdots + t_r = p-1$,考察(3)式左端展开后形如 $a_{j_1}^{t_1} a_{j_2}^{t_2} \cdots a_{j_r}^{t_r}$ 的同类项,这些项只能在形如 $(a_{j_1} + a_{j_2} + \cdots + a_{j_r} + a_{j_{r+1}} + \cdots + a_{j_p})^{p-1}$ 的展开式中产生.

由于 $a_{j_1}, a_{j_2}, \cdots, a_{j_r}$ 已确定,而 $a_{j_{r+1}}, \cdots, a_{j_p}$ 可在除 $a_{j_1}, a_{j_2}, \cdots, a_{j_r}$ 外的 $2p-1-r$ 个数中选取 $p-r$ 个,有 C_{2p-1-r}^{p-r} 种选法.

而对每一种选法,$a_{j_1}^{t_1} a_{j_2}^{t_2} \cdots a_{j_r}^{t_r}$ 的系数是相同的,所以(3)式左边 $a_{j_1}^{t_1} a_{j_2}^{t_2} \cdots a_{j_r}^{t_r}$ 的系数是 C_{2p-1-r}^{p-r} 的倍数.

再注意到 $C_{2p-1-r}^{p-r} = \dfrac{(2p-1-r)(2p-2-r)\cdots(p+1)p}{(p-1)!}$ 被 p 整除,于是(3)式左边 $a_{j_1}^{t_1} a_{j_2}^{t_2} \cdots a_{j_r}^{t_r}$ 的系数都是 p 的倍数,故

$$\sum (a_{i_1} + a_{i_2} + \cdots + a_{i_p})^{p-1} \equiv 0 \pmod{p}$$

这与(4)矛盾,引理 2 获证.

引理 3　两个奇异正整数的乘积仍是奇异的.

证明　设正整数 k、p 都是奇异的,我们证明 kp 是奇异的.

考察任 $2kp-1$ 个整数,由于 k 是奇异的,所以可在其中取出 k 个整数,使它们的和 S_1 为 k 的倍数.

再考察剩下的 $(2p-1)k-1$ 个整数,同理,可在其中取出 k 个整数,使它们的和 S_2 为 k 的倍数.

如此下去,一共可以取出 $2p-1$ 个 k 数组,使它们的和 $S_1, S_2, \cdots, S_{2p-1}$ 都是 k 的倍数.

不妨设 $S_1 = a_1 k, S_2 = a_2 k, \cdots, S_{2p-1} = a_{2p-1} k$.

考察 $a_1, a_2, \cdots, a_{2p-1}$,由于 p 是奇异的,必可从中取出 p 个数,设为 $a_1, a_2, \cdots, a_p$,它们的和为 p 的倍数.

设 $a_1 + a_2 + \cdots + a_p = pm$,那么
$$S_1 + S_2 + \cdots + S_p = k(a_1 + a_2 + \cdots + a_p) = kpm$$
为 kp 的倍数,命题获证.

由引理 2、3 可知,所有正整数 n 都是奇异的.

这是因为,当 n 是质数时,由引理 2 可知,n 是奇异的.

当 n 是合数时,设 $n = p_1 p_2 \cdots p_r$,其中 $p_1, p_2, \cdots, p_r$ 是质数(但可以相等),由引理 1 可知,$p_1, p_2, \cdots, p_r$ 是奇异的.

再由引理 3 和数学归纳法可知,$p_1 p_2 \cdots p_r$ 是奇异的.

综上所述,n 的最小值为 $2r-1$.

例 7(原创题)　设 m、n 为正整数,$m \mid n$,试证:若 $2^{n+2} - 7$ 为完全平方数,则 $2^{m+2} - 7$ 也为完全平方数.

分析与证明　我们先证明如下两个引理.

引理 1　$2^{n+2} - 7$ 为完全平方数 $\Leftrightarrow y_n^2 = 1$,其中数列 $\{y_n\}$ 由 $y_1 = y_2 = 1, y_{n+2} = y_{n+1} - 2y_n$ 定义.

证明　我们先证明,对任何正整数 n,存在唯一的正奇数对 (x, y),使得 $2^{n+2} = x^2 + 7y^2$.

4 合力逼近

一方面,当 $n=1$ 时,取 $x_1=y_1=1$,则 $2^{n+2}=x_1^2+7y_1^2$.

假定对 $n(n\in \mathbf{N}^+)$,存在正奇数对 (x_n, y_n),使得 $2^{n+2}=x_n^2+7y_n^2$.

令
$$x_{n+1}=\frac{x_n-7y_n}{2}, \quad y_{n+1}=\frac{x_n+y_n}{2}$$

则
$$x_{n+1}^2+7y_{n+1}^2=\left(\frac{x_n-7y_n}{2}\right)^2+7\left(\frac{x_n+y_n}{2}\right)^2$$
$$=2(x_n^2+7y_n^2)=2\cdot 2^{n+2}=2^{n+3}$$

且
$$x_{n+2}=x_{n+1}-2x_n, \quad y_{n+2}=y_{n+1}-2y_n$$

而 $x_1=y_1=1, x_2=-3, y_2=1$ 均为奇数,可知对一切正整数 n,有 x_n、y_n 都是奇数.

另一方面,假设对某个正整数 n,存在两个不同的正奇数对 $(x, y)\neq(z, w)$,使
$$2^{n+2}=x^2+7y^2=z^2+7w^2$$

则上式变形,得
$$7(xw+yz)(xw-yz)=x^2(z^2+7w^2)-z^2(x^2+7y^2)$$
$$=2^{n+2}(x^2-z^2)$$

因为 x、z 为奇数,$2\mid x^2-z^2$,从而 $2^{n+3}\mid 7(xw+yz)(xw-yz)$,所以 $2^{n+3}\mid 7(xw+yz)(xw-yz)$.

注意到
$$(xw+yz)+(xw-yz)=2xw\equiv 2 \pmod{4}$$

从而 $xw+yz$ 和 $xw-yz$ 不都被 4 整除,所以 $xw+yz$、$xw-yz$ 中有一个被 2^{n+2} 整除.

若 $2^{n+2}\mid xw-yz$,由 $2^{n+2}=x^2+7y^2=z^2+7w^2$,得

$$(2^{n+2})^2 = (x^2 + 7y^2)(z^2 + 7w^2) = (xz + 7yw)^2 + 7(xw - yz)^2$$
$$(*)$$

所以 $2^{n+2} | xz + 7yw$.

设 $xw - yz = 2^{n+2}P, xz + 7yw = 2^{n+2}Q$,则代入($*$),得
$$Q^2 + 7P^2 = 1$$

所以 $Q = \pm 1$ 和 $P = 0$,于是 $xw = yz$.

令 $\dfrac{x}{y} = \dfrac{z}{w} = k$,则 $x = ky, z = kw$.

又 $x^2 + 7y^2 = z^2 + 7w^2$,所以
$$k^2 y^2 + 7y^2 = k^2 w^2 + 7w^2$$

解得 $y = w, x = z$,矛盾.

最后,若 $2^{n+2} | xw + yz$,则类似可得 $xw + yz = 0$,矛盾.

由上述结论可知,$y_n = \pm 1 \Leftrightarrow 2^{n+2} = x^2 + 7 \cdot 1^2 \Leftrightarrow 2^{n+2} - 7 = x^2 \Leftrightarrow 2^{n+2} - 7$ 为完全平方数,引理 1 获证.

引理 2 若 $m | n$,则 $y_m | y_n$,其中数列 $\{y_n\}$ 由 $y_1 = y_2 = 1, y_{n+2} = y_{n+1} - 2y_n$ 定义.

证明 对 m、n 归纳,容易证明这样的恒等式:
$$y_{m+n} = -2y_m y_{n-1} + y_{m+1} y_n$$

由此得出:对任何正整数 m、n,y_{m+n} 能写成 y_m、y_n 的整系数线性组合.

其次,因为 $m | n$,可假定 $n = km$,我们对 k 归纳证明 $y_m | y_n$.

当 $k = 1$ 时,$y_m | y_m$ 显然成立.

假设结论对 k 的情形成立,即 $y_m | y_{km}$,考察 $k+1$ 的情形.

因为 $y_{(k+1)m} = y_{km+m}$ 能写成 y_m、y_{km} 的整系数线性组合,而 $y_m | y_m, y_m | y_{km}$,故 $y_m | y_{(k+1)m}$,这就完成了归纳证明.

证明原题 由引理 1,若 $2^{n+2} - 7$ 为完全平方数,则 $y_n^2 = 1$,其中数列 $\{y_n\}$ 由 $y_1 = y_2 = 1, y_{n+2} = y_{n+1} - 2y_n$ 定义.

因为 $m|n$,由引理 2,有 $y_m|y_n$,但 $y_n^2=1$,从而 $y_m^2=1$,再由引理 1,$2^{m+2}-7$ 为完全平方数.

习 题 4

1.(2005 年全国高中数学联赛江苏赛区预赛试题) 求所有使得下列命题成立的正整数 $n(n \geqslant 2)$:对于任意实数 $x_1,x_2,\cdots,x_n$,当 $\sum_{i=1}^{n} x_i = 0$ 时,总有 $\sum_{i=1}^{n} x_i x_{i+1} \leqslant 0$(其中 $x_{n+1} = x_1$).

2.(2001 年中国数学奥林匹克试题) 设 a、b、c、$a+b-c$、$a+c-b$、$b+c-a$、$a+b+c$ 是 7 个两两不同的质数,且 a、b、c 中有两数之和是 800.设 d 是这 7 个质数中最大数与最小数之差.求 d 的最大可能值.

3. 对正整数 n,记 $f(n)$ 为数 $3n^2+n+1$ 的十进制表示的数码和.

(1) 求 $f(n)$ 的最小值;

(2) 是否存在一个正整数 n,使得 $f(n)=100$?

4. 设 $3n$ 个实数 $x_1,x_2,\cdots,x_n,y_1,y_2,\cdots,y_n,z_1,z_2,\cdots,z_n$,其中每个数都是 1 或 -1,且满足:

$$x_1 y_1 + x_2 y_2 + \cdots + x_n y_n = 0$$
$$y_1 z_1 + y_2 z_2 + \cdots + y_n z_n = 0$$
$$z_1 x_1 + z_2 x_2 + \cdots + z_n x_n = 0$$

求证:$4|n$.

5. 设 $a_1,a_2,\cdots,a_n \in \mathbf{Z}$,且

$$a_1 a_2 \cdots a_n = n \qquad (1)$$
$$a_1 + a_2 + \cdots + a_n = 0 \qquad (2)$$

求证:$4|n$.

6. 给定正数 m,证明:任何一个三角形都可剪成有限多块,然后

拼成有一条边长为 m 的矩形.

7. (第46届莫斯科数学奥林匹克试题) 正1983边形顶点上分别放数 $1,2,\cdots,1983$. 它的一条对称轴 a 称为好的,如果 a 的一侧的每一个数都大于关于 a 对称的点上的数. 试问:能否适当填数,使多边形的每条对称轴都是好的?

8. (第18届IMO试题) 若干个正整数之和为1976,求其积的最大值.

9. 设点 P 从格点 $A(1,1)$ 出发,沿格径以最短的路线运动到点 $B(m,n)(m,n\in\mathbf{N})$,即每次运动到另一格点时,横坐标或纵坐标增加1. 求点 P 经过的所有格点中两坐标乘积之和 S 的最大值.

10. (2006年全国高中数学联赛试题) 将2006表示成5个正整数 $x_1,x_2,\cdots,x_5$ 之和,记 $S = \sum_{1\leqslant i<j\leqslant 5} x_i x_j$. 问:

(1) 当 $x_1,x_2,\cdots,x_5$ 取何值时,S 取到最大值;

(2) 若对任意 $1\leqslant i,j\leqslant 5$,有 $|x_i - x_j|\leqslant 2$,则当 $x_1,x_2,\cdots,x_5$ 取何值时,S 取到最小值,说明理由.

11. 将1989分成10个自然数的和,使其积最大.

12. (1985年美国数学奥林匹克试题) 在不减正整数序列 $a_1, a_2,\cdots,a_m,\cdots$ 中,对任何自然数 m,定义 $b_m = \min\{n|a_n\geqslant m\}$. 已知 $a_{19} = 85$,求 $S = a_1 + a_2 + \cdots + a_{19} + b_1 + b_2 + \cdots + b_{85}$ 的最大值.

13. (第30届IMO备选题) 有155只鸟在一个圆 C 上,如果弧 $P_i P_j \leqslant 10°$,则称鸟是互相可见的. 如果允许同一位置同时有几只鸟,求可见的鸟对数的最小值.

14. (第34届莫斯科数学奥林匹克试题) 是否可以在正 n 边形各顶点填上互异的非零数,使得任何部分顶点为顶点的正多边形的顶点上各数和都为零.

15. (2008年中国国家集训队选拔考试试题) 试证:对任意不小于4的正整数 n,可以将集合 $G_n = \{1,2,\cdots,n\}$ 的元素个数不小

于 2 的子集排成一列：$P_1, P_2, \cdots, P_{2^n-n-1}$，使得 $|P_i \cap P_{i+1}| = 2$ $(i = 1, 2, \cdots, 2^n - n - 2)$．

16. （2009 年 IMO 中国国家队选拔考试） 设正实数 a、b 满足 $b - a > 2$．求证：对区间 $[a, b]$ 中任意两个不同的整数 m、n，总存在一个由区间 $[ab, (a+1)(b+1))$ 中某些整数组成的（非空）集合 S，使得 $\dfrac{\prod_{x \in S} x}{mn}$ 是一个有理数的平方．

习题 4 解答

1. 当 $n = 2$ 时，由 $x_1 + x_2 = 0$，得
$$x_1 x_2 + x_2 x_1 = -2x_1^2 \leqslant 0$$
所以 $n = 2$ 时命题成立．当 $n = 3$ 时，由 $x_1 + x_2 + x_3 = 0$，得
$$x_1 x_2 + x_2 x_3 + x_3 x_1 = \frac{(x_1 + x_2 + x_3)^2 - (x_1^2 + x_2^2 + x_3^2)}{2}$$
$$= \frac{-(x_1^2 + x_2^2 + x_3^2)}{2} \leqslant 0$$
所以 $n = 3$ 时命题成立．

当 $n = 4$ 时，由 $x_1 + x_2 + x_3 + x_4 = 0$，得
$$x_1 x_2 + x_2 x_3 + x_3 x_4 + x_4 x_1 = (x_1 + x_3)(x_2 + x_4)$$
$$= -(x_2 + x_4)^2 \leqslant 0$$
所以 $n = 4$ 时命题成立．

当 $n \geqslant 5$ 时，令 $x_1 = x_2 = 1, x_4 = -2$，其余 $x_j = 0$ $(j \neq 1, 2, 4)$，则
$$\sum_{i=1}^{n} x_i = 0, \quad \sum_{i=1}^{n} x_i x_{i+1} = 1 > 0$$
命题不成立．

综上可知，使命题成立的自然数是 $n = 2, 3, 4$．

2. 不妨设 $a < b < c$，显然 $a + b - c$ 最小，$a + b + c$ 最大，所以

$d=2c$. 下面只需求 c 的最大值. 因为 $a+b-c>0, c<a+b, c<a+c, c<b+c$, 所以 $c<800$. 又小于 800 的质数从大到小依次为 797, 787, ….

逐一试验: 若 $c=797, a+b=800, a+b-c=3, a+b+c=1597$, 令 $a=13, b=787, a+c-b=23, b+c-a=1571$, 不难验证它们均为质数, 所以 $d_{\max}=2\times 797=1594$.

3. (1) 逐一试验 $n=1,2,\cdots$ 由于 $3n^2+n+1$ 是大于 3 的奇数, 故 $f(n)\neq 1$. 若 $f(n)=2$, 则 $3n^2+n+1$ 只能为首位和末位为 1、其余数码为 0 的一个数, 即 $3n^2+n+1=10^k+1$, k 是大于 1 的整数. 于是 $n(3n+1)=2^k\cdot 5^k$, 由于 $(n,3n+1)=1$, 所以 $\begin{cases}n=2^k,\\3n+1=5^k,\end{cases}$ 于是 $3n+1\leq 4n=4\cdot 2^k<5^k$, 矛盾! 故 $f(n)\neq 2$. 又当 $n=8$ 时, $3n^2+n+1=201$, 所以 $f(8)=3$. 综上所述, $f(n)$ 的最小值为 3.

(2) 令 $n=10^k-1$, 则

$$3n^2+n+1=3\times 10^{2k}-5\times 10^k+3=\underbrace{299\cdots 995}_{k-1}\underbrace{00\cdots 003}_{k-1},$$

其数码和为 $2+9(k-1)+5+3=9k+1$. 由于 $100=9\times 11+1$, 所以, 取 $n=10^{11}-1$, 有 $f(n)=100$.

4. 因为 $x_1, x_2, \cdots, x_n, y_1, y_2, \cdots, y_n, z_1, z_2, \cdots, z_n$ 都是 1 或 -1, 所以 $x_1y_1, x_2y_2, \cdots, x_ny_n, y_1z_1, y_2z_2, \cdots, y_nz_n, z_1x_1, z_2x_2, \cdots, z_nx_n$ 都是 1 或 -1. 设 $x_1y_1, x_2y_2, \cdots, x_ny_n$ 中有 a 个 1, b 个 -1, 其中 $a+b=n$, 则由

$$0=x_1y_1+x_2y_2+\cdots+x_ny_n=a-b$$

得 $a=b$, 于是 $n=a+b=2a$. 又

$$x_1y_1\cdot x_2y_2\cdot\cdots\cdot x_ny_n=(-1)^a$$
$$y_1z_1\cdot y_2z_2\cdot\cdots\cdot y_nz_n=(-1)^a$$
$$z_1x_1\cdot z_2x_2\cdot\cdots\cdot z_nx_n=(-1)^a$$

三式相乘,得

$$(x_1 x_2 \cdots x_n)^2 \cdot (y_1 y_2 \cdots y_n)^2 \cdot (z_1 z_2 \cdots z_n)^2 = (-1)^{3a} = (-1)^a$$

所以 $(-1)^a = 1, a$ 为偶数. 令 $a = 2k$, 则 $n = 2a = 4k$, 故 $4 \mid n$.

5. 设 $a_1, a_2, \cdots, a_n$ 中有 a 个奇数, b 个偶数, 其中 $a + b = n$. 若 $b = 0$, 即 $a_1, a_2, \cdots, a_n$ 都是奇数, 由(1)知, n 是奇数, 于是, $a_1 + a_2 + \cdots + a_n$ 是奇数个奇数相加, 不可能为 0, 与(2)矛盾, 所以 $b \geq 1$. 于是, 由(1)知 n 是偶数, 所以 a、b 同奇偶. 又由(2)知, $a_1 + a_2 + \cdots + a_n$ 为偶数, 所以 a 为偶数, 进而 b 为偶数, 但 $b \geq 1$, 所以 $b \geq 2$, 即 $a_1, a_2, \cdots, a_n$ 中至少有两个偶数, 再由(1)知, $4 \mid n$.

6. 不妨设 BC 边是最大边, 则可按下图所示方式将三角形 ABC 拼成一个以 BC 边为一条边的矩形(图4.4).

现在证明, 任何矩形可以拼成一个有一条边为 m 的矩形. 设矩形 $ABCD$ 的两边长分

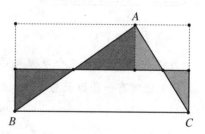

图 4.4

别为 $AB = a, BC = b$. 不妨设 $a < m, b < m$, 否则, 依次分割出若干个边长为 m 的矩形即可. 延长 AB 到 B', 使 $AB' = m$. 作矩形 $AB'C'D'$, 使 D' 在 AD 上, 且 $AD' = \dfrac{ab}{m}$. 设 $C'D'$ 与 BC 交于 R. 连 DB', 交 CB 于 P, 交 $C'D'$ 于 Q.

(1) 若 P 在 RC 上(图4.5), 则 $\dfrac{PC}{CD} = \tan \theta = \dfrac{AD}{AB'}$, 即 $\dfrac{PC}{a} = \dfrac{b}{m}$, 所以, $PC = \dfrac{ab}{m} = B'C'$, 所以 $PB = b - \dfrac{ab}{m} = DD'$. 所以 $\triangle PCD$ 与 $\triangle B'C'Q$ 全等, $\triangle D'QD$ 与 $\triangle BB'P$ 全等(然后去掉 $\triangle PQR$).

(2) 若 Q 在 RB 上(图4.6), 则 $\dfrac{D'P}{D'D} = \tan \theta = \dfrac{AB'}{AD}$, 即 $\dfrac{D'P}{b - \dfrac{ab}{m}} =$

$\frac{m}{b}$,所以,$D'P = m - a = BB'$,所以 $CD = AB = m - BB' = C'D' - D'P = PC'$. 所以,$\triangle D'PD$ 与 $\triangle BB'Q$ 全等,$\triangle DCQ$ 与 $\triangle PC'B'$ 全等(然后去掉 $\triangle PQR$).

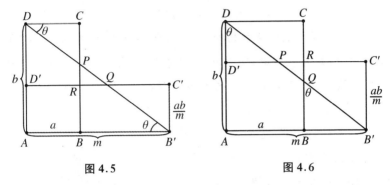

图 4.5　　　　　　　图 4.6

另证:我们分下面几个步骤来完成分割与拼合.

(1) 任何有一条边长为 m 的三角形都可拼成一条边长为 m 的矩形,这是因为三角形 ABC 可先化为平行四边形 $BCDE$,进而化为矩形 $DEFG$(图 4.7).

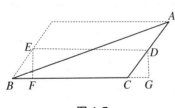

图 4.7

(2) 对任何三角形,若所有边长小于 m,则可通过平行四边形分割,使之有一条边长不变,而有一条边长不小于 m.这是因为每次分割有一条边平移 a,其总长无限增大,而对角线比这条边大(图 4.8).

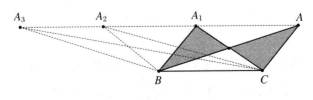

图 4.8

(3) 对任何三角形,若所有边都比 m 大,则将其分割为若干个小三角形,使其边长都小于 m.

(4) 不妨设三角形有一条边长小于 m,有一条边长大于 m.设 $AB<m$, $AC>m$,则在 BC 上存在一点 D,使 $AD=m$(图 4.9).以 AD 为矩形的边分割三角形即可(比如,对 $\triangle ADC$,取 AC 的中点,先变换以 AD 为边的平行四边形,再变换为以 AD 为边的矩形).

7. 假设某种填数合乎要求,不妨设顶点 A 填数 1983,过 A 的对称轴为 a_1.其他的顶点按逆时针方向依次填 $x_1, x_2, \cdots, x_{991}, y_{991}, y_{990}, \cdots, y_1$(图 4.10).那么,由对称轴 a_1 为好的可知,对任何 $i=1, 2, \cdots, 991$,有 $x_i < y_i$(填数合乎要求的一个必要条件).

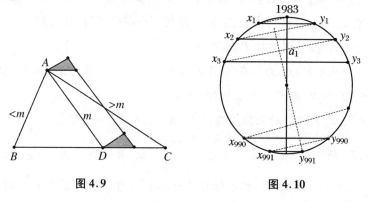

图 4.9 图 4.10

再取过 y_{991} 的对称轴 a_2,由于 $1983 < x_1$,于是,由对称轴 a_2 为好的可知,$y_1 < x_2, y_2 < x_3, \cdots, y_{990} < x_{991}$(填数合乎要求的一个必要条件).

于是,$1983 < x_1 < y_1 < x_2 < y_2 < \cdots < x_{991} < y_{991}$(两个必要条件的组合).

易知,满足上述条件的填数合乎要求,从而填法存在且是唯一的.

8. 首先,和为 1976 的正整数组只有有限个,于是,其中必有一

个正整数组使各数的积达到最大. 不妨设使积达到最大的正整数组为 $(x_1, x_2, \cdots, x_n)$,其中 $x_1 + x_2 + \cdots + x_n = 1976$. 此时,数组的各数的积为 $P = x_1 x_2 \cdots x_n$. 我们证明,当 P 最大时,可使所有 x_i 具有如下性质:

(1) $x_i \leqslant 3$. 若有某个 $x_i \geqslant 4$,则将 x_i 换作两个数:2 和 $x_i - 2$,得到一个新的数组:$(x_1, x_2, \cdots, x_{i-1}, x_i - 2, 2, x_{i+1}, \cdots, x_n)$. 注意到 $2(x_i - 2) = 2x_i - 4 \geqslant 0$,所以,调整后 P 值不减.

(2) $x_i \neq 1$. 若有某个 $x_i = 1$,则在数组中任取一个 x_j,将 1 和 x_j 换作一个数:$(1 + x_j)$,得到一个新的数组:$(x_1, x_2, \cdots, x_{j-1}, x_{j+1}, \cdots, x_n, x_j + 1)$. 注意到 $1 \times x_j < 1 + x_j$,所以,调整后 P 值增加.

(3) 其中等于 2 的 x_i 的个数不多于 2. 若有 $x_i = x_j = x_k = 2$,则将 x_i, x_j, x_k 换成两个数:3 和 3,得到一个新的数组. 注意到 $2 \times 2 \times 2 < 3 \times 3$,所以,调整后 P 值增加.

由此可知,x_i 为 2 或 3,且 2 的个数不多于 2. 注意到 $1976 = 658 \times 3 + 2$,所以,P 的最大值为 $3^{658} \times 2$.

9. 设 P 经过的点依次为 $P_1 = A(1,1)$、$P_2, \cdots, P_{m+n-1} = B(m, n)$,$P_i$ 的坐标为 (x_i, y_i),则 $S = \sum_{i=1}^{m+n-1} x_i y_i$. 要使 S 最大,由直观,应使 x_i、y_i 尽可能接近,但不能对任何 i,$x_i = y_i$ 成立(否则 P 沿对角线运动). 我们猜想,如果 (x_1, y_1)、(x_2, y_2)、$\cdots$、(x_{m+n-1}, y_{m+n-1}) 使 S 最大,则对任何 $x_i < m$,$y_i < n$,有 $|x_i - y_i| \leqslant 1$. 反设存在 i,使 $|x_i - y_i| > 1 (x_i < m, y_i < n)$,不妨设 $x_i - y_i > 1$. 此时,自然的想法是:将 x_i 减小 1,将 y_i 增大 1. 也就是将点 $P_i(x_i, y_i)$ 调整到 $P'_i(x_i - 1, y_i + 1)$,其余点不变. 但调整后的路线是否仍合乎条件? 显然,要使调整后的路线仍合乎条件,则 P_i 应该满足:$P_{i-1}P_i$ 是横向边且 $P_i P_{i+1}$ 是纵向边. 但 P_i 未必满足这样的条件. 此时,观察路径,发现一定有一个点 $P_t(x_t, y_t)$,满足这样的条件,即路径中存在这样

连续三点 $P_{t-1}(x_{t-1}, y_{t-1})$、$P_t(x_t, y_t)$、$P_{t+1}(x_{t+1}, y_{t+1})$，使得 $P_{t-1}P_t$ 是横向边且 P_tP_{t+1} 是纵向边，且 $x_t - y_t > 1$. 实际上，若 $P_{i-1}P_i$ 是纵向边，则考察横坐标为 x_i 且纵坐标最小的点，设为 $P_t(x_t, y_t)$，其中 $x_t = x_i, y_t < y_i$，此时 $x_t - y_t = x_i - y_t > x_i - y_i > 1$. 又因为 $x_t > 1 + y_t > 1$，所以到达 $P_t(x_t, y_t)$ 之前一定有横向边，于是由 y_t 的最小性可知，$P_{t-1}P_t$ 是横向边，P_tP_{t+1} 是纵向边. 若 $P_{i-1}P_i$ 是横向边，则考察纵坐标为 y_i 且横坐标最大的点，设为 $P_t(x_t, y_t)$，其中 $x_t > x_i, y_t = y_i$，此时 $x_t - y_t = x_t - y_i > x_i - y_i > 1$. 又因为 $y_i < n$，所以到达 $P_t(x_t, y_t)$ 之后一定还有纵向边，于是由 x_t 的最大性可知，P_tP_{t+1} 是纵向边，$P_{t-1}P_t$ 是横向边.

综上所述，当路径中存在点 $P_i(x_i, y_i)$，其中 $x_i < m, y_i < n$，使 $x_i - y_i > 1$ 时，则一定存在这样连续三点 $P_{t-1}(x_{t-1}, y_{t-1})$、$P_t(x_t, y_t)$、$P_{t+1}(x_{t+1}, y_{t+1})$，使得 $P_{t-1}P_t$ 是横向边且 P_tP_{t+1} 是纵向边，且 $x_t - y_t > 1$. 于是，用 $P_t'(x_t - 1, y_t + 1)$ 代替 $P_t(x_t, y_t)$，得到的路径仍合乎要求. 但 $(x_t - 1)(y_t + 1) = x_t y_t + x_t - y_t - 1 > x_t y_t$，所以调整后 S 的值增加，矛盾.

由上可知，对路径中的任何一个点 $P_i(x_i, y_i)$，若 $x_i \neq y_i$，则从 $P_i(x_i, y_i)$ 出发的边是唯一的，下一个点是将 $P_i(x_i, y_i)$ 的坐标中较小的一个增加 1. 而 $x_i = y_i$ 时，则从 $P_i(x_i, y_i)$ 出发的边有两种选择，下一个点是将 $P_i(x_i, y_i)$ 的横坐标或纵坐标增加 1，于是，当 $m \geq n$ 时，其路径为：$A(1,1) \to P_2(2,1)$ 或 $P_2(1,2) \to P_3(2,2) \to P_4(2,3)$ 或 $P_4(3,2) \to P_5(3,3) \to \cdots \to P_{2n-1}(n,n) \to P_{2n}(n+1,n) \to P_{2n+1}(n+2,n) \to \cdots \to P_{m+n-1}(m,n)$.

此时，$S_{\max} = \sum_{i=1}^{n} i^2 + \sum_{i=1}^{n-1} i(i+1) + n \sum_{i=1}^{m-n} (n+i) = \frac{1}{6} n(3m^2 + n^2 + 3m - 1)$.

当 $m < n$ 时，同样可得 $S_{\max} = \frac{1}{6} m(3n^2 + m^2 + 3n - 1)$.

10. 首先这样的 S 的值是有界集,故必存在最大值与最小值.

(1) 若 $x_1+x_2+\cdots+x_5=2006$,且使 $S=\sum\limits_{1\leqslant i<j\leqslant 5}x_ix_j$ 取到最大值,则必有
$$|x_i-x_j|\leqslant 1 \quad (1\leqslant i,j\leqslant 5) \qquad (*)$$

事实上,假设 $(*)$ 不成立,不妨假设 $x_1-x_2\geqslant 2$. 令 $x_1'=x_1-1$, $x_2'=x_2+1, x_i'=x_i(i=3,4,5)$,有
$$x_1'+x_2'=x_1+x_2, \quad x_1'x_2'=x_1x_2+x_1-x_2-1>x_1x_2$$

将 S 改写成
$$S=x_1x_2+(x_1+x_2)(x_3+x_4+x_5)+x_3x_4+x_3x_5+x_4x_5$$
则
$$S'=x_1'x_2'+(x_1'+x_2')(x_3+x_4+x_5)+x_3x_4+x_3x_5+x_4x_5$$
于是,有
$$S'-S=x_1'x_2'-x_1x_2>0$$

这与 $x_1,x_2,\cdots,x_5$ 使 S 取到最大值矛盾.所以必有 $|x_i-x_j|\leqslant 1$ ($1\leqslant i,j\leqslant 5$).由此可见,当 $x_1,x_2,\cdots,x_5$ 中一个为 402,另 4 个都为 401 时,S 取到最大值.

(2) 当 $x_1+x_2+\cdots+x_5=2006$,且 $|x_i-x_j|\leqslant 2$ 时,$x_1,x_2,\cdots,x_5$ 取值只有如下 3 种情形:

402,402,402,400,400;

402,402,401,401,400;

402,401,401,401,401.

其中,后两种情形可以看成是在第一种情形下作变换 $x_i'=x_i-1, x_j'=x_j+1$ 后调整得到的.根据(1)的证明可知,每一次调整,和式 $S=\sum\limits_{1\leqslant i<j\leqslant 5}x_ix_j$ 增大,所以只有第一种情形使 S 最小,故当 $x_1,x_2,\cdots,x_5$ 中 3 个为 402,另两个为 400 时,S 取到最小值.

11. 当 1989 分拆成:$199+199+\cdots+199+198$ 时,对应的积为

$199^9 \times 198$. 下面证明它是最大的. 因为分拆种数是有限的,最大值一定存在,所以可假定分拆$(x_1, x_2, \cdots, x_{10})$,其中$x_1 + x_2 + \cdots + x_{10} = 1989$,是相应的积$x_1 x_2 \cdots x_{10}$为最大的一种分拆. 若$x_1, x_2, \cdots, x_{10}$中有小于198者,设为$x_1$,那么其中必有大于198者,设为$x_{10}$,令$x_1' = x_1 + (x_{10} - 198)$, $x_{10}' = 198$,则得到一种新的分拆$(x_1', x_2, \cdots, x_9, x_{10}')$,相应的积为$x_1' x_2 \cdots x_9 x_{10}'$. 但

$$x_1' x_{10}' - x_1 x_{10} = [x_1 + (x_{10} - 198)] \cdot 198 - x_1 x_{10}$$
$$= 198 x_1 + 198 x_{10} - 198^2 - x_1 x_{10}$$
$$= (198 - x_1)(x_{10} - 198) > 0$$

所以

$$x_1' x_2 \cdots x_9 x_{10}' > x_1 x_2 \cdots x_{10}$$

矛盾. 由此可见,$x_1, x_2, \cdots, x_{10}$均不小于198. 若$x_1, x_2, \cdots, x_{10}$中有大于199者,设为x_1,那么其中必有小于199者,设为x_{10}. 因为x_{10}不小于198,所以$x_{10} = 198$. 令$x_1' = x_1 - 1$, $x_{10}' = x_{10} + 1$,则得到一种新的分拆$(x_1', x_2, \cdots, x_9, x_{10}')$,相应的积为$x_1' x_2 \cdots x_9 x_{10}'$. 但

$$x_1' x_{10}' - x_1 x_{10} = (x_1 - 1)(x_{10} + 1) - x_1 x_{10}$$
$$= x_1 x_{10} + x_1 - x_{10} - 1 - x_1 x_{10}$$
$$= x_1 - x_{10} - 1 = x_1 - 198 - 1 = x_1 - 199 > 0$$

所以

$$x_1' x_2 \cdots x_9 x_{10}' > x_1 x_2 \cdots x_{10}$$

矛盾.

所以$x_1, x_2, \cdots, x_{10}$均只能是199或198,从而分拆:$199 + 199 + \cdots + 199 + 198$对应的积为$199^9 \times 198$为最大.

12. 首先,最大的数一定存在. 由条件有$a_1 \leqslant a_2 \leqslant \cdots \leqslant a_{19} = 85$,我们猜想,极值点是各个$a_i$尽可能大且各个$a_i$相等,此时各个$b_j$也相等. 实际上,若有$a_i < a_{i+1} (1 \leqslant i \leqslant 18)$,则$a_i + 1 \leqslant a_{i+1}$,令$a_i' = a_i + 1$,对任何$j \neq i$,令$a_j' = a_j$,对应的$b_j$记为$b_j'$. 显然,有

$$a_1 \leqslant a_2 \leqslant \cdots \leqslant a_i + 1 \leqslant a_{i+1} \leqslant \cdots \leqslant a_{19} = 85$$

于是
$$b_{a_i+1} = i+1, \quad b'_{a_i+1} = i = b_{a_i+1} - 1$$

而 $b'_j = b_j$(当 $j \neq a_i + 1$ 时).

由此可知,调整使得 b_{a_i+1} 减少 1,其余的 b_i 不变.所以调整后 S 的值不减.综上所述,有 $S \leqslant 19 \times 85 + 1 \times 85 = 1700$,等号在 $a_i = 85, b_j = 1 (1 \leqslant i \leqslant 19, 1 \leqslant j \leqslant 85)$ 时成立,所以 S 的最大值为 1700.

13. 问题等价于将 155 只鸟分为若干组,使可见鸟对数最小.注意到组数不确定,于是要估计组数.通过特殊化可知,要使可见鸟对少,相邻两个位置不能过近,即任何两个位置都不可见,可见鸟对才可能最小.实际上,设 P_i, P_j 是一对可见鸟,则称 P_i, P_j 的位置是互相可见的.假设有两个可见位置 P_i, P_j,设 k 为 P_j 可以见到而 P_i 不能见到的鸟的只数,t 是 P_i 可以见到而 P_j 不能见到的鸟的只数.不妨设 $k \geqslant t$.假设 P_j 的鸟都飞往 P_i 处,那么,对任何一个鸟对 (p, q),若它不含飞动的鸟,其"可见性"不变.又对飞动的每只鸟来说,减少 k 只可见鸟,增加 t 只可见鸟,从而可见鸟对的增加数为 $t - k \leqslant 0$,即可见鸟对数不增.每一次这样的变动,停鸟的位置数减少 1.

若干次变动后,可使任何两个停鸟的位置互不可见(第一次是磨光变换).此时,圆周上至多有 35 个停鸟的位置.于是,问题化为在条件:

$$x_1 + x_2 + \cdots + x_{35} = 155, \quad x_i \geqslant 0$$

的约束下,求

$$S = \sum_{i=1}^{35} C_{x_i}^2 = \frac{1}{2} \sum_{i=1}^{35} x_i(x_i - 1)$$

的最小值.(注意其中有鸟的位置个数并不确定,可能小于 35,此时认为某些 $x_i = 0$.这是一种"使不确定的个数确定的技巧".

4 合力逼近

因为 155 是有限数,从而最小值一定存在,我们猜想,各 x_i 彼此接近时,S 最小.所谓各 x_i 彼此接近,是指任何两个 x_i, x_j 相差尽可能小.显然,x_i, x_j 可以相等,能否对所有 x_i, x_j,都有 $x_i = x_j$ 呢? 若然,则 35 整除 155,矛盾.所以,至少有一个 $i \neq j$,使 $x_i - x_j \neq 0$.于是,我们期望,所有 i, j,有 $x_i - x_j \leqslant 1$.

实际上,若有 $x_i - x_j \geqslant 2$,不妨设 $x_2 - x_1 \geqslant 2$,则令
$$x_1' = x_1 + 1, \quad x_2' = x_2 - 1$$
此时,有
$$x_1(x_1 - 1) + x_2(x_2 - 1) - [x_1'(x_1' - 1) + x_2'(x_2' - 1)]$$
$$= x_1(x_1 - 1) + x_2(x_2 - 1) - (x_1 + 1)x_1 - (x_2 - 1)(x_2 - 2)$$
$$= -x_1 + (x_2 - 1) \geqslant 1$$

从而 S 减少.注意到 $155 = 4 \times 35 + 15$,所以,极值点为 $(x_1, x_2, \cdots, x_{35}) = (5, 5, \cdots, 5, 4, 4, \cdots, 4)$,此时,$S$ 的最小值为
$$20 C_4^2 + 15 C_5^2 = 270$$

14. 结论是肯定的.由"正 n 边形各个顶点处放的数的和为 0",想到正多边形的一个性质:从中心出发的 n 个向量之和为 0(即下面的引理),从而各个顶点的纵坐标之和为 0.将各个顶点处放置该点的纵坐标即可.为了使放的数非 0 且互异,应使各个点的纵坐标非 0 且互异.找一个充分条件:适当选取 x 轴,使 x 轴不与多边形的任何边和任何对角线平行,且不过任何顶点.

引理 设 O 是复平面上正 n 边形 $A_1 A_2 \cdots A_n$ 的中心,则
$$\sum_{k=1}^{n} OA_k = 0.$$

实际上,设 $OA_n = z, \angle A_1 OA_2 = \theta$,则 $OA_k = z(e^{i\theta})^k$,所以,有
$$\sum_{k=1}^{n} OA_k = z \sum_{k=1}^{n} (e^{i\theta})k = z \frac{1 - (e^{i\theta})^n}{1 - e^{i\theta}} = 0$$

解答原题 以正多边形的中心为原点,适当选取 x 轴,使 x 轴

不与多边形的任何边和任何对角线平行,且不过任何顶点.则多边形的各个顶点的纵坐标非零且互异.由引理,得 $\sum_{i=1}^{n} OA_i = 0$,所以, $\sum_{i=1}^{n} y_i = 0$,在顶点 A_i 上放置数 y_i 即可.

15. 引理 对任意正整数 $n \geq 3$,可以将集合 $G_n = \{1, 2, \cdots, n\}$ 的全部非空子集排成一个序列:$P_1, P_2, \cdots, P_{2^n-1}$,使得对任意的 $i \in \{1, 2, \cdots, 2^n - n - 2\}$,都有 $|P_i \cap P_{i+1}| = 1$,且 $P_1 = \{1\}, P_{2^n-1} = G_n$.

引理的证明 对 n 用数学归纳法.当 $n = 3$ 时,序列 $\{1\}, \{1, 2\}, \{2\}, \{2, 3\}, \{1, 3\}, \{3\}, \{1, 2, 3\}$ 满足要求.假设 $n = k(k \geq 3)$ 时,存在 G_k 的非空子集的序列 $P'_1, P'_2, \cdots, P'_{2^k-1}$ 满足要求,其中 $P'_1 = \{1\}$, $P'_{2^n-1} = G_k$.对于 $n = k+1$,构造如下序列:

$$P'_1, P'_{2^k-1}, P'_{2^k-2} \bigcup \{k+1\}, P'_{2^k-3}, P'_{2^k-4} \bigcup \{k+1\},$$
$$P'_{2^k-5}, P'_{2^k-6} \bigcup \{k+1\}, \cdots, P'_3, P'_2 \bigcup \{k+1\}, \{k+1\},$$
$$P'_1 \bigcup \{k+1\}, P'_2, P'_3 \bigcup \{k+1\}, P'_4, P'_5 \bigcup \{k+1\}, \cdots,$$
$$P'_{2^k-2}, P'_{2^k-1} \bigcup \{k+1\}$$

显然,有

$$P_1 = P'_1 = \{1\}, \quad P_{2^{k+1}-1} = P'_{2^k-1} \bigcup \{k+1\} = G_{k+1}$$

此外,有

$$|P_1 \cap P_2| = |P'_1 \cap P'_{2^k-1}| = |P'_1| = 1$$

且由归纳假设,有

$$|(P'_2 \bigcup \{k+1\}) \cap \{k+1\}| = |\{k+1\}| = 1$$
$$|\{k+1\} \cap P'_1 \bigcup \{k+1\}| = |\{k+1\}| = 1$$

且对 $r = 1, 2, \cdots, 2^k - 1$,有

$$|(P'_r \bigcup \{k+1\}) \cap (P'_{r-1})| = |P'_r \cap P'_{r-1}| = 1$$
$$|P'_{r-1} \cap (P'_r \bigcup \{k+1\})| = |P'_{r-1} \cap P'_r| = 1$$

所以上述序列满足要求,引理获证.

4 合力逼近

解答原题 我们用数学归纳法证明下述加强命题:对任意正整数 $n \geqslant 4$,可以将集合 $G_n = \{1, 2, \cdots, n\}$ 的全部元素个数不小于 2 的子集排成一列: $P_1, P_2, \cdots, P_{2^n - n - 1}$, 使得

$$|P_i \cap P_{i+1}| = 2 \quad (i = 1, 2, \cdots, 2^n - n - 2)$$

且 $P_{2^n - n - 1} = \{1, n\}$.

实际上,当 $n = 4$ 时,序列 $\{1,3\}, \{1,2,3\}, \{2,3\}, \{1,2,3,4\}, \{1,2\}, \{1,2,4\}, \{2,4\}, \{2,3,4\}, \{3,4\}, \{1,3,4\}, \{1,4\}$ 满足要求.

假设 $n = k (k \geqslant 4)$ 时,存在 G_k 的非空子集的序列 $P_1, P_2, \cdots, P_{2^k - k - 1}$, 满足:

$$|P_i \cap P_{i+1}| = 2 \quad (i = 1, 2, \cdots, 2^n - k - 2)$$

其中 $P_{2^k - k - 1} = \{1, k\}$. 对于 $n = k + 1$,因为 $G_{k+1} = G_k \cup \{k+1\}$ 的全部子集可以分为两类:一类都不含有元素 $k + 1$,而另一类都含有元素 $k + 1$. 由前述引理,存在 G_k 的全部非空子集排成一个序列: $q_1, q_2, \cdots, q_{2^k - 1}$, 使得对任意的 $i \in \{1, 2, \cdots, 2^k - 2\}$, 都有 $|q_i \cap q_{i+1}| = 1$, 且 $q_{2^k - 1} = \{1\}, q_1 = G_k$.

构造序列: $P_1, P_2, \cdots, P_{2^k - k - 1}, q_1 \cup \{k+1\}, q_2 \cup \{k+1\}, \cdots, q_{2^k - 1} \cup \{k+1\}$, 由归纳假设及引理知,上述序列满足要求,且

$$P_{2^{k+1} - (k+1) - 1} = q_{2^k - 1} \cup \{k+1\} = \{1, k+1\}$$

由归纳原理,原命题得证.

16. 引理 设整数 u 满足 $a \leqslant u < u + 1 < b$, 则区间 $[ab, (a+1)(b+1))$ 中有两个不同整数 x、y, 使得 $\dfrac{xy}{u(u+1)}$ 是一个整数的平方.

引理的证明 取 v 是大于等于 $\dfrac{ab}{u}$ 的最小整数,即整数 v 满足

$$\frac{ab}{u} \leqslant v < \frac{ab}{u} + 1$$

则
$$ab \leqslant uv < ab + u \ (< ab + a + b + 1) \qquad ①$$

从而
$$ab < (u+1)v = uv + v < ab + u + \frac{ab}{u} + 1$$
$$< ab + a + b + 1 \quad (因 a \leqslant u < b) \qquad ②$$

(这里,我们应用了一个熟知的事实,函数 $f(t) = t + \frac{ab}{t}(a \leqslant t \leqslant b)$ 在 $t = a$ 或 b 时取得最大值.)

由①、②可知,uv 和 $(u+1)v$ 为区间 $I = [ab, (a+1)(b+1))$ 中的两个不同整数,取 $x = uv, y = (u+1)v$,即知 $\frac{xy}{u(u+1)} = v^2$ 是一个整数的平方.

解答原题 设 $m < n$,则 $a \leqslant m \leqslant n - 1 < b$. 由引理可知,对于 $k = m, m+1, \cdots, n-1$,分别有区间 $[ab, (a+1)(b+1))$ 中的两个不同整数 x_k, y_k,都存在一个整数 A_k,使得 $\frac{x_k y_k}{k(k+1)} = A_k^2$. 将所有这些等式相乘,得

$$\frac{\prod_{k=m}^{n-1} x_k y_k}{mn(m+1)^2 \cdots (n-1)^2} = \prod_{k=m}^{n-1} A_k^2$$

是一个整数的平方. 令 S 为 x_i、$y_i (m \leqslant i \leqslant n-1)$ 中出现奇数次的数的集合,若 S 非空,则由上式易知,$\frac{\prod_{x \in S} x}{mn}$ 是一个有理数的平方. 若 S 是空集,则显然 mn 是一个整数的平方. 而由 $a + b > 2\sqrt{ab}$,知

$$ab + a + b + 1 > ab + 2\sqrt{ab} + 1$$

即
$$\sqrt{(a+1)(b+1)} > \sqrt{ab} + 1$$

即区间 $[\sqrt{ab}, \sqrt{(a+1)(b+1)})$ 中至少有一个整数,所以在区间 $[ab,(a+1)(b+1))$ 中至少有一个完全平方数.

设 $r^2 \in [ab,(a+1)(b+1))(r \in \mathbf{Z})$,令 $S' = \{r^2\}$,则 $\dfrac{\prod\limits_{x \in S'} x}{mn}$ 是一个有理数的平方.

中国科学技术大学出版社中学数学用书

高中数学竞赛教程/严镇军　单墫　苏淳　等

中外数学竞赛/李炯生　王新茂　等

第51—76届莫斯科数学奥林匹克/苏淳　申强

全国历届数学高考题解集/张运筹　侯立勋

中学数学潜能开发/蒋文彬

同中学生谈排列组合/苏淳

趣味的图论问题/单墫

有趣的染色方法/苏淳

组合恒等式/史济怀

集合/冯惠愚

不定方程/单墫　余红兵

概率与期望/单墫

组合几何/单墫

算两次/单墫

几何不等式/单墫

解析几何的技巧/单墫

构造法解题/余红兵

重要不等式/蔡玉书

高等学校过渡教材读本:数学/谢盛刚

有趣的差分方程(第2版)/李克正　李克大

抽屉原则/常庚哲

母函数(第2版)/史济怀

从勾股定理谈起(第2版)/盛立人　严镇军

三角恒等式及其应用(第2版)/张运筹
三角不等式及其应用(第2版)/张运筹
反射与反演(第2版)/严镇军
数列与数集/朱尧辰
同中学生谈博弈/盛立人
趣味数学100题/单墫
向量几何/李乔
面积关系帮你解题(第2版)/张景中
磨光变换/常庚哲
周期数列(第2版)/曹鸿德
微微对偶不等式及其应用(第2版)/张运筹
递推数列/陈泽安
根与系数的关系及其应用(第2版)/毛鸿翔
怎样证明三角恒等式(第2版)/朱尧辰
帮你学几何(第2版)/臧龙光
帮你学集合/张景中
向量、复数与质点/彭翕成
初等数论/王慧兴
漫话数学归纳法(第4版)/苏淳
从特殊性看问题(第4版)/苏淳
凸函数与琴生不等式/黄宣国
国际数学奥林匹克240真题巧解/张运筹
Fibonacci数列/肖果能
数学奥林匹克中的智巧/田廷彦
极值问题的初等解法/朱尧辰

学数学.第1卷/李潜
学数学.第2卷/李潜